KB002116

죽음에 이르는 병

세창클래식 007

죽음에 이르는 병

초판 1쇄 발행 2020년 9월 23일
초판 2쇄 발행 2022년 8월 3일
_

지은이 쇠렌 키르케고르
옮긴이 이명곤
펴낸이 이방원
편 집 박은창·김명희·안효희·정조연·정우경·송원빈
디자인 손경화·박혜옥·양혜진   **마케팅** 최성수·김 준·조성규
_

펴낸곳 세창출판사

신고번호 제1990-000013호   주소 03736 서울시 서대문구 경기대로 58 경기빌딩 602호
전화 02-723-8660   팩스 02-720-4579
이메일 edit@sechangpub.co.kr   홈페이지 http://www.sechangpub.co.kr
블로그 blog.naver.com/scpc1992   페이스북 fb.me/Sechangofficial   인스타그램 @sechang_official

ISBN 978-89-8411-983-3   93160

ⓒ 이명곤, 2020

죽음에 이르는 병

쇠렌 키르케고르 지음

이명곤 옮김

세창클래식 007

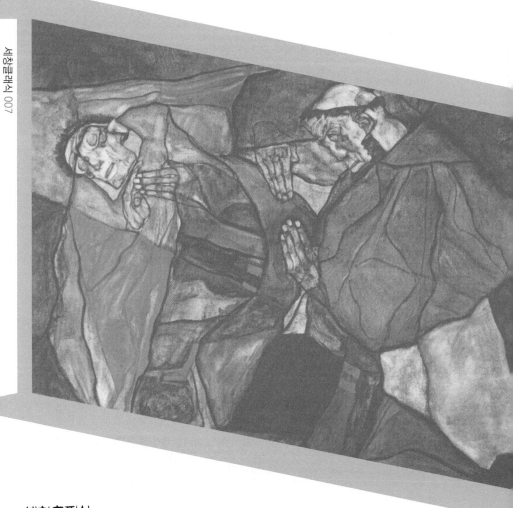

세창출판사

옮긴이의 말

키르케고르의 『죽음에 이르는 병』은 그의 철학적 작업에 있어서 최종적인 결실과도 같은 것이다. 그는 초기의 저작이었던 『이것이냐 저것이냐』에서 이미 그의 철학적 작업의 최종적인 목적을 밝히고 있는데, 그것은 한 개인이 어떻게 '진정한 기독교 신앙인'이 될 수 있는가 하는 문제를 밝히는 것이라고 하였다. 이는 순수하게 철학적으로 보자면 현대인의 소름 끼치는 '자기 소외' 혹은 '자아의 상실'을 어떻게 극복할 수 있는가를 밝히는 숭고한 작업이다. 그리고 수많은 저작이 이러한 궁극적인 목적을 위해서 쓰였다. 이 과정 속에서 그는 인간적 삶의 다양한 문제들을 심미적 실존, 윤리적 실존 그리고 종교적 실존이라는 지평에서 매우 섬세하게 분석하고 해명해 주었다. 그 최종적인 결실이 바로 '진정한 신앙인이 된다는 것'에 대해서 논하고 있는 이 책이다. 이 책의 제목이 말하고 있는 '죽음에 이르는 병'이란 '절망'을 의미하는데, 이는 곧 '기독교의 신앙'을 가지지 못한 상태라고 할 수 있으며, 다른 말로는 '죄의 상태에 머물고 있음'을 의미한다. 이렇게 키르케고르는 기독교적 의미의 죄란 '신앙에 대립하는 것'이라고 주장하면서 어떻게 참된 신앙을 가질 수 있으며, 참된 신앙을 가진다는 것이 무엇을 의미하는 것인지를 논하고 있다.

　이 책이 키르케고르 사상의 가장 중요한 핵심을 말해 주고 있는 만큼, 이 책은 키르케고르의 원저들 중 가장 많은 학자에 의해 번역되었다. 시중에서는 한국어로 번역된 서로 다른 번역본들을 최소한 4~5종은 발견할 수 있다. 그럼에도 이렇게 새로운 번역본을 출간하고자 한 이유는 크게 두 가지이다. 첫째, 한글세대 독자들의 가독성을 위해서이다. 고전이라고 할 수 있는 철학원서들은 그 표현이 매우 암시적이고 함축적이며 또한 현대어에서는 보기 힘든 고전어를 많이 포함하고 있어서 한국어로 번역할 때는 서로 다른 다양한 표현이 가능하다. 이 과정에서 원전의 표현을 가급적 유지하고자 한다면 필시 애매모호하거나 언뜻 보기에 도무지 무슨 의미인지 알 수 없는 방식으로 번역되고, 심지어는 두 가지 다른 번역서에서 그 의미가 완전히 반대로 번역되기도 한다. 이러한 혼란은 독자들로 하여금 철학적 고전에 접근하는 것을 꺼리게 하는 이유가 되고 있다. 따라서 이 책에서는 가급적 한국어 사용에 있어서 애매모호한 표현이나 비문의 형식 혹은 논리적인 불일치 등을 지양하고 한글을 읽을 수 있는 사람이라면 누구나 분명하게 이해할 수 있도록 가독성을 염두에 두고 번역하였다. 이 과정에서 문제의 여지가 있는 부분들은 모두 교차검증을 통해 가장 객관적이고 일반적인 표현이라고 생각되는 방식을 선택하여 번역하였다. 번역을 위한 주 텍스트는 'Nathan(불어판, trad. Ferlov, 2006)'에서 출간된 책이며, 교차검증을 위한 참고 역서들로는 '계명대학교출판부(김용일,

2006)', '비전북(박병덕, 2012)', '범우사(박환덕, 2014)'에서 출간된 세 권의 책들을 사용하였다.

　이 책을 출간하는 두 번째 이유는 독자들의 이해를 돕기 위한 '주석의 필요성' 때문이었다. 철학적 고전을 번역할 정도의 학식을 가진 학자들이라면, 원전을 번역하면서 그 내용을 이해할 수 없어서 고민하거나 망설이는 부분이 그리 많지 않을 것이다. 하지만 일반 독자들의 입장에서 철학적 고전을 해석이나 설명이 없이 독파한다는 것은 거의 불가능하다. 왜냐하면 한 철학사가 서술 작업을 한다는 것은 이미 이전의 크고 작은 많은 철학적 작업을 염두에 두고 있으며, 하나의 저술에는 기존의 모든 사유들을 전제하거나 혹은 함축적으로 담고 있는 것이며, 나아가 다양한 다른 철학자들의 사유를 인용하거나 비판하면서 전개하고 있기 때문이다. 그렇기 때문에 웬만큼 철학적 소양을 갖춘 사람이 아니라면, 원전을 독파한다는 것은 매우 힘겨운 일이다. 바로 이러한 이유로 많은 사람이 야심 차게 시작하지만 반도 읽지 못하고 포기하는 경우가 있는 것이다. 이 책에서는 적지 않은 주석을 활용하여 이러한 독자들에게 도움을 주고자 하였다. 특수한 철학적 개념들, 이미 어떤 사상이나 이론에 대해 알고 있다고 전제되는 문장들, 그리고 이미 설명한 바 있어서 설명을 생략하는 부분들 등에 대해서 독자들에게 도움이 된다고 생각되는 부분은 모두 주석을 통해 그 이유 등을 설명하고자 하였다. 그리고 별로 중요하지 않은 문장이라고 지나칠 수 있지만 사실은 매우 중요한 사실을 함의하고 있는 부분도 '역주'를 통해서 설명하고자 하였다.

번역을 한다는 것은 무엇보다 먼저 원전을 정독한다는 의미가 있다. 이 책의 새로운 번역을 출판사로부터 의뢰받았을 때, 망설인 것은 사실이다. 왜냐하면 이미 여러 차례 한국어로 번역된 책이었기 때문이다. 그럼에도 번역을 결심하게 된 것은 바로 원전을 꼼꼼하게 정독할 수 있는 기회를 가질 수 있다는 생각 때문이었다. 논문을 쓰거나 다른 저작들을 저술하면서 이미 여러 번 이곳저곳을 읽어 본 적이 있었지만, 이렇게 한 문장 한 문장을 꼼꼼하게, 그 의미를 생각하면서 정독하게 된 것은 이번이 처음이었다. 그러는 가운데 지금까지 막연하게 알고 있던 사실들을 보다 분명하게 알게 되고, 또 키르케고르라는 철학자의 생각을 더 깊이 이해하고, 그의 실존에 좀 더 가까이 다가갈 수 있었다. 한 위대한 철학자의 생각과 실존적인 분위기에 더 가까이 다가서고 그의 심정을 더 깊이 헤아릴 수 있다는 것은 인생에 있어서 무엇과도 비교할 수 없는 의미심장하고 고상한 일이며, 참으로 마음 설레는 일이 아닐 수 없다. 진리에 대해 관심을 가진 사람, 특히 기독교 신앙에 관심을 가지고 있는 사람, 비록 이미 기독교의 정점에 있다고 생각하는 사람일지라도 아직은 무엇인가 1% 부족하다고 생각하고 있는 사람들에게 이 책을 권하고 싶다. 즉 키르케고르의『죽음에 이르는 병』은 다시 한번 정독해 볼 가치가 충분하다고 말하고 싶다.

2020년 초여름에
아라동 연구실에서
이명곤

1. 본문 중 ( ) 안의 글은 원문에서 저자가 넣은 것이며, [ ] 안의 글은 가독성을 높이기 위해 역자가 추가로 넣은 것이다.

2. 신에 대한 한글 번역은 기독교 신앙의 차원일 때는 주 독자층을 염두에 두고 '하나님'으로 번역하였고, 철학사상이나 학문적 차원에서 말해질 때는 '신'으로 번역하였다.

3. '성서' 혹은 '성경'의 표기 방식은 학문적 의미로 사용될 때는 '성서'로, 경전의 의미로 사용될 때는 '성경'으로 표기하였다.

4. 『성경』의 구절을 인용할 경우 '본문'에서는 불어 번역본의 내용을 이 책의 문체에 적합하게 번역하였고, '역주'에서는 불어판 성경(Paris, Cerf, 1973)의 내용을 가독성에 적합하게 번역, 사용하였다.

5. 외국 인명이나 지명 등은 이미 외래어처럼 사용하고 있는 것 외에는 모두 국립국어원의 외래어표기법을 따랐다.

6. 번역에 사용한 불어 번역본의 서지 정보는 다음과 같다.

제목: *KIERKEGAARD, la Maladie à la mort* [*Guérir du désespoir*]

역자: Ferlov et Gateau (1932) / Denis de Rougemont (보완 2006)

출판사: Nathan

발행 연도: 2006

서문

많은 사람에게 이 글은 아주 독특하게 보일 것인데, 그 이유는 교화적édifiante[1]이라고 하기에는 너무 엄밀하고, 엄밀하게 학문적이라고 하기에는 너무 교화적이기 때문이다. 이 후자의 관점에 대해서 나는 별 이의가 없다. 하지만 전자의 관점에 대해서는 동의하지 않는다. 그리고 만약 진정으로 이 글이 너무 엄밀하여 교화적일 수가 없다고 한다면, 나의 견해로는 이것은 일종의 결함일 것이다. 반면, 한편으로 누구나가 이 글을 이해할 만한 특성을 지니고 있지 않기 때문에, 그리고 다른 한편으로 모두가 [이 글이 제시하는] 교화적인 것의 특성을 지니고 있지는 않기 때문에 이 글이 누구에게나 교화적인 것이 될 수는 없을 것이다.

사실상 기독교인의 관점에서 보자면 모든 것이, 절대적으로 모든

---

1   역주: 여기서 '교화적인'이라고 번역한 덴마크어의 'opbyggelig'는 영어로는 'edifying', 불어로는 'édifiante'를 의미하는 것으로, 일상 언어에서는 '교훈을 주는' 혹은 '훈육하는'을 의미하기도 한다. 국내의 번역서에는 '덕을 세운다'는 의미의 '건덕적인'으로 번역되기도 하였다. 키르케고르에게 있어서 '교화'라는 것이 정확히 무엇을 의미하는지에 대해서는 학자들마다 약간씩 견해가 다를 수 있겠지만 통상 두 가지 의미로 이해할 수 있다. 존재론적인 지평에서 한 개별자와 신과의 관계성을 깊게 하면서 자신의 실존을 심화시킨다는 의미로 이해할 수 있으며, 윤리적인 지평에서는 자신의 죄성(罪性)을 자각하고 선량한 자 혹은 사랑하는 자가 될 수 있도록 삶을 변화시키는 것으로 이해할 수 있다. 물론 이 두 가지는 서로 독립된 사건이 아니라 불가분한 것이며, 동시적인 것이라 할 수 있다.

것이 교화에 도움이 되어야 한다.[2] 결국 교화적일 수 없는 학문의 정신은 그 자체로 비-기독교적이다. 모든 기독교적인 서술은 병상 앞에서 말하는 의사의 임상설명과 유사해야 한다. 의학에 정통한 자만이 이 설명을 이해할 수 있다고 할지라도, 결코 이 설명이 환자의 침대 옆에서 이루어지고 있다는 사실을 잊어서는 안 된다. 인생에 대한 기독교적인 것의 관계는 ─학문이 다소 인생과 거리가 있는 것과는 반대로─ 다시 말해 기독교의 윤리적인 측면은 바로 교화적인 것이다. 이러한 종류의 글(기독교의 교화적인 글)은 어떤 관점에서 아무리 임밀하다고 할지라도, 이러한 종류의 냉담한 학문적인 글과는 질적으로 전혀 다른 것이다. 이러한 학문의 초연한 영웅적 정신은 기독교적 관점에서 보자면 전혀 영웅적인 것이 아니며, 오히려 비인간적인 단순한 호기심에 지나지 않는다.[3] 기독교적 차원에서 영웅주의란 ─비록 매우 드물게 나타나는 것이긴 하지만─ 한 인간이 감히 총체적으로 자

2   역주: 기독교인의 관점에서 모든 것이 '교화적'인 것이 되어야 하는 이유는 기독교인의 삶에서 인간이 산출하는 모든 것은 '구원'이라는 최종적인 목적을 지향하거나 이것에 도움이 된다는 한에서 의미를 가지기 때문이다. 다시 말해 그것이 어떠한 학문이든, 어떠한 윤리체계이든 이는 한 개별자와 신과의 관계성을 심화시키는 데 도움을 준다는 한에서, 혹은 사랑하는 삶을 형성하는 데 도움을 준다는 한에서 정당성이 주어지는 것이다.

3   역주: 여기서 '학문'이라는 말이 암시하고 있는 것은 헤겔의 철학이다. 키르케고르는 마지막 임종할 때까지 헤겔주의자들의 정신과 투쟁하였다. 그 이유는 헤겔의 역사철학에서는 인류의 역사 전체가 하나의 체계, 이상적인 체계 안에서 개념화되어 버리고, 여기서 개인이나 개인의 인생은 소멸되어 버리기 때문이다. 헤겔의 철학이 전 인류의 역사를 하나의 총체적인 체계 안에서 설명하고자 한다는 차원에서는 영웅적인 것이나, 이러한 영웅주의가 사실상 현실을 살아가고 있는 개개인에게는 무의미한 것이기 때문에 키르케고르에게는 전혀 영웅적인 것이 아니며, 여전히 '심미적인 것'으로 간주되고 있다. 키르케고르는 진정한 학문이란 한 개인을 '교화할 수 있는 것' 즉 '죄성(罪性)'을 치유하는 데 기여할 수 있는 것이어야 한다고 믿고 있으며, 그 때문에 '병상 앞에서 말하는 의사의 말'에 비유하고 있는 것이다.

기 자신이 되고자 하는 것, 다시 말해서 한 사람의 단독자單獨者가 되고자 한다는 것이다. 신 앞에 홀로 서서 그토록 큰 노력으로 그토록 큰 책임을 지면서 특정한 개별자가 되고자 하는 것이다. 하지만 순수한 인간성에 기만당하거나, 혹은 보편적인 역사의 연결고리를 추구하는 게임에 몰두하는 것은 전혀 기독교적인 영웅주의가 아니다.[4] 모든 기독교적인 앎은 그 형태가 아무리 엄밀한 것이라고 할지라도 인간을 향해 '배려配慮'[5]를 보여 주는 것이어야 하며, 이를 통해서 정확히 '교화적인 특성'을 형성하게 되는 것이다. 인생에 대한 이러한 관심, 한 인간의 삶의 현실에 대한 이러한 염려는 기독교인의 관점에서 보자면 '진지함'이다. 따라서 학문적 지식의 더 높은 초연함이란 기독교적인 관점에서 보자면 더 큰 진지함을 제공하기는커녕 일종의 말장난이나 허영에 지나지 않는다. 하지만 진지함은 교화적인 것이다.

따라서 이 책은 어떤 의미에 있어서 모든 신학생이 쓸 수 있는 책이지만, 또 다른 관점에서는 어떠한 대학교수도 쓸 수 없는 그러한 책이다. 하지만 논문 형식으로 된 이 글의 형식은 심사숙고하여 취해진 것이며, 이는 또한 심리학적으로도 정당한 것이다. 왜냐하면 세상에는 너무 과장되어 위대한 어떤 것을 전혀 의미하지 못하고, 너무나 상투적이어서 아무것도 의미하지 못하는 장엄한 격식이 있기 때문

---

4 역주: 이는 헤겔의 '역사철학'을 염두에 두고 있다.
5 역주: '배려'는 덴마크어의 'bekymret'를 번역한 것이다. 국내의 번역서들에는 '배려' '사려 깊은 것' '관심되어진 것' 등으로 번역되고 있다. 불어 번역본에는 'sollicitude'로 되어 있는데, 이는 '조심스럽고 주의 깊게 누구를 염려하고 있음'을 의미하기에 문맥상 '배려'라는 표현이 가장 적절해 보인다.

이다.[6]

  별로 중요한 것은 아니겠지만, 마지막으로 한 가지 덧붙이고 싶은 것이 있다. 제목이 말해 주고 있듯이, 그리고 이 책의 전체를 통하여 말하고 있듯이 절망은 병으로 이해되는 것이지 약으로 이해되는 것이 아니라는 것을 특히 강조하고자 한다. 이러한 것이 절망의 변증법적인 특징이다. 이와 마찬가지로 기독교적인 용어에 있어서 죽음은 가장 큰 영적인 비참을 나타내는 용어이지만, 그러나 이에 대한 치유 또한 죽는 것에서, 자기 자신에 대해 죽는 깃에서 주어지는 것이다.

---

6 역주: 이러한 형식은 당시의 대학에서 '철학 강의의 형식'에 해당하는 것이기도 하다. 엄밀하게 논증하거나 타당성을 설명하기보다는 의자에 앉아서 장엄하게 어떤 명제들이나 진리를 선포함으로써 오히려 '진지함'을 상실하고, 비록 그의 강의가 엄밀함을 유지하고 있을지라도 너무 격식에 얽매여 전달하고자 하는 핵심내용을 상실하고 있는 경우를 말한다.

서언

"이 병은 죽을 병이 아니다"(요한 11:4). 그럼에도 나사로는 죽었다. 이후 그리스도가 "우리들의 벗인 나사로는 잠들었다. 하지만 내가 그를 깨우러 가겠노라"(요한 11:11)라고 말했지만 제자들은 그 말의 의미를 이해하지 못하였다. 그러자 그리스도는 분명하게 다음과 같이 말하였다. "나사로는 죽었노라"(요한 11:14). 물론 나사로는 죽었다. 그럼에도 이 병은 죽음에 이르게 하는 병은 아니었다. 즉 그는 죽었지만, 그 병은 그를 죽음에 이르게 하지는 못하였다. 오늘날 우리는 그리스도가 당시의 사람들에게 "만일 당신들이 믿음을 가지고 있다면, 당신들은 하나님의 영광을 보게 될 것이다"(요한 11:40)라고 말하였을 때, 이 말이 기적을 생각하고 있었다는 사실을, 즉 나사로를 죽은 이들 가운데서 살려 낼 기적을 의미하였다는 것을 잘 알고 있다. 다시 말해 나사로의 그 병은 그를 죽음에 이르게 하지 못하였을 뿐만 아니라, 그리스도가 예언한 바와 같이 하나님의 영광을 위함이요, 이로 인해 또한 하나님의 아들이 영광을 받게 하기 위한 것이었다. 하지만 설령 그리스도가 죽은 나사로를 다시 깨우지 않았다 하더라도 그 병은 죽음 자체는 아니며, 죽음으로 인도하는 것이 아니었다는 것은 여전히 사실이 아닐까?[7] 그리스도가 무덤 가까이 다가가서 큰 소리로 "나사로야

나오너라!"(요한 11:43)라고 외쳤을 때, 나사로의 병이 죽음에 이르는 것이 아니라는 사실이 명백해진 것이 아닐까?

하지만 설령 그리스도가 그러한 말을 하지 않았다고 하더라도, "부활이요 생명인"(요한 11:25) 그리스도가 무덤 가까이 다가갔다는 그 사실만으로도 이 병이 죽음에 이르는 병이 아님을 말해 주는 것이 아닐까! 그리스도의 현존 그 자체가 그 병이 죽음에 이르는 것이 아님을 말해 주고 있는 것은 아닐까! 만일 죽은 자들 가운데서 되살아난 나사로의 환생이 결국 그의 죽음과 함께 끝장나 버린다면 그것이 나사로에게 무슨 도움이 될 것인가? 만일 그리스도가 그를 믿는 모든 사람에게 있어서 부활이요 생명이 아니라고 한다면, 나사로가 다시 살아난다는 것이 나사로에게 무슨 소용이 있겠는가?[8] 나사로가 죽은 자들 가운데서 다시 살아났기 때문에 이 병이 죽음에 이르는 병은 아니라고 말할 수 있는 것이 아니라, 그리스도가 거기에 계셨기 때문에 이 병은 죽음에 이르지 않았던 것이다. 인간적으로 말한다면 죽음이란 모든 것의 끝이며, 인간은 생명이 있는 동안에만 희망이 있다. 그러나 기독교적

---

7 역주: 이 문장에서 키르케고르가 암시하고 있는 것은 '영적인 생명' 혹은 '영적인 삶'이다. 즉 나사로의 '환생 사건'에서 중요한 것은 그가 다시 살아났다는 기적에 있는 것이 아니라, 이 사건을 통해서 진정으로 죽는다는 것, 혹은 '진짜 죽음에 이르는 병'이 무엇인지를 말하고자 하는 것이다. 만일 나사로가 영적인 삶을 살고 있었다면, 그의 생물학적인 죽음은 전혀 진짜 죽음에 이르게 하는 것은 아닐 것이다. 다시 말해 나사로를 깨운다는 것은 곧 '영적인 삶을 자각하게 하다' 혹은 '영적인 삶을 일깨운다'는 것의 상징적인 사건인 것이다.

8 역주: 나사로가 다시 살아난다고 해도, 그것이 '부활'이 아니라 단지 '소생'이라고 한다면, 나사로는 머지않아 다시 죽게 될 것이며, 단지 몇 해 삶을 연장한 것에 불과할 것이다. 즉 중요한 점은 나사로가 다시 살아난 그 사실에 있는 것이 아니라, 그를 살리신 분이 모두에게 있어서 부활을 주실 분이라는 그 사실에 있다.

으로 이해한다면 죽음은 결코 모든 것의 끝이 아니다. 죽음은 모든 것을 포함하는 영원한 생명의 내부에 있어 하나의 사소한 사건에 지나지 않는다. 기독교적인 관점에서 죽음이란 우리의 눈에 건강과 활력이 넘쳐 나는 것처럼 보이는 인간적인 생명에서보다도 무한히 더 큰 희망이 있다.

이처럼 기독교인의 관점에서 보자면, 죽음마저도 "죽음에 이르는 병"이 아니다. 하물며 지상의 일시적인 고뇌들, 고통, 질병, 비참, 곤란, 불운, 고역, 번민, 우수, 회한 등은 그 어느 것도 죽음에 이르는 병은 아니다. 이러한 것들이 아무리 참기 어렵고 고통스러우며, 그 때문에 우리 인간이, 적어도 고통받는 자가 "죽는 것보다 더 괴롭다"라고 호소할 만큼 이 고통이 크고 괴로운 것일지라도, 이러한 것들은 단순히 병과 비교할 수 있을 뿐이며 기독교적인 의미에서 결코 '죽음에 이르는 병'은 아닌 것이다. 이렇게 기독교는 기독교인들에게 일체의 세속적인 것, 현세적인 것뿐만 아니라 죽음에 대해서마저도 초연할 수 있는 고귀한 용기를 가르쳐 왔다. 사람들이 흔히 불행이라고 부르는 것, 커다란 재앙이라고 부르는 것에 대해 기독교인들이 자랑스럽게 이 모든 것을 초월할 수 있을 때, 이들은 거의 오만하게 되는 것처럼 보인다. 하지만 이때 기독교는 여전히 자연적인 인간은 아무것도 알지 못하는 다른 하나의 비참을 다시 발견하게 된다. '죽음에 이르는 병'이 바로 그것이다.

자연적인 인간이 경악할 만한 것으로 열거하는 것, 모든 것을 다 열거해 버려 더 이상 말할 것이 없는 경우에라도, 이러한 것들은 기독교인들에게는 마치 농담 같은 것에 지나지 않는다. 기독교인과 비기독교인 사이의 관계는 마치 어른과 아이 사이의 관계와 유사하다. 어린이들을 무섭게 하고 두렵게 하는 것들을 어른들은 마치 아무것도 아닌 것처럼 생각한다. 어린이들은 정말 두려운 것이 무엇인지를 알지 못한다. 어른들은 그것이 무엇인지를 알고 있으며, 그것을 두려워한다. 어린이들의 미숙함은 정말 두려워해야 할 것이 무엇인지를 알지 못한다는 것이며, 그래서 어린이들은 두려워할 필요가 없는 것을 두려워한다. 이와 마찬가지로 자연적인 인간은 정말 두려워해야 할 것을 알지 못한다. 하지만 이러한 사실이 이들이 두려움에서 해방되었다는 것을 의미하지는 않는다. 사실이 그렇다. 이들은 두려워할 필요가 없는 것 앞에서 두려워하고 있는 것이다. 이는 이교도들과 신의 관계에 있어서도 마찬가지이다. 이교도들은 진정한 신을 알지 못할 뿐 아니라, 오히려 우상을 신으로서 섬기고 있는 것이다.

오직 기독교인들만이 "죽음에 이르는 병"[9]이 무엇을 의미하는지를 알고 있다. 기독교인들은 자연인들이 알지 못하는 용기를 가지고 있다. 기독교인은 죽음보다도 더 무서운 것을 두려워하면서 이 용기를 획득한다. 인간은 항상 이와 같은 방식으로 용기를 얻는다. 인간은 보다 큰 위험을 두려워하게 될 때면, 언제나 보다 작은 위험을 마주할 용

9 　역주: 키르케고르는 아직 '죽음에 이르는 병'이 구체적으로 무엇인지는 밝히지 않고 있다. 이 책 1부 1장의 제목이 알려 주겠지만, 미리 말하면 '죽음에 이르는 병'이란 곧 '절망하는 것'을 의미한다. 즉 자기 자신이 되고자 원하지 않거나 혹은 원하거나 하는 절망을 말한다. 보다 신학적인 의미로는 '영적인 삶에 대한 희망을 가지지 못하는 것'이라고 할 수 있을 것이다.

기를 가지게 되는 법이다. 만일 인간이 어떤 하나의 위험을 극도로 두려워하고 있다면, 그에게 그 밖의 다른 위험들은 전혀 존재하지 않는 것과 같다. 그런데 기독교인이 배워 안 것 중 가장 두려워해야 할 것은 "죽음에 이르는 병"이다.

제1부

제1장
죽음에 이르는 병은 절망이다

1. 절망은 죽음에 이르는 것이라는 사실

절망은 정신의 병이요 자기-자신의 병으로서 세 가지 형식을 취할 수 있다. 절망하여 자기 자신을 가지고 있다는 것을 의식하지 못하는 절망(비-본래적인 의미에서의 절망). 절망하여 자기 자신이 되고자 원하지 않는 절망. 절망하여 자기 자신이기를 원하는 절망.

인간은 정신이다. 그런데 정신이란 무엇인가? 정신이란 자기自己다. 그런데 자기란 또 무엇인가? 자기란 자기 자신에 대한 하나의 관계 혹은 그 스스로에게 관계하는 이 관계의 속성이다. 자기란 단순한 관계가 아니라, 그 스스로에게 관계하는 관계의 사태이다.[10] 인간이란 무한한 것과 유한한 것의 종합, 시간적인 것과 영원한 것의 종합 그리고

10 역주: 다시 말해서 자기(le moi)란 일종의 '반성적인 관계'를 말한다.

자유와 필연의 종합, 간단히 말해 하나의 종합이다. 종합이란 두 가지 사이의 관계이다. 이러한 방식으로 생각해 볼 때, 인간은 아직은 '하나의 자기'가 아니다.[11]

둘 사이의 관계에서 관계란 '부정적 통일unité négative'로서 제삼자이다. 그리고 둘은 또한 [제삼자로서의] 관계에 관계하고 있으며, 그것도 관계 안에서 관계에 대해 관계하고 있다. 예를 들면 영혼의 규정에 있어서 영혼과 육체의 관계가 하나의 관계이다. 반면 관계가 그 자신에게 관계할 때는 이 관계는 적극적인 제산자이며, 이것이 바로 자기인 것이다.

자기 자신에게 관계하는 그러한 관계로서의 자기는 자기 자신이 자기를 정립했거나 혹은 타자에 의해서 정립되었거나, 둘 중 하나여야 한다. 자기 자신에게 관계되는 이 관계가 타자에 의해서 정립되었다면, 이 관계는 분명 제삼자[12]이며, 제삼자로서의 이 관계는 다시 한번

---

11 역주: 키르케고르에게 있어서 '실존'이란 그 자체로 하나의 '과업'이며, 인간적인 삶이란 문제적인 자아를 통합하는 과정이다. 실존이 과업인 것은 아직 '자아'라는 것이 형성되지 않았기 때문이며, '문제적인 자아'란 '유한과 무한', '우연과 필연', '세속적인 것과 신성한 것'을 동시에 가지고 있지만 아직 통일되고 있지 않기 때문에 문제인 것이다. 쉽게 말해서 인간이란 '세속적 의미의 자아'와 '영적인 의미의 자아'를 동시에 가지고 있는 그러한 존재이다. 따라서 통상 말하는 일반인이란 아직 이 두 지평이 통일되어 있지 않은 사람이기에 문제적인 존재로 나타나는 것이다. '종합'을 통해 두 지평 혹은 두 자아가 통합되지 않는다면 아직은 고유한 의미에서 인간적인 것 혹은 자아가 아니라고 보는 것이 키르케고르의 관점이다.

12 역주: 여기서 관계성에 대한 키르케고르의 분석은 매우 추상적인 언어로 되어 있다. 이를 현실 속의 쉬운 예를 통해서 이해해 보자. 가령 한 목동이 '자기'라는 것을 규정할 때, 가장 손쉽게는 '양을 지키는 사람'이라는 '양과 자신과의 관계'를 통해서 자신을 규정할 수 있을 것이다. 하지만 엄밀한 의미에서 이러한 자기는 아직 '진정한 자기'라고 할 수가 없다. 그는 두 아이의 아버지일 수 있고, 한 여인의 남편일 수 있고, 더 나아가 하나님의 충실한 종일 수 있기 때문이다. 그래서 '양을 지키는 사람'이라는 규정은 진정한 자기에 대해서 '제삼자'일 수가 있는 것이다. 그럼에도

전체 관계를 정립한 것에 관계하는 관계이기도 하다.

이렇게 파생적으로 정립된 관계가 곧 인간의 자기이다. 이렇게 자기란 자기 자신에게 관계함과 동시에 타자에게 관계하는 관계이다. 여기서부터 본래적인 절망désespoir propre의 두 가지가 형태가 나타나게 된다. 만일 인간이 자기 스스로 자기를 정립했다면 한 가지 형식만 있을 것이다. 절망하여 자기 자신이기를 욕구하지 않는, 오직 자기 자신으로부터 벗어나기를 바라는 하나의 절망 형식만 있을 것이다.[13] 그리고 이 경우 '절망하여 자기 자신이기를 바라는 형식'[14]은 문제가 되지 않을 것이다.

[절망하여 자기 자신이기를 바라는] 이 두 번째의 공식은 자기로서의 전 관계가 타자에 의존하고 있다는 것의 표현이며, 자기는 자기 자신에 의하여 균형과 평안에 도달할 수 있는 것이 아니며, 또한 그러한 상태에 있을 수도 없다는 것을 함의하고 있다. 바로 이 때문에, 자기란 자기 자신과 관계함과 동시에 전체 관계를 정립한 것에 관계함으로써

이 제삼자로서의 자기는 분명 '전체적으로 규정된 자기' 속에 어떤 연관성을 가지고 있기 때문에 전체 관계에 관계하는 관계인 것이다.

13 역주: 현실 속에서 이러한 예는 '자기'를 규정하는 사람이 오로지 자신이 소유하고 있는 것들과의 관계로서만 규정하고자 하는 경우일 것이다. 가령 '제일물산의 전무', '100억의 자산가', '투자의 귀재', 『부자 되는 법』의 저자, '제일신문의 수석 논설위원' 등 일체의 외적인 것들로만 자신을 규정하고, 진정한 자기(즉 자아)에 대해서는 전혀 관심이 없는 사람이 이러한 종류의 사람일 것이다. 즉 외적인 것에만 집착하면서, 자신의 내적인 것에는 전혀 관심이 없는 사람이라고 하겠다.

14 역주: 이러한 사람은 자기가 소유한 세상의 그 모든 것들이 결국 자기 자신을 진정으로 규정해 주지는 못한다는 것을 절감한 사람이라고 할 수 있다. 이러한 사람은 세상의 것에서 절망하여 비로소 '진정한 자기'를 추구하고자 하는 사람이며, 여기서 '하나님-자기'라는 자신의 자아의 지반을 이루고 있는 신에 대한 관계성을 추구하게 되는 것이다. 키르케고르는 이러한 사람을 "믿음의 기사"라고 칭하고 있다.

만 그 형식이 가능하다는 것을 의미한다. 사실상 이 두 번째 형식의 절망은 단순히 절망의 한 종류가 아니다. 이와 반대로 모든 절망이 결국 여기서 해소되고, 여기로 환원되는 그러한 절망이다. 만일 절망에 빠진 한 사람이 자신의 절망을 의식하고 있는 것처럼 자기의 절망을 깨닫고 있다면, 절망이라는 것이 마치 무엇인가 자신의 몸을 덮치는 듯한 것이라는 바보 같은 말은 하지 않을 것이다. (이런 식으로 말한다는 것은 예를 들어 현기증 같은 병에 걸려 괴로워하고 있는 환자가 신경의 착가 때문에 어떤 무거운 것이 머리를 짓누르고 있다든가, 무언가가 머리 위에 떨어져 내리는 듯하다고 말하는 것과 같은 것인데, 실은 이 무게나 압박은 결코 밖에서 오는 것이 아니며, 자기 안에 있는 것의 반대작용에 불과한 것이다.) 그리하여 절망에 빠진 자가 거기서 빠져나오려고 전력을 다한다 하더라도, 자기 자신의 힘으로, 오직 자기 혼자만의 힘으로만 절망을 제거하려고 한다면, 그는 여전히 절망 속에 빠져 있게 될 것이며, 자기로서는 전력을 다해 절망과 싸운다고 할지라도 점점 더 깊은 절망의 심연 속으로 빠져들게 될 것이다. 절망에서 나타나는 부조화는 단순한 부조화가 아니다. 자신에게 관계하는 관계와 동시에 타인에 의해 정립된 관계에 있어서의 불일치이다. 따라서 그 자신만의 관계 안에서의 불일치는 동시에 이 관계를 정립한 힘과의 관계 속에서 무한히 반영된다.

여기서 절망에서 완전히 벗어난 경우의 자기 상태를 나타내는 공식은 다음과 같다. 즉 자기 자신에 관계하고 자기 자신이고자 욕구함에 있어서, 자기를 정립한 힘의 내부에 투명하게 자신의 근거를 두게 된

다는 것이다.[15]

2. 절망의 가능성과 현실성

절망은 장점인가 아니면 단점인가? 순수하게 변증법적으로 말하자면 확실히 절망은 양자의 요소를 모두 가지고 있다. 만일 절망에 빠진 사람을 고려하지 않고 추상적으로만 생각한다면 절망은 무한히 우수한 장점이라 말해야 할 것이다. 인간이 이 병에 걸릴 수 있다는 가능성은 인간이 동물보다 뛰어나다는 인간의 장점을 말해 주고 있다. 그리고 이 장점은 똑바로 서서 걷는다는 것과는 별개의 의미에서 인간을 동물보다 우월하게 해 준다. 왜냐하면 이 장점은 인간을 정신이도록 하는 무한히 고귀하고 숭고한 특성을 보여 주기 때문이다.[16] 이 병에 걸릴 수 있다는 것이 인간이 동물보다 뛰어나다는 장점이다. 이 병에 주의를 기울이고 있다는 것이 자연적인 인간에 대한 기독교인들의 장점이며, 이 병에서 치유된다는 것은 기독교인에게 있어서 지극한 행복이다. 따라서 절망할 수 있는 능력은 무한한 장점이다.

---

15 역주: 여기서 자기를 정립한 힘이란 곧 신을 말한다. 그리고 투명하게 된다는 것은 '신과 자기' 사이의 관계성에서 더 이상 아무것도 개입하지 않는 상태를 의미한다.

16 역주: 키르케고르에게 있어서 정신이란 데카르트에서처럼 단지 '사유하는 것' 혹은 '사유 주체'를 의미하는 것이 아니라, '자기' 혹은 '자아'를 가진다는 의미를 가지고 있다. 따라서 엄밀한 의미에서 인간은 '정신'이 아니라, '정신으로 될 수 있는 존재' 즉 '자아를 가질 수 있는 존재'이다. 그리고 이 자아는 '신(神)-자기'와의 관계성 안에서만 완전하고 안정된 자아가 될 수 있다. 바로 이러한 '되어 감의 과정'이 곧 '절망하는 것'으로 나타나는 것이다. 따라서 키르케고르의 사유에서는 '희망이 있기 위해서 먼저 절망이 있어야 한다'라는 명제가 성립한다. 이러한 의미에서 절망이 매우 큰 장점인 것이다.

그러나 [현실 안에서] 절망하고 있다는 것은 최대의 불행이고 비참일 뿐만 아니라, 실로 파멸perdiction[17]이다. 그런데 이는 일반적으로 말해지는 가능성과 현실성의 관계와 같은 것이 아니다. 이러한 것 혹은 저러한 것이 될 수 있다는 것이 하나의 장점이라면, 현재 그러한 것이 되어 있다는 것은 더욱더 큰 장점이다. 다시 말해서 존재의 가능성에 비추어 존재하고 있다는 것은 상승된 것이다. 이와 반대로, 절망의 경우에는 현재 그러하다는 것(절망한다는 것)이 그러할 수 있다는 것(절망할 수 있다는 것)에 대해서 '추락'을 의미한다. 절망할 수 있다는 장점이 무한히 높은 것처럼, 현실적으로 절망의 심연으로 내려가는 것 또한 그 바닥이 무한히 깊다. 따라서 절망에 관해서는 절망하고 있지 않다는 것이 상위적인 것이다. 그러나 이 규정은 아직 다의적이다. 절망하고 있지 않다는 것은 절름발이가 아니라든지, 장님이 아니라는 것과는 뜻이 다르다. 만일 절망하고 있지 않다는 것이 다만 절망하고 있지 않다는 것일 뿐 그 이상이나 그 이하의 의미도 아니라면, 그것이야말로 절망이 되고 만다. 절망하고 있지 않다는 것은 절망할 수 있다는 가능성마저 사라진 것을 의미해야만 한다. 만약 한 인간이 절망하고 있지 않다는 것이 사실이라면, 그는 매 순간마다 절망의 가능성을 부정해야만 한다. 이것은 일반적으로 가능성과 현실성 간의 관계에 있어서와 같은 경우가 아니다. 왜냐하면 현실성은 제거된 가능성이라고 서슴없이 말하는 사상가들도 있기 때문이다. 그러나 이것은 완전히 참인 것

---

17 역주: 여기서 파멸이란 '진리에 있어서 자기 자신이 될 수 없음'을 의미한다.

은 아니다. 실재le réel란 가능성의 포화상태요 충만한 행위이기 때문이다. 그런데 이와는 반대로 여기서 현실성(절망하고 있지 않다는 것)은 또한 부정성이다. 왜냐하면 현실성은 무기력과 무로 환원된 가능성이기 때문이다. 일반적으로 현실성은 가능성을 확인하는 반면, 여기서는 그 가능성을 부인하고 있다.

절망이란 하나의 통합la synthèse(종합)된 존재인 인간이 자기 자신에 대해 가지는 관계 안에서 발생한 분열을 의미한다. 그런데 통합 그 자체는 분열이 아니며 다만 분열의 가능성을 가진 것에 불과하다. 다시 말해서 통합 속에 잘못된 관계의 가능성이 있을 수 있는 것이다. 만일 통합 그 자체가 잘못된 관계를 의미한다면 절망은 결코 존재하지 않을 것이다. 그렇지 않다면 절망이란 인간의 본성 안에 존재하는 어떤 것이 될 것이며, 엄밀히 말해서 절망이라고 할 수 없는 것이다. 이러한 경우, 절망이란 인간이 종종 겪어야 하고 시달려야 하는 질병이나 혹은 모든 사람에게 찾아오는 죽음과도 같은 것이다. 하지만 이는 사실이 아니다. 절망은 가능성으로서 인간 속에 침잠해 있는 무엇이다. 만약 인간이 통합된 존재가 아니라면 인간은 결코 절망할 수가 없을 것이다. 또한 이러한 통합이 애초에 하나님의 손에 의해 올바른 관계에 놓여 있지 않았던 것이라고 한다면, 이 경우에도 인간은 절망할 수가 없었을 것이다.

그렇다면 절망은 어디서 오는 것일까? 통합이 자기 자신에게 관계하는 그 관계로부터 절망이 발생한다. 신이 인간을 [인간 자신과] 관계 맺도록 했다는 것은, 말하자면 인간을 신의 손으로부터 비켜 가게 했다는 것을 의미한다.[18] 다시 말해서 인간을 [신과 관계하는 것이 아니라] 자기 자신에게 관계하도록 한 것이다. 그런데 그 관계가 정신이기 때문에 '자기'는 책임성을 가지게 된 것이다. 바로 여기서 '자기 자신이 되는' 모든 순간에 절망이 발생한다. 절망하는 사람이 현란한 언술로 교묘하게 자신의 절망을 앞서 언급한 현기증에 비유되는 외부의 혼돈에서 오는 작은 불행에 불과한 것임을 말하고자 해도 이는 잘못된 것이다. 즉 절망은 자기에게 책임이 있는 것이다. 비록 질적으로는 다르더라도 절망은 현기증과 여러 가지로 공통점을 가지고 있다. 왜냐하면 현기증이 영혼[19]에 대해 갖는 관계는 절망이 정신[20]에 관계하는 그것과 같기 때문이며, 현기증은 여러 가지로 절망과 많은 유사점을 가지고 있기 때문이다.

만약 잘못된 관계, 즉 절망이 찾아오면, 그 절망은 당연히 지속되는 것일까? 그렇지 않다. 그것은 당연히 지속되는 것은 아니다. 만약 잘못된 관계가 지속된다면 그것은 잘못된 관계에서 비롯하는 것이 아니라, 그 자신이 자기-자신에게 관계하는 그 관계에 원인이 있다.[21] 다시

---

18 역주: 즉 신은 인간에게 자유를 준 것이다.

19 역주: 여기서 '영혼'이란 생명체에게 생기를 부여하는 원리처럼 고려되고 있다. 일반적으로 영혼이란 생물학적인 것과 감성적인 것, 정신적인 것 모두에 해당하는 삶의 원리처럼 고려되지만, 키르케고르는 정신과 대비하여 영혼을 마치 인간에게 있어서 정신적으로 진보하는 초기 혹은 출발점의 원리처럼 고려하고 있다.

20 역주: 키르케고르에게 있어서 인간이란 오직 영원한 것과 관계하면서만, 혹은 신과 관계하면서만 '정신적'으로 된다. 따라서 보다 신학적인 의미에서라면 '정신'보다 '영성'이란 표현이 더 정확할 것이다.

21 역주: 보다 구체적으로 말하면, 한 인간의 궁극적인 목적 혹은 최후적인 것이 곧 '자기-자신'인 그러한 관계에서 비롯한다.

말해 잘못된 관계(분열)가 나타날 때마다, 그리고 잘못된 관계가 존재하는 순간마다 그것은 앞서 말한 그 관계[자기 자신과의 관계]로부터 발생되어야만 한다. 예를 들면 우리는 사람들이 부주의하기 때문에 스스로 병을 초래하였다고 말한다. 한번 병이 나타나면 그 순간부터 병은 힘을 얻어 결국 하나의 현실이 되지만, 그 근원은 여전히 먼 과거의 것에 귀속된다. 만일 우리가 병자에게 "병자여, 그대가 지금 이 순간에 이 병을 끌어들이고 있는 것입니다"라고 계속해서 말한다면, 즉 매 순간마다 병의 현실성을 병의 가능성으로 해명하고자 한다면 그것은 잔인하고도 비인간적인 것이다. 환자가 병을 스스로 끌어들인 것은 사실이다. 하지만 그것은 오직 한 번만의 행위였을 따름이고, 병이 지속하는 원인은 그가 단 한 번 병을 끌어들였던 그 일의 단순한 결과일 뿐이다.[22] 그렇기 때문에 병이 지속되는 원인을 매번 환자에게 돌리는 일은 옳지 않다. 그는 병을 한 번 끌어들이기는 했지만 그 병을 지속적으로 끌어들이고 있는 것은 아니다.

그런데 절망한다는 것은 이러한 것과는 다르다. 현실적인 절망의 모든 순간은 그 가능성으로 환원되어야 한다. 즉 절망하고 있는 사람은 절망하고 있는 매 순간마다 절망을 스스로 끌어들이고 있는 것이다. 절망은 언제나 현재라는 시간에서 생겨난다. 여기서는 현실에 대해서 남겨질 수 있는 과거라는 것도 없다. 절망의 현실적인 매 순간에 있어서 절망하는 사람은 일체의 과거적인 것을 현재의 어떤 가능성으

---

22 역주: 즉 병이 하나의 사태 혹은 상태로 변한 것이다.

로서 받아들인다. 이렇게 되는 이유는, 절망이란 정신의 영역 안에서 일어나는 일이고 인간 속에 있는 영원한 것에 관계된 것이기 때문이다. 인간은 자신을 영원한 것으로부터 떼어 낼 수가 없다. 이는 영원히 불가능한 일이다. 인간은 이 영원한 것을 결코 던져 버릴 수가 없다. 이것보다 더 어려운 일은 없다. 만일 인간이 영원한 것을 가지고 있지 않은 순간이 있다면, 그는 영원한 것을 지금 막 던져 버렸거나 아니면 지금 던져 버리는 와중에 있거나 둘 중 한쪽일 것이다. 그러나 영원한 것은 또다시 되돌아온다. 그래서 인간은 절망하고 있는 매 순간마다 스스로 자신에게 절망을 불러들이는 것이다. 왜냐하면 그것은 절망이 잘못된 [외적인] 관계의 결과로서 나타나는 것이 아니라, 그 자신이 자신에게 관계하는 그 [내적인] 관계의 결과로서 나타나기 때문이다. 그리고 인간이 자기 자신으로부터 벗어날 수 없는 것과 마찬가지로 자신의 관계에서도 벗어날 수가 없다. 왜냐하면 '자기'란 자기 '자신에 대한 관계'이므로 이 양자는 결국 동일한 것을 의미하기 때문이다.

3. 절망은 죽음에 이르는 병이다

우선 '죽음에 이르는 병'이라는 개념을 하나의 특별한 의미[23]로 이해

---

23 역주: 여기서 '특별한 의미'란 구체적으로 '생물학적인 죽음'을 말한다. 하지만 절망이 유발하는 죽음이란 이와는 다른 것이다.

해야만 한다. 이 병은 그 결말이, 그 도달점이 죽음인 병을 의미한다. 즉 '치명적인 병maladie mortelle'과 '죽음에 이르는 병maladie à la mort'은 비슷한 말인 것이다. 그런데 절망을 이러한 의미로서의 '죽음에 이르는 병'이라고 할 수는 없다. 기독교적으로 이해한다면 죽음 그 자체도 삶으로의 이행[24]이다. 이러한 기독교적인 관점에서 보자면 지상의 그 어떤 육체적인 질병도 죽음에 이르는 병은 아니다. 의심의 여지 없이 죽음은 질병의 최후이긴 하지만, 죽음 그 자체는 결코 종국적인 것이 아니다. 만약 가장 엄격한 의미에서 '죽음에 이르는 병'을 말하고자 한다면, 그것은 그 최후가 죽음이고 또한 죽음이 종국적인 것과 같은 그러한 병이어야만 한다. 그런데 이러한 병이야말로 분명하게 말해 '절망'이다.

그럼에도 또 다른 의미에서 절망은 더욱더 확실하게 죽음에 이르는 병이다. 이 병으로 인해 일반적으로 사람들이 말하는 의미에서, 즉 육체적인 의미에서 죽지는 않는다. 다시 말해서 이 병은 육체적인 죽음으로 끝나지는 않는다. 이와 반대로 절망의 고통이란, 죽을 수도 없다는 그 사실에 있다. 절망하는 사람은 치명적인 병을 앓고 있는 환자의 상태와 비슷하다. 그는 누워서 죽음과 싸우고 있지만 죽을 수조차 없다. 죽도록 앓고 있지만 죽을 수 없고, 더구나 살아날 희망이 있는 것도 아니다. 다시 말해서 그는 최후의 희망인 죽음을 바라고 있지만,

---

24 역주: 여기서 '삶으로의 이행'이란 양의적인 표현이라고 할 수 있다. 그 하나는 지상의 삶이 끝나고 저세상(천국)에서 시작되는 새로운 삶을 의미하며, 다른 하나는 상징적인 사건인 '세례'를 통해 표현되는 '지상의 악습'에서 죽고 '새로운 삶'으로 다시 탄생한다는 의미를 가지고 있다.

이것마저 없어진 절망상태에 있는 것이다. 죽음이 최대의 위험이라면 사람들은 살기를 원한다. 하지만 [산다는 것에] 더 큰 위험이 있다는 것을 알게 된다면 사람들은 죽기를 희망한다. 그런데 죽음을 바랄 정도로 위험이 너무나 클 때, 절망이란 죽을 수조차 없다는 것에 대해 절망하는 것이다.

이 최후의 의미에 있어서, 절망은 죽음에 이르는 병이다. 자신의 내부에 있는 이 병은 영원히 죽는 것이며, 죽어야 하는데도 죽지 않는다는 것이며, 죽는다는 괴로움에 충만한 모순이다. 왜냐하면 죽음이란 지나가 버린다는 것을 뜻하기 때문이다. 그런데 죽음을 죽는다고 한다는 것은 죽음을 체험한다는 말이며, 만일 죽는다는 이 사실을 단 '한 순간seul instant'[25]이라도 체험할 수 있다면, 이는 죽음을 영원히 체험하는 것과 같은 것이다. 인간이 병으로 죽듯이 절망으로 죽게 된다면, 그의 내부에 있는 영원한 것도 자기의 육체가 병으로 죽는 것과 마찬가지의 의미로 죽게 될 것이다. 그러나 그것은 불가능하다. 절망에 의한 죽음은 지속적으로 자기를 삶의 한가운데로 옮겨 놓는다. 절망한 사람은 죽을 수가 없다. '칼이 사상을 죽일 수 없듯이' 절망도 자신의 지반에 놓여 있는 영원한 것을, 즉 자기 자신을 완전히 소모해 버릴 수는 없다. 절망의 벌레는 죽지 않고, 절망의 불은 결코 꺼지지 않는다.[26]

---

25 역주: 키르케고르에게서 '순간'이라는 것의 특성은 시간과 영원 사이에 존재하는 것을 지칭하며, 따라서 순간이란 시간성 안에서 영원성이 나타나는 양태를 말한다고 볼 수 있다.

26 역주: 「신약성경」의 「마가복음」 9장 48절에는 지옥의 모습을 짧게 묘사하는 다음과 같은 문구가 있다. "지옥에서는 그들을 파먹는 구더기도 죽지 않고 불도 꺼지지 않는다." 아마도 키르케고르는 '절망'을 살아 있는 사람이 가지는 가장 큰 고뇌라고 보고 유비적으로 표현하고 있는 듯하다.

그럼에도 불구하고 절망이란 바로 자기 자신을 없애 버리려고 하는 것이며, 이 무력한 자기 자신을 없애 버리려고 하는 정열에 지나지 않는다. 하지만 이는 절망이 할 수 있는 일이 아니기에, 이 무력함이 또다시 자기 자신을 소모하게 되는 하나의 새로운 형식이 된다.

그러나 이러한 자기소모의 새로운 형식에 있어서도 절망은 자신을 없애 버리는 일을 할 수가 없다. 이는 절망의 가중加重이며 가중의 법칙이기도 하다. 이는 절망에 불을 지피는 것이며, 절망의 부패, 자신의 내부로 파고들어 점점 더 자기소모의 무기력함 안으로 침잠하는 것과 같은 것이다. 절망에 빠진 사람이 자기 자신을 완전히 없애 버릴 수 없다는 사실은 전혀 위로가 될 수 없다. 정반대로 이 사실이 바로 그의 형벌이며, 이 형벌은 그의 삶의 고뇌이며, 삶의 고뇌가 바로 이 형벌이다. 그는 자기 자신을 완전히 소멸시켜 버릴 수도 없고, 자기 자신을 다시 만들 수도 없으며, 무無로 돌아갈 수도 없다. 이러한 무력감이 절망이다. 바로 이런 이유로 그는 절망했던 것이 아니라, 절망하고 있는 것이다. 이러한 것이 자기의 열병 안에서 상승된 절망의 힘이며, 상승의 공식이다.

절망하는 사람은 무엇인가에 대하여 절망한다. 잠시 동안은 그렇게 보이겠지만, 그러나 그것은 다만 한순간일 뿐이다. 바로 그런 순간에

즉 절망이란 자기 영혼을 조금씩 갉아먹는 영혼의 병이라고 보고 있는 것이다. 다른 한편 『구약성경』의 예언자 이사야는 최후의 심판 이후에 신을 거역한 사람들의 주검을 묘사하면서 이와 동일한 표현을 사용하고 있다. "나를 거역하던 자들의 주검을 보리라. 정녕 그들의 구더기들은 죽지 아니하고, 그들의 불은 꺼지지 않은 채 모든 사람에게 역겨움이 되리라"(이사 66:24).

진짜 절망, 혹은 절망의 참모습이 나타난다. 그가 무엇인가에 대하여 절망하고 있다는 것은 사실 자기 자신에 대해서 절망하고 있는 것이며, 그래서 그는 자기 자신으로부터 벗어나기를 원하는 것이다. "황제가 아니면 무無"[27]이기를 주장하고 있는 야심가는 황제가 되지 못하면 그것에 대하여 절망한다. 그러나 이는 또 다른 의미이기도 하다. 사실 황제가 되지 못했기 때문에 그는 [황제가 되지 못한] 자기 자신을 견딜 수가 없는 것이다. 그러므로 그는 사실 자신이 황제가 되지 못한 데 절망하고 있는 것이 아니라, 황제가 되지 못한 자기 자신에 대하여 절망하고 있는 것이다. 만약 그가 황제가 되었다면 그에게는 더 이상의 즐거움이 없을 것이겠지만 —이 상태 역시 또 다른 의미에서는 절망이겠지만— 그러지 못했기 때문에, 황제가 되지 못한 '자기'는 그에게 견딜 수 없는 것이 된 것이다. 즉 그는 황제가 되지 못했음을 견딜 수 없는 것이 아니라, 보다 깊은 의미에서 황제가 되지 못한 '자기'를 견딜 수가 없는 것이다. 혹은 보다 정확히 말하자면 그가 참을 수 없는 것은 [황제가 되지 못한] 자기로부터 벗어날 수가 없다는 사실이다.

만약 그가 황제가 되었다면 그는 절망하는 자기로부터 벗어날 수 있었을 것이다. 그러나 그는 황제가 되지 못하였다. 그래서 그는 절망하여 자기로부터 벗어날 수가 없는 것이다. 그런데 본질적으로 말하

---

27 역주: "aut caesar aut nihil"이란 라틴어 용어로 이탈리아의 정치가 체사레 보르자(Cesare Borgia, 1475~1507)의 좌우명이었다고 한다. 보르자는 마키아벨리 시대의 가장 주목받던 군주로, 정치적으로뿐 아니라 종교적으로도 막강한 권력을 소유한 사람이었다. 마키아벨리는 『군주론』에서 '체사레 보르자'를 군주의 전형으로 삼았다.

면 어느 쪽이든 그는 절망하고 있다. 왜냐하면 그는 그 스스로의 자기(자아)를 가지고 있지 않으며, 따라서 자기 자신이 아니기 때문이다. 그가 황제가 되었다면 오히려 이 사실로 인해 그는 자기 자신이 되지 못하고 자기 자신으로부터 벗어나 있는 것이다. 또한 황제가 되지 못해서 절망에 빠졌다면, 그는 스스로 자기 자신으로부터 벗어날 수 없음을 절망하고 있는 것이다. 그렇기 때문에 어떤 사람이(절망한 사람을 한 번도 본 적이 없는, 그리고 스스로 한 번도 절망해 본 적이 없는 사람이) 절망한 사람이 고뇌하는 모습을 마치 형벌이라도 받는 듯 생각하여 그가 자기 자신을 삼켜 없애 버렸다고 말한다는 것은 자신이 매우 피상적인 정신을 가지고 있다는 것을 증명하는 것이다. 왜냐하면 그 사람이 절망하는 것은 그의 고뇌와 고통에 있어서, 자신을 없애는 것이 불가능하다는 사실에 있기 때문이다. 왜냐하면 절망이란 불태울 수 없는 것을 태우고자 불을 지르는 것이며, 없애 버릴 수 없는 자신을 없애고자 하는 것이기 때문이다.

그렇기 때문에 '하나의 일'에 대한 절망은 아직 본래적인 절망이 아니다. 이 절망은 절망의 시작에 불과하다. 그것은 마치 의사가 초기의 병에 대해 아직 증상이 나타나지 않았다고 말하는 것과 같은 상태이다. 절망의 진정한 모습, 즉 자기 자신에 대한 절망이 분명히 나타나는 것은 그다음이다. 젊은 소녀가 사랑 때문에 절망하고 있다면, 그것은 그녀의 애인이 죽었거나 혹은 불충실하여 애인을 잃은 것에 대해서 절망하고 있는 것이다. 하지만 그녀의 절망은 아직 그 진정한 모습 ―자기에게 절망하고 있는 그 모습― 을 나타내지 않고 있다. 만약 그녀가 '그의' 애인이 되었더라면 아무런 고통 없이 벗어날 수 있었던, 혹은 상실할 수 있었던 그녀의 이 자아가 이제는 그녀에게 고뇌가 되고 있는 것이다. 왜냐하면 그녀는 이제 그가 없는 '자기'가 되지 않으면 안 되기 때문이다. 그녀에게 있어서 보물이라도 될 법한 이 자기(물론 다른 의미로 이 역시 절망의 상태이기는 하지만)는 '그'가 죽은 지금은 미워할 공허가 되었다. 또한 이 '자기'는 그녀가 기만당했음을 그녀에게 상기시키기 때문에 혐오의 대상이 되었다.[28] 그와 같은 젊은 소녀에게 "당신은 당신 사신을 소멸시키고 있군요"라고 말해 보라. 그러면 그녀는 "오, 아닙니다. 내가 그렇게 할 수 없다는 사실이 나의 고통이랍니다"라고 대답할 것이다.

자기에 대해 절망하는 것, 즉 절망하여 자기 자신으로부터 벗어나고자 하는 것, 이것이 모든 절망의 공식이다. 따라서 '절망하여 자기 자신이기를 원하는' 제2의 형식은 '절망하여 자기 자신이기를 원하지 않는' 제1의 형식으로 환원될 수 있다. 하지만 우리는 앞에서(1장 1절 참조) 이와는 반대로 '절망하여 자기 자신이기를 원하지 않는 형식'을 '절망하여 자기 자신이기를 원하는 형식'에 귀착시켰다. 절망하는 사람은 절망하여 자기 자신이기를 원한다. 하지만 그가 절망하여 자기

---

28 역주: 키르케고르는 『이것이냐 저것이냐』의 제4장에서 세 명의 비극적인 여주인공을 소개하고 있는데, 괴테의 희곡 「클라비고」에 나오는 '마리 보마르셰', 마찬가지로 괴테의 「파우스트」에 나오는 '그레첸', 그리고 오페라 「돈조반니」에 나오는 '돈나 엘비라'이다. 이 세 여성들은 모두 사랑하는 연인을 잃어버린 사람들로서 '비애'를 가지고 살고 있으며, 일종의 '절망'에 빠진 사람들이다. 키르케고르는 이 세 명의 여성들이 진정으로 불행한 이유는 사랑하는 이를 잃었기 때문이 아니라, '비애의 슬픔'을 마지막까지 가지고 있지 못한 때문이라고 분석하고 있는데, 이는 어떤 의미에서 '진정한 절망'인 '자기 자신에 대한 절망'이 아직 나타나지 않은 때문이라고 볼 수 있다.

자신이기를 원한다면, 그는 자기 자신으로부터 벗어나고자 하지 않는다. 물론 이렇게 생각할 수도 있다. 하지만 보다 자세히 고찰해 보면, 이 둘은 결국 같은 것임을 알게 될 것이다. 절망한 사람이 절망한 경우에 원하는 '자기'는 사실상 그 자신의 '자기'가 아니다. 만약 그가 참으로 그 자신의 '자기'를 원하고 있다면, 이는 절망이 아니라 절망의 반대이다. 즉 그는 자기를 정립한 그 힘으로부터 자신을 분리시키고자 하는 것이다.

하지만 모든 절망에도 불구하고 그는 이를 이루지는 못한다. 그의 자기를 정립한 그 힘은 절망의 모든 노력보다도 훨씬 강하여 그가 원하지 않는 '자신의 자기(자아)'로 있도록 그를 억압한다. 하지만 그는 어디까지나 자신의 자기(진정한 자아)로부터 분리되어 그 자신이 '구상한 자기'이기를 원하는 것이다. 만일 자신이 구상한 것과 같은 자기가 될 수 있다면 ―비록 이 역시 다른 의미로 동일한 절망의 상태이기는 하지만― 그는 한없이 즐거울 것이다. 하지만 이와 반대로 그가 자신이 원하지 않는 '자기'이도록 억압받는다면 이는 그에게 고통스러운 일일 것이다. 이 고통은 그가 '자기'로부터 벗어날 수 없다고 하는 그 고통이다.

소크라테스는 육체의 병이 육체를 소멸시켜 버리는 것과 달리 영혼의 병은 영혼을 소멸시킬 수 없다는 것에서 영혼의 불멸성[29]을 증명

---

29 역주: 소크라테스의 영혼 불멸성에 대한 논증은 플라톤의 『국가론』(608d~611a)에 등장한다. 키르케고르는 「소크라테스의 반어법에 나오는 아이러니 개념」을 그의 박사학위 논문의 주제로 선택하였을 만큼 소크라테스를 지속적으로 존중하였다. "너 자신을 알라"라는 소크라테스의 언명

하였다. 소크라테스와 마찬가지로 우리는 절망에 빠진 사람의 절망이 인간의 자아를 소멸시킬 수가 없으며, 바로 여기에 절망의 자기모순적인 고뇌가 있다는 점에서 인간의 내부에는 영원한 존재가 있다는 것을 증명할 수 있다. 만약 인간의 내부에 영원한 것이 존재하지 않는다면 인간은 절망할 수도 없을 것이며, 만약 절망이 자신을 소멸시킬 수 있었다면 절망은 존재하지도 않았을 것이다.

이처럼 자기 자신에 대한 병인 이 절망은 '죽음에 이르는 병'인 것이다. 절망한 사람은 치명적인 병에 걸러 있다. 이 병은 일반적인 전염병과는 전혀 다른 의미에서 존재의 가장 소중한 부분들을 강타하고 있지만, 절망한 사람은 죽을 수가 없다. 죽음은 병의 끝이 아니다. 죽음은 끊임없이 지속되는 끝이다. 죽음을 통해 이 병에서 해방된다는 것은 불가능하다. 왜냐하면 이 병과 그의 고뇌… 그리고 죽음은 정확히 '죽을 수도 없다'는 사실에서 성립하기 때문이다.

이것이 절망에 빠진 인간의 상태이다. 가령 절망하는 사람이 자신이 절망에 빠져 있다는 것을 알아차리지 못하더라도, 또는 스스로 자기를 상실하고 있다는 것을 조금도 짐작하지 못할 만큼 완전히 자기를 상실해 버렸더라도(이것은 특히 절망에 빠진 상태에 대해서 자각하지 못하는 절망의 경우이지만), 그래도 영원성은 틀림없이 그의 상태가 절망이라는 것을 분명히 드러낼 것이다. 그리고 그의 자기를 그에게 못 박

—사실은 델포이 사원의 입구에 쓰인 말이지만— 은 키르케고르의 '자아에 대한 탐구'에 지대한 영향을 미쳤다고 할 수 있다.

아 자기로부터 벗어날 수 없다는 고통이 끝까지 남아 있을 만큼 그를 고뇌 속에 놓아둘 것이다. 그리고 그의 [자기로부터의 해방이라는] 성공이 하나의 환상에 불과했다는 것이 분명해질 것이다. 영원성은 이렇게 행동해야만 한다. 왜냐하면 자기를 갖는 것, 자기가 된다는 것은 인간에게 부여된 최상의 것이며 무한한 양도concession이기도 하지만, 또한 이와 동시에 인간에 대한 영원성의 요구이기 때문이다.[30]

---

30 역주: 인간은 자신의 고유한 창조자가 아니며, 고유한 기원이 아니다. 인간은 자신의 지반을 영원성으로부터 부여받으며, 이로부터 스스로 자신을 형성해 가야만 한다. '자기가 된다는 것'은 '개별화의 과정'을 전제하고 있는데, 이는 동물에게는 주어지지 않은 인간만이 가진 특권이다. 하지만 이 개별화의 과정에는 또한 '정신이 되다' 혹은 '정신적으로 변모하다'는 것이 요구된다. 프랑스의 종교철학자 앙리 뒤메리(Henry Duméry)는 "정신을 가진 자는 누구나 때가 되면 자기 세계를 소유하게 된다"라고 하였는데, 이 자기 세계는 곧 '개별화되기'를 의미한다. 하지만 키르케고르는 때가 된다고 반드시 '자기 세계'를 가질 수 있는 것이 아니라, "자기에 대해 진정으로 절망해 본 사람만이, 혹은 자기에 대해 고뇌하며 죽을 만큼 앓아 본 사람만이 이러한 '자기 세계'를 가질 수 있다"라고 할 것이다.

제2장
절망의 보편성

아마도 의사라면 완벽하게 건강한 사람은 단 한 사람도 있을 수 없다고 말할 수 있을 것이나, 이와 마찬가지로 우리도 인간을 잘 알게 되면 어떤 의미에서 절망하고 있지 않은 사람은 단 한 사람도 없다고 말할 수 있을 것이다. 가장 깊은 내면의 동요, 불화, 부조화, 불안 등을 느끼고 있지 않은 사람은 한 사람도 없다. 알지 못하는 어떤 것에 대한 불안, 감히 알고자 하는 것 자체가 두려운 어떤 것에 대한 불안, 생존의 가능성에 대한 불안 혹은 자기 자신에 대한 불안 등 이러한 불안을 갖지 않은 사람은 한 사람도 없다. 그래서 인간은, 병이 없는 인간은 한 사람도 없다고 의사가 말하는 것처럼, 누구나 자신도 알지 못하는 정신의 병을 내부에 가지고 있는 것이다. 이 병은 때때로 번개처럼 자신도 모르는 사이에 불안으로 다가와 이 병이 내부에 있음을 알게 해 준다. 어쨌든 기독교 세계의 외부에서는 절망해 본 적이 없다고 말하는 인간이 한 사람도 산 적이 없었고, 또 현재도 살고 있지 않다. 기독교 세계의 내부에서도 '진정한 기독교인'[31]이 되지 않는 한 인간은 역시 전체적으로는 아닐지라도 어느 정도 절망하고 있는 것이다.

사람들은 이러한 고찰을 역설적이고 과장된 것으로 볼 것이며, 어둡고 우울한 견해로 생각할 것이다. 하지만 결코 그렇지 않다. 이 견해는 어두운 것이 아니라 오히려 그와는 반대로 일반적으로 사람들이 애매함 속에 방치하고 있는 것을 밝게 드러내기 위한 것이다. 또한 이러한 견해는 우울하지 않다. 오히려 사람들의 마음을 정화하는 것이다. 왜냐하면 이러한 고찰은 인간은 정신이어야 한다는, 인간에 대한 최고의 요구를 전제하는 관점에서 모든 인간을 고찰하는 것이기 때문이다. 이 고찰은 역설도 아니다. 오히려 그와는 반대로 일관성 있게 전개된 근본적인 견해이며, 그렇기 때문에 이는 또한 결코 과장도 아니다.

이와 반대로, 절망에 대한 통상적인 고찰은 외관에만 집착하는 피상적인 고찰일 뿐이다.[32] 아니, 결국 고찰이라고 할 만한 것도 아니다. 모든 사람은 자기가 절망하고 있는지 아닌지를 스스로 가장 잘 알고 있다고 생각한다. 즉 지금 절망하고 있다고 스스로 말하고 있는 사람

---

31 역주: 키르케고르에게 있어서 '진정한 기독교인'이란 절대자 앞에 단독자로 나선 사람, 혹은 그리스도의 진정한 제자를 의미한다. 이러한 사람은 그의 세속적인 가치들을 포기하면서 그의 유한성을 신성한 무한성과의 완전한 관계성 속에서 정립한 사람이며, 그의 가장 깊은 내면성으로부터 살아가는 사람을 말한다.

32 역주: 키르케고르는 절망에 관한 당시의 주류적인 견해, 즉 상대주의적이고 심리학적인 견해로는 절망에 대한 객관적이고 진정한 본질을 규정하기가 불가능하다고 보고 있다. 즉 우발적이고 일상적이며 순수하게 경험적인 사건들과 연계된 주관적인 감정은 더 이상 '절망'에 대한 기준이 될 수가 없다고 보고 있는 것이다. 절망은 더 이상 삶의 조화라는 개념을 통해서 정립될 수가 없고, 보다 심오한 자아의 구조를 통해서 규정되어야 한다고 생각하면서, '자기 자신에 대한 관계와 신에 대한 관계'처럼 고려된 인간학적인 구조를 통해서 규정하고자 하는 것이다.

은 절망하고 있는 것이며, 스스로 절망하고 있다고 생각하지 않는 사람은 역시 절망하고 있지 않는 것으로 간주한다. 그리하여 절망은 보다 드문 현상이 된다. 그러나 절망은 아주 일반적인 것이다. 사람이 절망하고 있다는 것은 희귀한 일이 아니다. 오히려 절망하지 않은 사람이 매우 드물고 희귀한 사람이다. 이것이야말로 참으로 희귀한 일이다.

절망에 대한 통속적인 고찰은 절망에 대해서 매우 불충분하게 이해하고 있다. 특히 다음과 같은 점을 간과하고 있다. (여기서는 다만 한 가지만 언급하겠지만, 올바르게 이해한다면 이 한 가지만으로도 수천의 사람들, 수천만의 사람들이 절망한 사람의 부류에 속하게 된다.) 즉 절망하고 있지 않다는 것, 다시 말해 자신이 절망하고 있는 것을 의식하지 않는 것 그 자체가 절망의 한 형식이라는 것을 간과하고 있다. 통속적인 고찰이 병이나 건강에 대하여 판단을 내릴 때 종종 오류를 범하는데, 절망에 대한 통속적인 고찰에서는 이보다는 좀 더 깊은 의미에서 오류가 발생한다. 그 이유는 통속적인 고찰을 하는 사람들은 병이나 건강에 대해 아는 것과는 달리 정신에 대해서는 매우 빈약한 앎을 가지고 있어서 그것을 도무지 이해하지 못하기 때문이다. 그런데 정신에 대한 이해 없이는 절망도 이해할 수 없다.

일반적으로 어떤 사람이 자신의 입으로 병자라는 것을 말하지 않으면 사람들은 보통은 그가 건강하다고 생각을 한다. 하물며 자신의 입으로 자신이 건강하다고 말하고 있다면 그야말로 그대로 믿어 버린다. 하지만 의사들은 다르게 생각한다. 왜 그런 것일까? 왜냐하면 의

사들은 병에 관해서 보다 명료하고 진보된 생각을 가지고 있으며, 이에 따라서 사람들의 상태를 판단하기 때문이다. 의사들은 단순히 상상에 불과한 병이 있듯이, 단순히 상상에 불과한 건강도 있다는 것을 잘 알고 있다. 그래서 의사들은 환자가 단순히 상상만으로 건강하다고 생각하고 있는 경우에는 그 병이 드러나도록 방도를 강구한다. 일반적으로 의사는 그 분야의 전문가인 만큼 환자 자신에 대한 환자의 말을 무조건 신뢰하지는 않는다. 모든 사람이 자신이 건강하다든가 병이 들었다든가 하는 것을 무조건 믿을 만한 것으로 받아들인다면 의사의 역할이라는 것은 망상에 불과할 것이다. 왜냐하면 의사란 단지 약을 처방하는 사람이 아니라 병을 진단하는 사람이며, 스스로 환자라고 생각하는 사람이 정말 병을 앓고 있는 것인지 아닌지, 그리고 스스로 건강하다고 생각하는 사람이 어쩌면 병을 앓고 있는 것은 아닌지를 진단해야만 하기 때문이다.

의사가 병에 대해서 그러한 것처럼 심리학자는 절망에 대해서 그러하여야 한다. 심리학자는 절망이 무엇인지를 알고 있다. 그렇기 때문에 그는 어떤 사람이 절망하고 있다고 말하든지 혹은 절망하고 있지 않다고 말하든지 그 스스로가 하는 말에 만족하지 않는다. 다시 말해서 자신이 절망하고 있다고 주장하는 사람에 대해서도 그가 반드시 절망하고 있지는 않을 수 있다는 점에 주목하지 않으면 안 된다. 사람들은 절망을 가장할 수도 있으며 또한 착각으로 인해 정신의 한 상태인 절망을 단순한 불쾌함이나 상실감과 같은 일시적인 기분으로 혼동하여 진정한 절망이 아닌 것을 진정한 절망으로 여길 수 있기 때문이다. 물론 심리학자는 이러한 경우에 대해서도 여러 가지 절망의 형식을 도출해 낼 수 있을 것이다. 그는 이러한 절망의 형식이 가식임을 잘 알고 있다. 그리고 이렇게 꾸며 낸 것 또한 절망이라는 것도 알고 있다. 그는 이 불쾌한 기분이나 그 밖의 다른 기분들이 별 의미를 갖지 않는다는 것도 잘 알고 있다. 하지만 이러한 기분이 별다른 의미를 갖지 않는다는 것, 바로 이것이 절망인 것이다.

절망에 대한 통속적인 고찰은 절망이 병에 비교되었을 때, 일반적인 병과는 달리 절망이 변증법적인 것이라는 사실을 간과하고 있다. 왜냐하면 절망은 정신의 병이기 때문이다. 만약 정신에 있어서의 이 변증법적인 것을 올바르게 이해하게 된다면, 다시 수천의 사람들이 이러한 절망의 규정 속에 포함될 것이다. 만약 한 사람의 의사가 어느 시기에 어떤 사람이 건강하다고 말했다가 나중에 그 사람이 병에 걸렸을 때 그가 병에 걸렸다고 말한다면, 예전에 그가 건강했다고 말한 것도, 또 현재 그가 병에 걸렸다고 말하는 것도 모두 올바른 것이다. 그러나 절망의 경우에는 사정이 다르다. 절망이 나타나자마자 그 사람은 이전부터 절망하고 있었다는 것이 명백해진다.[33] 이런 의미에서 지금까

---

33 역주: 이러한 키르케고르의 논리는 절망을 죄성(罪性)에 포함한 '인간의 본성'에 대한 그의 사유를 상기하면 쉽게 이해할 수 있을 것이다. 인간이 본성적으로 어떤 '죄의 가능성'을 가지고 있다는 것을 '죄를 포함한 본성'이라고 할 수 있다면, 어느 순간 자신이 존재론적으로 '죄'를 지니고 있다고 자각하는 사람은 사실상 탄생부터 현재까지 자신이 항상 '죄'의 조건 속에 있었다는 사실을 알게 되는 것이다. 마찬가지로 절망이 인간이 정신적으로 존재한다는 그 사태로부터 필연적으로 가질 수밖에 없는 것이라고 한다면, 자신이 현재 절망하고 있다는 것을 알아차리게 된 사람은 사실상 그가 정신으로 존재하게 된 순간부터 지속적으로 절망하고 있었다는 것을 지금에서야 비로소 알게 된 것이나 마찬가지이다.

지 절망하고 있었기에 절망에서 구원받은 사람이 아닌 나머지 사람에 대해서는 어떠한 순간에 절망하고 있었다든지 혹은 절망하고 있지 않았다고 단언하기는 매우 어렵다. 왜냐하면 그 사람한테서 절망으로 인도한 조건들이 나타나자마자 그가 전 생애에 걸쳐서 절망하고 있었다는 사실이 분명히 드러나기 때문이다. 이와는 반대로 어떤 사람이 열병을 앓고 있다고 해서, 그가 전 생애를 통해서 열병을 앓았다고 말할 수는 없다. 절망은 정신의 한 규정으로서 영원한 것에 관계되어 있으며, 그러므로 절망의 변증법 안에는 영원한 것이 포함되어 있다.

절망은 일반적인 병과는 달리 변증법을 포함하고 있을 뿐만 아니라 절망의 모든 징후가 변증법적이다. 따라서 절망에 대한 피상적인 고찰은 현재 절망하고 있는지를 판단하는 데 있어서 실수를 범하기 쉽다. 즉 절망하고 있지 않다는 것이 오히려 절망하고 있는 것일 수도 있고 혹은 절망하였다가 절망에서 구원된 상태를 의미하는 것일 수도 있다. 조용하게 안심하는 상태가 절망하고 있음을 의미할 수도 있다. 즉 이러한 조용함과 침착함이 곧 절망이 될 수가 있는 것이다. 그러나 또한 이러한 고요함과 침착함은 절망을 극복하고 평화를 얻었다는 것을 의미할 수도 있다. 절망하고 있지 않다는 것은 병을 앓고 있지 않다는 것과 유사하지 않다. 왜냐하면 건강하다는 것은 병을 앓고 있다는 것과 도저히 같을 수가 없지만, 절망하지 않고 있다는 것은 곧 절망하고 있다는 것을 의미할 수도 있기 때문이다. 절망의 경우는 병의 경우와 달라서 기분이 좋지 않다는 것을 나쁜 것이라고 할 수는 없다. 결코 그렇지 않다. 기분이 좋지 않다는 것 역시 변증법적이다. 이처럼 기분이 좋지 않다는 것을 그의 삶에서 결코 경험한 적이 없는 사람이 있다면, 이것이야말로 정확하게 절망에 빠진 상태이다.[34]

이러한 사실의 근거는 인간이 정신으로 고찰되는 한 —절망에 관해서 말하고자 한다면, 인간이 정신이란 규정하에서 고찰하지 않으면 안 된다— 인간의 상태는 항상 위기에 처해 있다는 것을 의미한다. 우리는 병이 들었을 때 위기에 대해서 말하며 건강할 때는 위기에 대해서 이야기하지 않는다. 왜 그런 것일까? 그것은 육체적인 건강은 직접적인 규정이므로 병이 든 상태가 되었을 때 비로소 변증법인 것이 되고 이때 위기라는 말을 사용할 수 있기 때문이다. 그러나 정신적으로는, 다시 말해서 인간이 정신으로 고찰되는 경우에는 건강할 때나 병이 들었을 때나 다 같이 위기적이다. 정신의 직접적인 건강[35]은 존재하지 않기 때문이다.

---

34 역주: 오늘날 우리 사회에서 젊은이들의 집단적인 문화가 이를 잘 보여 주고 있다. 우리들의 삶이 사회구조적인 여러 문제로 인해 '헬조선'이라는 신조어로 등장할 정도로 매우 '기분 나쁜 것'임은 부정할 수가 없다. 하지만 역설적으로 이러한 삶의 분위기 앞에서 '절망하지 않기 위해(절망을 느끼지 않기 위해)' 젊은이들은 끊임없이 스마트폰이나 온라인게임 가상공간 등 IT문화 속으로 침잠한다. 현실의 삶 속에서 느낄 수 없었던 환희나 실존의 의미를 바로 이러한 곳에서 찾고자 하는 것이다. 삶이 매우 비극적임에도 불구하고 자신은 항상 만족하며 살고 있다고 생각하는 이러한 젊은이들은 어떤 의미에서 자신이 절망에 빠져 있다는 사실을 알지 못하면서 절망에 빠져 있는 것이다. 이러한 오늘날의 현실이 곧 또 다른 '절망의 상태'라고 할 수 있는 것이다.

35 역주: 여기서 '정신의 직접적인 건강'이라는 표현은 일반적으로는 어색한 표현이다. 보다 적절한 표현은 '정신의 단적인 건강'이라고 할 수 있을 것이다. 육체의 건강이 문제가 될 때 우리는 '단적으로 건강하다'라는 표현을 쓸 수 있다. 가령 종합검사에서 모든 검사 결과가 정상일 때, 우리는 단적으로 건강하다고 할 수 있다. 하지만 정신이 문제가 될 때 '성인(聖人)'이거나 '해탈하여 열반에 든 사람' 혹은 '도사(道士)' 같은 사람이 아니라면 단적으로 건강한 사람이라고 할 수가 없을 것이다. 그래서 라캉은 "모든 인간은 정도의 차이를 가지고 어느 정도 정신병을 안고 산다"라고 한 것이다. 기독교적으로 볼 때, 이는 모든 사람이 구원을 필요로 하는 사람이라는 말과 같은 의미일 것이다.

만일 인간을 정신이라는 규정하에서 고찰하지 않고 ─그렇게 된다면 절망에 대해서 이야기할 수도 없을 것이다─ 단순히 영과 육의 종합이라고 고찰하게 된다면, 건강이 직접적인 규정이 되고 영혼의 병혹은 육체의 병은 비로소 변증법적인 규정이 된다. 그러나 인간이 정신으로 규정되어 있다는 것을 자각하지 않는다는 것, 이것이 바로 절망이다. 인간적으로 말해서 무엇보다 아름답고 가장 사랑스러운 여성의 젊음, 온통 평화이고 조화이며 기쁨이라고 말할 수 있는 이 여성의 젊음조차도 사실은 절망에 불과하다. 분명 이러한 것들은 행복한 것이다. 하지만 이러한 행복은 정신의 규정이 아니며, 이보다 훨씬 깊은 곳에 은밀히 감추어진 행복의 가장 깊은 비밀 속에, 그 밑바닥에 절망 즉 불안이 자리 잡고 있다. 절망은 그처럼 깊숙한 곳에 찾아들기를 좋아한다. 왜냐하면 절망이 가장 좋아하고 가장 자리 잡기 좋아하는 곳이 바로 행복이 있는 깊숙한 곳이기 때문이다.

자신 스스로는 아무리 평화롭고 안전하다고 생각한다고 해도 사실 모든 직접성은 불안이며, 그렇기 때문에 당연한 결과로 대개의 경우 모든 불안은 무無에 대한 불안이다.[36] 직접성을 불안으로 만들기 위해서는 아주 무서운 이야기를 오싹하게 들려주기보다는 오히려 교활하게 거의 아무렇지도 않은 것처럼, 그러나 분명한 목적의식이 있는 반성을 동반하는 어떤 막연한 것에 대해서 한마디 들려주는 것이 보다

---

36 역주: 모든 것이 갖추어져 있고 걱정거리가 전혀 없는 사람이 그럼에도 '불안'을 느낀다면, 이는 그가 알 수 없는 막연한 것 혹은 그의 앎을 초월하는 것과 관련된 것이다. 이러한 것은 그가 전혀 알 수 없다고 하는 그 이유로 '무'에 대한 불안인 것이다.

효과적이다. 교활하게도 내가 말하고 있는 이야기가 상대방도 이미 잘 알고 있는 것이지만, 암시를 줌으로써 직접성을 보다 쉽게 불안으로 만들 수 있다. 물론 직접성은 그러한 것을 알지 못한다. 그러나 반성은 무에서 그 함정을 만들어 낼 때만큼 확실하게 수확물을 거두는 법이 없고, 그것이 무에 대한 반성 즉 무한한 반성에 견디기 위해서는 탁월한 반성, 보다 정확히 말해 위대한 신앙이 필요하다.

그렇기 때문에 가장 아름답고 사랑스러운 여성의 젊음까지도 행복이기는 하나 동시에 절망인 것이다. 이러한 이유로 이와 같은 직접성으로 한평생을 이끌어 가는 행운은 좀처럼 오지 않는다. 이러한 행운을 가졌다 해도 소용이 없다. 왜냐하면 이런 행운이 바로 절망이기 때문이다. 그리고 정확하게 말해 절망은 완전히 변증법적인 것이기 때문에 이 병에 걸린 적이 없다는 사실이 오히려 최대의 불행이고, 이 병에 걸리는 것이 신의 선물과 같은 그러한 병이다. 그렇기 때문에 만약 사람이 이 병에 걸리고도 이 병으로부터 낫기를 원하지 않는다면 그것이야말로 무엇보다도 위험한 병이 될 것이다. 어쨌든 병에 걸렸으면 나아야 한다. 왜냐하면 병이란 곧 불행한 것이기 때문이다.

그러므로 절망을 매우 드문 것으로 생각하는 통속적인 생각은 잘못된 것이다. 오히려 절망은 보편적인 것이다. 더욱이 통속적인 생각으로 자신은 절망하지 않았다고 스스로 믿거나 느끼고 있는 사람은 실제로 절망하지 않은 것이며, 스스로 절망하고 있는 사람만이 절망하고 있다고 생각하는 것은 그야말로 완전한 오류이다. 이와 반대로 진솔하게 자신은 절망하고 있다고 말하는 사람이 오히려 절망하고 있지 않다고 생각하는 사람들보다 더 절망하고 있지 않는 것처럼 보이고, 이들보다도 치유에(구원에) 한 발짝 더 다가가 있다고 하는 것이 사실이다.[37] 하지만 일반적으로 사람들은 자신이 정신이라는 사실을 확실하게 의식하지 못한 채 하루하루 살아가고 있다. 이 점에 관하여는 심리학자들이 나의 견해에 동의해 줄 것이다. 그래서 사람들은 스스로 안전하다고 생각하며 인생을 매우 만족해하며 살아가고 있지만, 이것이야말로 절망이다. 이와는 반대로 자기가 절망하고 있다고 말하는 사람은 보통 자기가 정신이라는 것을 자각할 만큼 천성적으로 이러한 특성을 소유하고 있는 사람이거나 혹은 괴로운 사건이나 무서운 결단에 쫓겨서 자신이 정신이라는 것을 자각하기에 이른 사람이거나 둘 중 하나에 속한 사람이다. 어느 쪽이든 이러한 사람들은 위에서 말한 것처럼 구원에 한 걸음 더 가까이 다가간 사람들이다. 어쨌든 참으로 절망하고 있지 않은 사람은 매우 드물다.

사람들은 인간의 괴로움이나 비참함에 대해서는 너무나 많은 말들을 하고 있다. 나는 이것을 이해하고자 노력하고 있으며, 이 중에서 많은 것을 배워서 알고 있다. 사람들은 "얼마나 많은 사람들이 인생

---

37 역주: 여기서 우리는 "스스로 죄인이라고 생각하는 의인과 스스로 의인이라고 생각하는 죄인이라는 두 종류의 인간"이라는 파스칼의 말을 떠올리게 된다. 사실상 절대적인 지평에서 보자면 윤리·도덕적으로 인간은 누구나 비슷하다. 단적으로 선한 인간도 단적으로 악한 인간도 없으며, 누구나 정도의 차이를 가지고 선도 행하고 악도 행한다. 하지만 어떤 이는 자신을 '죄인'이라고 생각하고 어떤 이는 자신을 '의인'이라고 생각한다. 죄인이라고 생각하는 사람은 죄로부터 벗어날 가능성을 충분히 가지고 있지만, 의인이라고 생각하는 사람은 그럴 가능성이 없다. 인생을 변증법으로 본다는 것은, 더 좋은 상태를 획득하기 위해서 우선 '나쁜 상태'에 대해 자각한다는 것을 의미한다. 절망도 마찬가지다.

을 헛되이 보내고 있는가!" 따위의 말들도 자주 하고 있다. 그러나 인생을 헛되이 보내는 사람이란 오직 다음과 같은 사람들이다. 즉 그는 인생의 기쁨이나 슬픔에 마음을 빼앗겨 영원한 결단으로 자기 자신을 정신, 즉 자아로서 의식하지 못하고 나날을 살아가는 사람이다. 결국 동일한 것이긴 하지만 이러한 사람은 신이 존재하고, 그 자신이 신 앞에 존재하고 있다는 사실을 깨닫지 못하는 사람이다. 너무나 당연한 말이지만, 이러한 '무한성을 수확하는 일'[38]에는 절망을 통하지 않고는 결코 도달할 수가 없다. 아, 그토록 많은 사람이 모든 사상들 가운데서도 가장 축복받은 이 사상을 깨닫지 못하고 이토록 헛된 나날을 보내는 이 비참, 인간 특히 대중이 다른 모든 일들에는 그토록 열중하면서 인생의 연극을 위한 꼭두각시처럼 자신을 소모시키지만 이러한 축복은 기억하지 못하는 이 비참, 개개인이 대중으로부터 분리되고 이로써 각 개인이 자립하면서 최고의 것을 가지고 이러한 인생에서 가치 있는 삶을 획득하고 영원한 것을 누릴 수 있다는 사실을 망각하고 마침내 군중으로 전락하고 마는 이 비참, 이러한 비참에 대해서는 아무리 울어도 부족한 것이다.[39]

---

38 역주: 여기서 '무한성을 수확하는 일'이란 '영적으로 되는 것' 혹은 '영성을 가지는 것'이라고 다르게 표현할 수도 있을 것이다. 진정으로 영적이고자 하는 사람은 먼저 이 세상에 대해 절망하여야 한다. 다시 말해서 이 세상의 모든 좋은 것들이 다 허망하다는 것을 마음 깊이 체험하여야 한다. 그래서 파스칼도 "이 세상이 허망하다는 것을 알지 못하는 사람은 모두 허망한 사람이다"라고 말한 것이다.

39 역주: 이 문단에는 '인간학'과 관련된 현대철학의 핵심이 담겨 있다. 키르케고르는 『이것이나 저것이냐』에서 '세상에서 가장 불행했던 사람'이 누구인지를 찾는 풍자적인 일화를 소개하면서, '안티고네'에 대한 이야기를 하고 있다. 안티고네는 아들이 어머니와 결혼하여 탄생한 사람이다. 그녀는 부끄러운 출생의 비밀로 인해 사람들 속에 섞이지 못하고 무리로부터 떨어져 혼자 은밀히

나의 생각으로는 절망이 이렇게 숨겨져 있다는 사실이 모든 것들 가운데서도 가장 무섭고, 이 사실에 대한 고뇌가 점점 더 두렵다. 그 이유는 이 병에 걸린 사람이 이를 숨기고자 할 수도 있을 뿐 아니라 실제로 숨길 수도 있으며, 아무도 눈치채지 못할 정도로 숨길 수가 있기 때문이 아니다. 오히려 본인 자신이 이러한 사실을 전혀 알지 못할 정도로 절망이 인간 안에 꼭꼭 숨겨져 있을 수 있기 때문에 두려운 것이다. 하지만 언젠가 이 세상의 모래시계가 모래를 다 흘려 버리는 때가 다가온다면, 소란스러운 일들이 멈추고 쉴 새 없이 분주하던 활동들이 멈추는 날이 온다면, 당신 주위의 모든 것들이 마치 영원 속에 있는 것처럼 고요할 때가 온다면, 이때는 당신이 남자였거나 여자였거나, 부자였거나 가난뱅이였거나, 타인에 의존해서 살았거나 독립하여 살았거나 혹은 행복했거나 불행하였거나 이러한 것은 전혀 문제가 되지 않는다. 당신이 신처럼 높은 자리에서 왕관을 쓰고 있었거나 혹은 아무도 거들떠보지 않는 보잘것없는 인간으로 그날그날을 고민하며 찌는 듯한 더위를 참고 살았거나, 당신의 이름이 이 세상이 존재하는 한 기억에 남을 것인지 혹은 아무 이름도 없이 수많은 사람들 가운데 한

살고 있고, 누구와도 진정한 관계성을 가지지 못하는 불행한 여인이다. 하지만 키르케고르는 안티고네를 철학적으로 보자면 '하나의 희귀한 보석'이라고 말하고 있다. 왜냐하면 그녀는 '군중' 혹은 '대중'으로부터 벗어나 자기가 살아야 할 법칙이나 가치 등을 스스로 산출하지 않으면 안 되었기 때문이다. 자기 속에 타인들에게서는 볼 수 없는 그만의 '자아' 혹은 '세계'를 가진다는 것, 이것은 '사유하는 주체성'이라는 근대의 출발점보다 더 멀리 나아가는 현대철학의 출발점이라고 볼 수 있다. 이미 중세의 토마스 아퀴나스도 인간 영혼의 다섯 가지 속성을 말하면서 두 번째로 '자립성'을 들고 있는데, 이 자립성은 자신이 스스로 만든 자기 세계만으로 충분히 살아갈 수 있으며, 또한 이러한 자기 세계로 복귀하고자 하는 습성을 가진 존재의 속성을 말하는 것이다.

사람으로 군중과 함께 몰려다닐지, 당신의 영광이 모든 인간적인 묘사를 능가할 만큼 큰 것이었든지 혹은 더없이 가혹하고 치욕스러운 판결에 의해 당신이 죄인으로 낙인을 받았든지 이러한 것들은 전혀 문제가 되지 않는다.

이 모든 것들과 상관없이 영원이 당신에게 묻는 것, 수천, 수백만의 사람들 각각에게 묻는 것은 단 한 가지이다. 당신은 절망하며 살아왔는가? 당신의 절망을 조금도 깨닫지 못한 상태에서 절망하며 살아왔는가? 아니면 당신은 이 병(절망)을 마치 죄 많은 애욕의 결실처럼 비밀스럽게, 남몰래 가슴 깊이 숨기고 스스로를 책망하는 방식으로 살아왔는가? 혹은 이 절망을 견디기 힘들어 스스로 광포해지고 남들에게 두려움을 주며 살아오지는 않았는가? 만일 당신이 절망한 채 살아왔다면 당신이 무엇을 얻거나 잃었든 당신은 모든 것을 상실한 것이다. 만일 그렇다면 영원은 당신을 받아들이지 않을 것이며, 당신을 알지 못한다고 할 것이다. 더욱 두려운 사실은 그럼에도 불구하고 영원이 당신을 알고 있다는 사실이다. 영원은 당신을 당신 스스로가 자신을 알고 있는 대로 알고 있다. 영원은 당신의 자아를 통해서 당신을 절망 안에 굳게 붙들어 매고 있는 것이다.[40]

---

40 역주: 토마스 아퀴나스는 사후에 있어서 각자에게 가해지는 최후의 심판이란 신 앞에서 자신의 양심이 자신의 있는 그대로의 모습을 보는 것이라고 하였다. 여기서 키르케고르의 말을 이렇게 이해할 수도 있을 것이다. 우리가 죄인이거나 의인이라고 판단하는 것은 우리의 양심이라는 것, 즉 절대적으로 진실되게 우리의 양심이 우리를 보게 된다는 것이다.

제3장
절망의 형태들

절망의 제 형태들은 종합으로서의 '자기'를 정립하는 과정에서 나타나는 여러 계기들을 반성함으로써 추상적인 형태로 발견될 수가 있다. 자아는 무한성과 유한성으로 구성되어 있으며, 이 둘의 통합은 하나의 관계이다. 이는 파생된 것이기는 하지만 자기 자신에 관계되는 관계이며, 자유 바로 그것이다. 자아란 곧 자유이다. 자유는 가능성과 필연성의 범주 안에서 변증법적인 양상을 갖고 있다.[41]

하지만 절망은 의식의 범주 안에서 우선적으로 고찰되어야 한다.

---

41 역주: 이 문단에는 인간의 자유와 관련하여 기독교적인 관점이 집약되어 있다. 기독교에 있어서 단적으로 '자유롭다'라고 할 때, 이는 '죄의 속박'으로부터 혹은 '세상의 죄'로부터 자유롭다는 것을 말한다. 죄는 부, 명예, 권력 등 세상의 좋은 것들로 인해 발생하며, 인간이 세상의 것으로 이루어진 존재라는 차원에서 이러한 죄로부터 벗어나기는 불가능하다. 하지만 또한 인간은 영적인 것으로 이루어져 있다는 차원에서 이러한 죄로부터 벗어날 가능성을 자신 안에 지니고 있다. 죄로부터 자유롭게 되는 유일한 길이 바로 이 영적인 자기를 진정한 자신으로 형성해 내는 일, 즉 '진정한 자신'에게 관계되는 이 관계성을 회복할 때이다. 하지만 그렇다고 해서 자유가 '세상의 것'과 '영적인 것'을 이원적으로 구분하고 후자를 선택하는 것에서 주어지는 것은 아니다. 그럴 경우 세상의 것을 멀리해야 한다는 '구속'에 사로잡힐 것이기 때문이다. 따라서 자유는 정-반-합이라는 변증법의 원리에 따라 이 양자를 종합하는 것에 있다. 이 종합이란 결국 세상의 것 안에서 영적인 것을 취하고 살아가게 되는 것을 말한다.

절망이 의식된 절망인가 혹은 의식되지 않은 절망인가에 따라 절망과 절망 사이의 질적인 차이가 나타난다. 개념적으로는 물론 모든 절망은 의식되고 있다. 그러나 이 사실이 절망을 자신의 내부에 간직하고 있는 사람이, 개념상 절망하고 있다고 불리어야 할 사람이 자기가 절망하고 있음을 의식하고 있다는 것을 의미하지는 않는다. 이렇게 해서 의식은 확고한 것이 된다. 일반적으로 말해서 의식, 즉 자기의식은 자기에 대한 확실한 의식이다. 의식이 증가하는 만큼 자기가 증가하는 것이다. 의지를 진허 가지지 않은 사람은 자기가 아니다. 그러나 인간은 더 많은 의지를 가질수록 그만큼 더 많은 자기의식을 가지게 된다.

의식하고 있는 절망인가 의식하지 않는 절망인가를 문제 삼지 않고 고찰된 절망, 따라서 여기서는 종합의 모든 계기들만을 고찰하기로 한다.

1. 유한성과 무한성으로 규정되는 절망

자기라는 것은 무한성과 유한성의 의식적인 종합인데, 이 종합은 자신에게 관계하는 종합이다. 이 과업은 자기 자신이 된다는 것이지만 이는 신과의 관계를 통해서만 실현될 수 있다. 자기 자신이 된다는 것은 구체적인 것으로 된다는 것을 의미한다. 그런데 구체적으로 된다는 것은 유한적인 것이 되거나 무한적인 것이 되는 것을 의미하지 않는다. 왜냐하면 구체적으로 된다는 것은 (유한적인 것과 무한적인 것의) 종합을 말하기 때문이다. 결국 구체적으로 되는 과정에서의 자기발전이란 다음과 같아야만 한다. 자아를 무한화함으로써 무한히 자기 자신으로부터 해방시키고 동시에 자아를 유한화함으로써 자아를 자신에게로 되돌아가게 하는 것이다.[42] 자아가 이러한 방식으로 자신이 되지 않는 한, 자신이 이를 알든 모르든 자아는 절망 속에 있는 것이다. 그런데 자아란 자신이 현실에 존재하고 있는 모든 순간에 생성되고 있다. 왜냐하면 '가능적인 것'으로서의 자아란 현실적으로 여기 존재하고 있는 것이 아니라 어디까지나 생성되고 있는(현실화할 수 있는) 것으로만 존재하기 때문이다.[43] 자아가 그 자신이 되지 않는 자기는 자신일 수가 없다. 자기가 자신이 아니라는 그 사실이 바로 절망인 것이다.

1) 무한성의 절망은 유한성의 결핍에서 기인한다

이것이 사실인 이유는 유한성과 무한성 어느 한쪽이 그 반대에 의해 정립된다는 변증법적인 것 때문이다. 어떠한 형태의 절망도 변증법적이지 않은 직접적인 방식으로 규정될 수 없으며, 오직 그 반대를

---

42 역주: 여기서 해방시킬 것은 세상의 관점으로서의 자기일 것이며, 다시 자신에게로 되돌아온다는 것은 자신이 처해 있는 현실의 삶에 완전히 관심을 집중하는 것을 말하는 것으로 이해할 수 있다.

43 역주: '자아'를 '가능적인 것'으로 보는 이유는 인간이란 항상 '가능성' 중에 있기 때문이다. 고대와 중세의 형이상학적 이론에 따르면 모든 존재하는 것은 '가능태(potentia)'와 '현실태(actus)'의 합성으로 되어 있다. 인간의 경우는 이미 선택하고 규정된 자아의 내용이 있을 수 있고, 아직 선택하지 않고 규정되지 않은 '순수한 가능성' 중의 자아의 내용이 있을 수 있다. 그리고 이러한 가능성으로서의 자아는 곧 '자유'의 의미와 연관되고 있다. 즉 인간이 '자유의 존재'인 것은 항상, 그리고 매 순간 '자아의 가능성'을 내포하고 있기 때문이다.

통해서만 규정될 수 있다. 그럼에도 시인이 시 속에서 교묘한 방식으로, 절망한 사람이 스스로 말하게 하여 절망을 직접적으로 표현할 수는 있다. 하지만 절망을 규정하고자 한다면 이는 오직 그 반대를 통해서만 가능하다. 절망에 대한 시적인 표현이 문학적인 가치를 가질 수 있으려면, 그 다채로운 표현 속에 변증법적인 대립이 반영되어 있어야 한다. 결국 절망은 무한이 되었다고 생각하거나, 무한이 되려고 하는 모든 순간에 발생한다. 왜냐하면 자아는 (유한과 무한의) 종합이기 때문이다. 이 종합에 있어서 유한한 것은 한정되고 무한한 것은 확대된다. 이처럼 무한에 대한 절망은 공상적인 것이며 한계가 없다. 왜냐하면 절망의 경험을 통하여 자각적으로 신 안에서 자신의 근거를 찾게 될 때에 자아는 건강하고, 또한 절망에서 해방될 수가 있기 때문이다.

물론 공상적인 것은 상상력과 가장 가까운 관계에 있다. 그런데 상상력은 감정, 인식, 의지와 관계하고 있으므로 인간은 공상적인 감정, 공상적인 인식, 공상적인 의지를 가질 수 있다. 상상력은 무한화 작업의 매개체이다.[44] 상상력은 단순히 모든 능력과 비교할 수 있는 하나

---

44 역주: 여기서 상상력이라고 표현하고 있는 것은 라틴어로 'Phantasia'를 말하는 것이다. 이는 문맥에 따라 '공상' 혹은 '구상력'의 의미로도 쓰인다. 그 의미는 감각적으로 인지할 수 없는 어떤 실재를 보다 분명히 이해하기 위해서 '이미지'를 통해서 감각적인 것으로 환원하는 것, 혹은 그 능력을 말한다. 예를 들어 평소에 별로 친하지 않던 사람이 어려움에 처한 자신을 도와주기 위해 위험을 자처했다고 하자. '위험을 자처한다'는 단순한 '사태'는 눈에 보이지 않는 어떤 원인을 가정한다. 그 원인은 드러난 단순한 사실보다 훨씬 큰 것일 수 있다. '우정'이거나 '사랑'이거나 혹은 '존중'일 수도 있고 아니면 '정의감'일 수도 있다. 어쨌건 이러한 숨겨진 원인을 무시하고는 '위험을 자처하는' 납득할 수 없는 사태를 이해하거나 안다고 할 수가 없다. 이를 이해하기 위해서는 '상상력' 즉 보이지 않는 그 원인에 대해서 이미지를 통해 반성하는 능력이 필요한 것이다. 마

의 능력이 아니라, 다른 모든 능력을 '대표하는 능력instar omnium'이다. 한 사람이 감정, 인식 그리고 의지를 얼마만큼 가지고 있느냐는 그 사람이 얼마만큼의 상상력을 가지고 있느냐에 달려 있다. 다시 말해 감정이나 인식이나 의지가 얼마만큼 반성되고 있느냐에 달려 있다. 상상력은 무한화를 향한 반성이다. 이 때문에 노老[45] 피히테도 참으로 정당하게 다른 인식에 대해서조차 상상력이 모든 범주의 근원이라고 생각한 것이다. 자아란 반성이다. 그리고 상상력도 반성이다. 따라서 상상력은 자아의 재현이며 동시에 자기의 가능성이다. 상상력은 모든 반성의 가능성이며, 강렬한 상상력이 없는 곳에서는 강렬한 자아 또한 존재하지 않는다.

일반적으로 공상은 인간을 무한한 것으로 인도한다. 그리하여 공상

찬가지로 신과 관계된 인간의 모든 일들은 드러난 '사태'만으로는 결코 이해할 수가 없다. 그래서 중세의 신비가들은 신을 '숨은 신'이라고 말한 것이다. 만일 누군가 자신의 인생에 관여하는 신의 섭리를 이해하고자 한다면, 자신의 인생에 숨겨져 있는 '신의 뜻'이나 '섭리' 혹은 그 '사랑'을 상상력을 통해서 '구체화'하는 능력이 필요한 것이다. 따라서 최소한의 문학적 혹은 예술적인 능력이 없는 사람은 결코 예언자나 신비가가 될 수가 없는 것이다. 이러한 의미에서 상상력이 '무한화 작업'의 매개체라고 말할 수 있는 것이다.

45 역주: 국내의 다른 번역서에서는 여기에서 '노' 자를 첨가한 이유를 독자들이 철학자 피히테(J. G. Fichte)의 이름을 공교롭게 그와 동일한 이름을 가진 키르케고르의 아들(I. H. Fichte)과 혼동하지 않도록 하기 위해서라고 말하고 있다. 하지만 이를 다른 관점에서 생각해 볼 수도 있다. 키르케고르의 조카(누이의 아들)이자 입양된 아들인 피히테는 —키르케고르는 결혼을 한 적도 동거생활을 한 적도 전혀 없었다— 전혀 철학과 무관한 사람이며, 키르케고르와 함께 살았던 적도 거의 없던 사람이다. 다만 키르케고르의 임종을 지켜본 장본인으로 알려져 있을 뿐이다. 그는 당시 키르케고르를 '자신의 삼촌'이라고 불렀고, 삼촌의 임종 당시 얼굴에 빛이 가득한 것을 목격하고는 "삼촌이 성인(聖人)이었을 것"이라고 증언하였다고 한다. 그러한 사람을 독자들이 기억하고 철학자 피히테와 혼동할 리가 없을 것이다. 따라서 여기서 '노' 자를 첨가한 이유는 피히테에 대한 '존중'의 의미이거나 여기서 제시하는 관점이 만년의 피히테의 사유임을 강조하기 위한 것으로 보는 것이 타당할 것이다.

은 인간을 자기 자신으로부터 멀리 떼어 놓으며, 자기 자신으로 되돌아오는 것을 방해하게 된다.

이처럼 감정이 공상적이 되면 자아는 점점 희박해지고, 이 감정은 나중에는 일종의 추상적인 감정으로 변해 버린다. 이렇게 하여 인간은 현실적인 것에 대해서는 감수성이 무디어지고 비인간적인 것, 이를테면 추상적인 인류 일반이라는 것 등에 과감한 생각을 기울이게 되는 것이다. 류머티즘을 앓고 있는 사람이 스스로 자신의 감정을 지배하지 못하고 바람의 상태나 기후의 변화에 좌우되어 무의식적으로 이를 자기 몸에서 느끼듯이, 감정이 공상적으로 된 사람에게도 이러한 일이 일어난다. 그는 어느 정도 무한을 느끼기는 하지만 이를 자기 자신이 무한이 되는 것으로 느끼는 것은 아니다. 반대로 그는 이로 인해 점차 자기 자신을 상실하는 것이다.[46]

인식이 공상적으로 되는 경우에도 이와 유사한 일이 발생한다. 인식의 관점에서 본 자아의 발전 법칙은 ―그가 진정으로 자기 자신이 된다는 한에서― 인식의 정도는 자기 자신을 인식하는 정도에 상응하며, 인식이 증가하면 증가할수록 그만큼 더 많이 자기를 인식하게 된다. 그러지 않을 경우에는 인식이 증가할수록 오히려 인식이 비-인

---

46 역주: 상상력이 무한성의 매개체가 되고 있지만, 중요한 점은 이러한 상상력이 현재의 자아 혹은 현실 안에서의 실재와 연관된 것이어야 한다는 점이다. 만일 신이 진정으로 자신의 인생에 개입하고 있는 어떤 '실재'와 무관하게 상상력을 통하여 '신의 섭리'에 대한 감정을 가지게 되는 사람은 오히려 '현재의 자아', '현실 안의 실재'와 멀어지게 된다는 것을 말하고 있다. 이는 인식과 의지에 있어서도 마찬가지임을 이후에서 말하고 있다. 따라서 우리는 현실(유한성)과 무관한 신(무한성)에 대한 감정이나 인식 혹은 의지는 곧 '허상'이라고 말할 수 있을 것이다.

간적으로 변하게 되고, 이러한 인식을 획득하기 위해서 자아를 낭비하게 되는 것이다. 이는 마치 피라미드를 건설하기 위해서 인간을 낭비하게 한 것과 같은 것이다. 또는 각자가 오직 하나의 음만을 내면서 연주자를 낭비하는 러시아의 호른 취주악에서처럼 인간이 낭비되는 것이다.

의지가 공상적이 될 때에도 역시 자아는 점차로 희박해진다. 이러한 경우 의지가 추상적으로 되는 그만큼 구체적인 것을 상실하게 된다. 따라서 의지가 유한성을 초월하여 자기의 기획과 결의를 높일수록, 더욱 현재 자신이 해야 할 작은 일들 속에서 완벽하게 현재적이면서 동시적이어야 하는 것이다. 이러한 경우에만 무한성을 획득한다는 것이 가장 엄밀한 의미에서 자기 자신으로 복귀하는 것이 되는 것이다.

이와 같이 인간의 감정과 인식과 의지가 공상적이 됨에 따라 마침내 자아 전체가 공상적이 된다. 여기에는 자기 스스로 공상적인 것 속에 자신을 던지게 되는 보다 능동적인 형태와 스스로 공상적인 것에 의해서 끌려다니게 되는 보다 수동적인 형태가 있을 수 있겠지만, 어느 쪽에 속하든 그 책임은 자신에게 있다. 이 경우 자아는 현실과 동떨어져 추상적인 것 안에 고립되어 공상적인 삶을 영위하게 된다. 그리고 자아는 자기와 무한히 멀어지게 될 것이며, 마침내는 완전히 자신을 상실하고 말 것이다. 예를 들면 종교적인 영역에서 그러하다. 신과의 관계는 인간을 무한한 것으로 만든다. 하지만 이 무한화는 자칫 인간을 공상의 영역으로 끌어들여 마음을 빼앗고 단순한 도취에 불과한 것으로 만들어 버린다. 인간은 때로 신 앞에 현존한다는 것을 견딜 수 없는 것으로 생각하기도 한다. 왜냐하면 이 경우에는 자기 자신에게 돌아오는 것이 불가능하고 자기 자신이 되는 것이 불가능하기 때문이다. 이런 공상적인 종교인은 자신의 말로써 공상적 특성을 드러낼 때 다음과 같이 말할 것이다. "참새가 살아 있을 수 있다는 것은 당연하다. 참새는 지금 자기가 신 앞에 있다는 사실을 모르기 때문이다. 그러나 지금 자신이 신 앞에 서 있다는 사실을 알고 있는 인간이라면 그는 정신을 잃거나 파멸할 것이 아닌가?"[47]

인간은 이러한 방식으로 공상적이 되어 절망에 빠져 있는 경우에도 겉으로 보기에는 아무런 문제 없이 그날그날을 잘 살아갈 수 있다. 그는 평범한 세상의 일에 종사하고 결혼을 하고 자녀를 낳으며 존경을 받거나 명예를 가지고 살아갈 수도 있다. 하지만 보다 깊은 의미에서, 아무도 그에게서 자아가 결여되어 있다는 사실은 알아채지 못한다. 세상 사람들은 '자아'라는 것을 결코 문제 삼지 않는다. '자아'라는 것은 세상 사람들이 가장 문제 삼지 않는 것이며, 또 자아를 가지고 있다는 것을 조금이라도 깨닫게 된다면 그보다 위험한 것은 없을 것이기 때문이다. 자기 자신을 잃어버린다는 가장 큰 위험이 세상에서는 마치 아무 일도 아닌 것처럼 조용하게 일어나고 있다. 만일 팔 하나, 다

---

47 역주: 사실 냉정하게 보자면 대다수의 종교인들이 은연중에 이러한 생각을 가지고 살아가고 있다고 볼 수 있다. 사람들은 예배를 드리거나 미사를 볼 때는 하나님의 면전에 있다는 것을 어느 정도 의식할 수 있겠지만, 자신의 일상사 매 순간에 자신이 하나님 앞에 있다는 사실을 의식하지는 않기 때문이다. 아마도 이를 문학적으로 표현하자면 대다수의 종교인들이 사실은 '신성함'에 대한 감각을 거의 상실하고 있어서 신이 우리들의 내면에 존재한다는 사실을 느끼지 못하고 있는 것이다.

리 하나, 금 다섯 탈러Taler 혹은 아내나 그 밖의 사소한 것이라도 잃어버리게 되면 이를 모르고 있을 수 있을까!

2) 유한성의 절망은 무한성의 결핍에 있다

이러한 사실은 3장 1절에서 나타난 것처럼 자아가 '서로 반대되는' 두 계기의 변증법적인 종합이라는 것에 근거한다. 무한성의 결핍은 편협함과 고루함을 낳는다. 물론 여기서 고루함이라든가 편협함은 윤리적인 의미에서 말해질 수 있는 것이다. 세상에서는 원래 이지적이거나 심미적인 것에 대해서만 고루함을 이야기한다. 즉 세상 사람들은 어떻게 되어도 상관없는 것들을 문제 삼고 있는 것이다. 세상에서는 항상 어떻게 되어도 상관없는 것들이 가장 문제시되고 있다. 결국 어떻게 되어도 상관없는 것에 무한한 가치를 부여하는 것이 세상이라는 것이다.

세상 사람들의 견해는 언제나 사람과 사람 사이의 구분[비교]에만 집착하고 있다. 그렇기 때문에 유일하고도 필연적인 것에 대한 이해(이것은 정신이라고 부를 수 있는 것이다)는 부족한 것이다.[48] 이리하여 편협

---

48 역주: 서로 비교하는 세상 사람들의 삶의 형식을 '유일하고 필연적인 일' 즉 정신적인 것에 대한 이해와 대립시키는 것은 무슨 까닭인가? 성서(루가 10:42)에는 마리아와 마르타의 일화가 나온다. 예수가 자신들의 집을 방문하였을 때, 마르타는 예수를 대접하기 위해서 분주하게 식사를 준비하고 있었지만 마리아는 예수의 발치에서 예수의 말씀을 듣고 있었다. 그러자 마르타가 예수에게 "선생님, 저는 분주하게 일하고 있지만 마리아는 그렇지 않습니다. 마리아에게 저를 좀 도와주라고 하세요"라고 청하였다. 그러자 예수는 "마리아는 좋은 몫을 택했다. 누구도 이를 마리아에게서 빼앗을 수 없다"라고 하였다. 여기서 마르타는 세상 사람들의 삶의 방식을, 그리고 마리아는 진정한 기독교인의 삶의 방식을 상징한다고 볼 수 있다. 감각적인 행위란 본질적으로 크고 작음, 많고 적음, 높고 낮음 등의 양적인 것과 외적인 것의 차이를 구분하는 것에 있다. 반면 정신이란

함과 고루함에 대해서도 이해할 수가 없는 것이다. 이는 곧 자기를 상실하는 것과 같은 것이다. 이는 무한한 자 안에서 자신을 발산함으로써 자신을 상실하는 것이 아니라, 스스로 유한한 것이 되어서 하나의 수, 하나의 인간, 천편일률적인 것 안에서 일상을 반복함으로써 자기를 상실하는 것이다.

절망적인 편협성은 근원성을 결핍하고 있다. 다시 말해서 인간이 자신의 근원성을 빼앗기게 되어 정신적인 의미에서 자기 자신을 박탈당한 상태이다. 즉 모든 인간은 애초에 자기 자신으로 만들어졌으며, 자기 자신이 되는 것이 그의 사명이다. 물론 이 자아는 최초의 상태에서는 모가 나 있고, 이를 갈아 없앨 필요는 없지만 갈고 닦아서 다듬어야만 한다. 사람이 사람을 두려워한 나머지 자기 자신이 되는 일을 포기하여서는 안 된다. 인간은 본질적인 우연성(이것이야말로 근원적인 자기이다)⁴⁹대로 자기 자신이기를 원하는 용기를 포기해서는 안 된다. 인

본질적으로 옳고 그름, 정의와 비-정의 등의 질적인 것과 내적인 것을 추구하는 것에 있다. 내적인 것을 추구한다는 것은 곧 자아를 추구하는 것과 같은 것이다. 기독교인에게 있어서 자아란 곧 '신 앞에서 나는 어떤 사람인가?'를 말하는 것이기 때문이다. 감각적인 삶은 인간의 늙음과 함께 무의미하게 될 것이지만, 후자는 죽음의 직전에 유일하게 의미 있는 것이 될 것이다. 그러니 인간으로 산다는 것은 바로 이 후자에 달려 있고, 이는 영혼을 가진 모든 인간에게 있어서 피할 수 없는 의무이자 신성한 권리인 것이다.

49 역주: '본질적인 우연성'이란 모든 인간은 본질적으로 우연적인 어떤 것을 가지고 있음을 말한다. 즉 필연적이지 않은 것, 원인이나 이유를 알 수 없는 것, 논리적이거나 합리적인 설명이 불가능한 것 등을 지니고 있음을 말한다. 가령 고흐의 예술에 대한 집착, 마더 테레사의 가난한 이들에 대한 연민 등은 결코 유전적인 요인이나 부모들의 교육 등에 의해서 설명될 수 없는 것이다. 모든 인간은 정도의 차이를 가지고 이러한 설명 불가능한 자신만의 무엇을 가지고 있으며, 바로 이것이 '본질적인 우연성'이며, 곧 가장 자기다운 무엇이다. 바로 이러한 것이 '근원성'과 관련이 있다고 보는 이유는 종교적인 관점에서 이러한 것은 신의 섭리 혹은 은총과 관련되어 있기 때문이다.

간은 이러한 본질적인 우연성 안에서 진정으로 자기 자신에 대해 자기일 수 있다. 인간은 절망의 한 방법으로 무한자 안으로 미혹되어 들어가 자기를 상실할 수가 있으며, 또한 절망의 다른 한 방법으로 자신의 자아를 다른 사람들에게 편취당하게 된다.

이렇게 자기를 상실한 사람은 주위의 많은 인간 무리들을 보고 있는 동안에 세속적인 관계 속에 뒤섞여 세상의 일들에 익숙해짐에 따라 자기 자신을 망각하게 되고, 신적인 의미에 있어서의 자신의 이름마저도 망각하게 된다. 이렇게 하여 결국 그는 자기 자신을 믿으려고 하지도 않고, 자신이 되고자 시도하는 것은 도리에 어긋나며 너무나 엄청난 일이라 생각하게 되고, 원숭이가 흉내를 내듯이 다른 사람들처럼 행동하는 편이 훨씬 편하고 안전하다고 생각하게 되는 것이다. 결국 그는 군중 속에서 하나의 단위, 하나의 숫자, 하나의 모방으로 전락하고 마는 것이다.

이러한 형태의 절망은 세상 사람들이 전혀 알아차리지 못하는 것이다. 왜냐하면 이러한 방식으로 자기 자신을 포기한 사람은 그렇게 함으로써 오히려 세상과의 흥정에서 만사를 자신 있게 해치우는 요령, 세상에서 성공할 수 있는 요령을 체득하기에 이른 사람이기 때문이다. 이런 사람의 경우는 그의 자아와 무한성에 대한 자신의 노력이 자신을 방해하거나 괴롭히지 않는다. 이런 사람은 조약돌처럼 매끄럽게 마멸되어 있어서 현재 유통되고 있는 화폐처럼 잘 통용된다. 세상은 그를 절망한 사람처럼 생각하기는커녕 오히려 모든 인간이 그처럼 되어야 한다고 생각한다. 당연한 일이기는 하지만, 세상은 진실로 무서운 것이 무엇인지를 알지 못하고 있다. 생활에 전혀 불편을 주지 않을 뿐더러 오히려 생활을 안락하게 해 주고 유쾌하게 해 주기 때문에 절망은 전혀 절망으로서 간주되지 않으며, 오히려 당연한 것처럼 보이는 것이다. 세상의 일반적인 견해가 이러하다는 것은 다양한 격언에서도 볼 수 있는데, 이러한 격언은 모두 처세훈에 지나지 않는다. 예를 들어 '말을 많이 하면 열 번을 후회하게 되지만, 한번 침묵하면 한 번만 후회하게 된다'라고 말한다. 왜 그런 것일까? 왜냐하면 한번 입 밖으로 나온 말은 현실 안으로 파고들어 드러난 사실이 되어 여러 가지 재앙의 원인이 되기 때문이다. 그렇다면 침묵을 지키고 있으면 어떻게 될까? 사실 이것이야말로 더욱더 위험한 것이다. 침묵을 지킨다는 것은 자신이 완전히 자신 안에 고립되어 있다는 것을 말하며, 현실이 그를 도우러 오는 일이 결코 없다는 것을 의미한다. 현실이 그가 말한 결과를 그에게 가져와 벌하는 일은 결코 없을 것이다. 이러한 의미에서 침묵은 결코 위험하지 않다. 하지만 진정 두려워해야 할 것이 무엇인지 알고 있는 사람은 내부로 파고들 뿐 외부에 전혀 흔적을 남기지 않는 죄와 과오를 무엇보다 두려워한다. 이와 같이 세상 사람들의 눈에는 모험을 한다는 것은 무엇인가를 잃어버릴 가능성이 있기 때문에 위험한 일이다. 그래서 모험을 하지 않는 것이 현명한 것이다. 반면 모험을 한다면 ―많은 것을 잃는다 해도― 쉽게 잃어버리지 않는 것, 오히려 모험을 하지 않기 때문에 무서울 정도로 쉽게 잃어버리는 것이 있는데 그것이 바로 자기 자신이다. 적어도 모험을 한다면 그렇게도 쉽게, 아무렇지도 않게 자기 자신을 잃어버리는 경우는 없을 것이다.

만일 내가 모험에서 실패를 한다면, 나의 인생이 나를 벌하여 나를 구원해 줄 것이다. 그러나 만일 내가 전혀 모험을 하지 않았다면, 대체 누가 나를 구원해 줄 것인가? 특히 비겁하게도 최고의 의미에 있어서 모험을 하지 않았다고 한다면 ―최고의 의미에서의 모험이란 바로 자기 자신에게 주의를 기울인다는 것이다― 세상의 온갖 좋은 것들을 모두 차지하고 있다고 한들 자기 자신을 잃어버리고서 무슨 소용이 있겠는가?[50]

유한성의 절망이 바로 이와 같은 것이다. 이런 방식으로 절망하고 있는 사람은 절망하고 있으면 있는 만큼 세상에서는 더욱 편하고 안락하게 살아갈 수 있다. 이러한 사람은 한 인간으로 인정받고, 다른 사람의 존경을 받으며, 사람들 사이에서 중요한 자리를 차지하고, 명예로운 위치에 있게 되며, 모든 세상일에 관여할 수 있게 되는 것이다. 지나친 말 같지만 본래 세상은 세상에게 몸을 팔고 있는 듯한 사람들로 구성되어 있는 것이다. 이들은 자신들의 재능을 이용하여 돈을 모으고 부를 축적하며 현명한 타산으로 여러 가지 일을 성취하고 역사에 이름을 남기기도 한다.

하지만 이러한 사람들은 그들 자신이 아니다. 그들이 자신 이외의 다른 일들에서는 자기다울지 몰라도 정신적인 의미[영적인 의미]에서

---

50 역주: 『구약성경』에서 죄를 짓고 숨은 아담에게 하나님은 "너 어디 있느냐?"라고 질책을 하고, 『신약성경』(마태 16:26)에서는 "사람이 온 세상을 얻는다 해도 자기 목숨을 잃어버리면 무슨 소용이 있겠는가?"라고 묻고 있다. 여기서 '너'와 '자기 목숨'은 모두 '자아' 혹은 '근원적인 자아'를 의미한다고 볼 수 있다.

는 자기 자신을 가지고 있지 않다. 다시 말해서 그것을 위해서는 모든 것을 걸 수 있는 자기, 하나님 앞에서의 자기를 갖고 있지는 않은 것이다.

2. 가능성과 필연성의 규정하에서 고찰된 절망

생성을 위해서는 가능성과 필연성이 동시에 본질적인 것이다. 그리고 자아는 실로 자유롭게 자기 자신이 되어야 한다. 자아에는 무한성(아페이론)과 유한성(펠라스)이 귀속되어 있는 것과 마찬가지로 가능성과 필연성도 또한 귀속되어 있다. 따라서 아무런 가능성을 가지지 못한 자아는 절망 중에 있으며, 아무런 필연성을 가지지 못하는 자아도 역시 절망 중에 있다.

1) 가능성의 절망은 필연성의 결핍에서 주어진다

이러한 관계가 성립하는 것은 앞서 말한 바 있듯이 이 관계가 변증법적인 것이기 때문이다.

무한성이 유한성에 의해서 한정되는 것처럼 가능성은 필연성에 의해서 제한된다. 자아가 유한성과 무한성의 종합으로서 정립되어 생성이 가능하게 된 경우, 자아는 상상력을 매개체로 하여 스스로를 반성한다. 이때 여기에는 무한한 가능성이 나타난다. 자아를 가능성의 측면에서 보자면 가능성임과 동시에 필연적이다. 왜냐하면 자아란 자기임과 동시에 장차 되어야 할 자기의 가능성이기 때문이다. 그가 [현재]

자신이라는 것은 필연적인 것이며 [미래에] 되어야 하는 것은 가능성인 것이다.

그런데 만일 가능성이 필연성으로부터 분리되어 독주를 하게 된다면, 그리하여 자아가 필연성을 포기하고 가능성 안으로 도피하여 더 이상 돌아갈 필연성이 아무것도 없다고 한다면, 이것이 가능성의 절망이 된다. 이러한 자아는 추상적인 가능성이 된다. 자아는 그 속에서 발버둥 치다 지쳐 버리고 그곳을 빠져나올 수도, 다른 장소로 나아갈 수도 없게 된다. 왜냐하면 필연적인 것이란 문자 그대로 그곳을 말하기 때문이다. 사람이 자기 자신이 된다는 것은 그곳(장소)에서의 운동을 말한다. 생성이란 그 장소에서의 운동이며 인간이 자신이 된다는 것도 그 장소에서의 운동이다.

그런데 필연성을 가지지 않은 자아에게 있어서는 가능성이 점점 확대되어 그 영역이 무한히 확대될 듯이 여겨진다. 이리하여 마침내 일체의 것이 가능한 것처럼 여겨지지만 사실은 심연이 자기를 삼켜 버리고 만다. 아무리 작은 가능성일지라도 그것이 현실성이 되려면 어느 정도 시간이 필요한데, 여기서는 가능성을 현실화할 시간이 점점 짧아져서 마침내는 모든 것이 순간적인 것이 되어 버린다. 가능성은 점점 더 강렬해지지만, 그러나 이는 현실성의 의미에서가 아니라 다만 가능성의 의미에서일 뿐이다. 왜냐하면 현실성의 의미에 있어서 강하다는 것은 적어도 가능적인 것의 어떤 것이 현실적으로 되는 것을 의미하기 때문이다. 그런데 여기서는 어떤 가능한 것이 나타나는 순간에 또다시 새로운 가능성이 나타난다. 그리고 마침내 이러한 환영이 연달아 일어나고 무엇이든지 가능한 것처럼 보인다. 하지만 이러한 순간이 개인이 스스로 자처하여 하나의 환영이 되어 버리는 마지막 순간이 되는 것이다.

여기서 자아에게 결핍되어 있는 것은 말할 필요도 없이 현실성이다. 그래서 사람들은 어떤 사람이 비-현실적이 되었다고 말하는 것이다. 하지만 좀 더 자세히 살펴보면 그에게 결핍되어 있는 것은 사실 필연성이다. 철학자들이 설명하는 것처럼 필연성이 가능성과 현실성의 통합인 것이 아니라, 현실성이 가능성과 필연성의 통합인 것이다. 자아가 이처럼 가능성의 영역 안에서 헤매고 있는 것은 단순히 힘이 부족하기 때문은 아니다. 확실히 힘이 부족한 탓도 있겠지만, 여기서는 일반적으로 이해되고 있는 것으로서의 힘의 부족 때문은 아니다. 여기서 진정으로 결핍되어 있는 것은 자신의 자아 안에 존재하는 필연적인 것, 즉 자신의 한계라고도 부를 수 있는 것에 복종하는 힘이다. 따라서 이러한 사람이 불행한 까닭은 세상에서 뛰어난 사람이 되지 못한 것에 있는 것이 아니라 그가 자기 자신을 깨닫지 못하였다는 것에 있다. 다시 말해 자기 자신이 특정 지어진 자아를 가지고 있으며 이것이 필연적인 것임을 깨닫지 못하였다는 것에 있다. 그는 이러한 자신의 자아를 공상적으로 가능성의 거울에 비추어 봄으로써 스스로 자기 자신을 잃어버린 것이다. 사람이 거울 속에서 자신을 비추어 보기 위해서는 우선 자신을 알고 있어야 한다. 만일 그렇지 않다면 거울 속에 비치는 인간은 자기 자신이 아니라 단지 한 사람의 인간일 뿐이다. 그런데 가능성의 거울은 일반적인 거울이 아니므로 매우 신중하게 사용하여야 한다. 왜냐하면 이 거울은 최고의 의미에 있어서 "본래의 것(자아)과 다르다"라고 말할 수 있기 때문이다. 자아가 자신의 가능성 안에서 이렇게도 보이고 저렇게도 보이는 것은 이것이 아직은 진리가 아니라 반쪽의 진리에 불과하다는 것을 의미한다. 왜냐하면 자신의 가능성에 있어서는 아직 자신으로부터 멀리 떨어져 있거나 혹은 다만 반쪽의 자신에 지나지 않기 때문이다. 문제는 어떠한 가능성이 자아에 있어서 필연적인 것이 되어야 하느냐는 것이며, 이를 결정하는 것이 곧 자아의 필연성이다. 가능성이라는 것은 어린아이가 어떤 축제에 초대되는 것과도 같다. 어린아이는 언제든 축제에 참가하고 싶어 하며 여기에 정신이 팔린다. 그런데 문제는 부모가 이것을 허락하느냐 허락하지 않느냐이다. 여기서 부모가 바로 필연성에 해당하는 것이다.

가능성에 있어서는 말 그대로 모든 것이 가능하다. 그래서 사람들은 가능성 안에서 모든 가능한 방법으로 방황할 수가 있지만 그 본질적인 형태는 두 가지이다. 그 하나는 소망하고 갈망하는 형태(희망)이며 다른 하나는 우울하고 공상적인 형태(불안 혹은 공포)이다.[51] 전설이나 우화 속에는 다음과 같은 이야기가 자주 나온다. 어떤 기사가 우연히 신비스럽고 아름다운 새를 발견하고는 이 새를 잡으려고 뒤를 쫓

---

51 역주: 여기서 분석하고 있는 '소망의 가능성'과 '우울의 가능성'은 통속적으로 사람들이 '조울증'이라고 부르는 병리적 현상을 정신심리학적 혹은 실존적으로 분석하는 것으로 볼 수 있다. 조울증이 병인 이유는 자아의 현실성(필연성)이 결핍되어 있기 때문에 자신의 현재적인 삶을 살아갈 수가 없다는 것에 있다.

는다. 처음에는 그 새가 아주 가까이 있어 곧 잡을 수 있을 것으로 생각한다. 그러나 가까이 다가가면 새는 어느 정도 멀리 날아가 앉는다. 그리고 또 다가가면 또 어느 정도 더 멀리 날아가 앉는다. 기사가 새에게 다가갈수록 그 새는 더 멀리 날아간다. 마침내 밤이 되면 기사는 일행들과 멀리 떨어져 돌아갈 길을 찾지 못하고 숲속에서 헤매고 있는 자신을 발견하게 된다.

갈망의 가능성도 이와 유사하다. 가능성을 필연성 안에서 회복하는 대신에 그는 가능성의 뒤를 쫓아간다. 그래서 그는 결국 자기 자신으로 돌아올 길을 잃어버리고 마는 것이다. 우울의 가능성에도 이와 동일한 일이 발생하나 그 방향은 반대이다. 그는 우울함에 사로잡혀서 불안의 가능성을 추구하게 된다. 그리고 마침내 이 가능성이 자신을 자신에게서 멀리 떨어져 나가게 하여 불안 속에서 자신을 상실하게 되는 것이다. 그는 거기서 불안의 희생자가 되거나 혹은 불안에 정복당하지는 않을까 걱정을 하며 염려의 희생자가 되는 것이다.

2) 필연성의 절망은 가능성의 결핍에서 주어진다

만일 가능성 속에서 방황하는 것을 어린이가 떠듬거리면서 모음을 발음하는 것에 비할 수 있다면, 가능성이 결핍되어 있다는 것은 침묵을 지키는 것에 비유할 수 있다. 필연적인 것은 자음에 속하는 것이다. 그러나 자음을 발음하기 위해서는 가능성이 더해져야 한다. 만일 필연적인 것에 가능성이 결핍된다면, 즉 인간의 실존에서 가능성이 결핍되는 지경에 이르면 그것이 곧 절망의 상태다. 인간은 가능성이 결핍되어 있는 모든 순간마다 절망하고 있는 것이다.

일반적으로 사람들은 인간에게는 가능성이나 희망이 풍부한 특정한 연령대가 있다고 생각한다. 혹은 자신의 생애에서 희망과 가능성이 대단히 풍부하였던 시기가 있었던 것처럼 말한다. 그러나 이러한 말들은 모두 인간적인 것에 불과하고, 진리는 아니다. 이러한 모든 희망이나 절망은 아직 참된 희망도 참된 절망도 아니다.

결정적인 것은, 신에게는 모든 것이 가능하다는 것이다. 이것은 영원한 진리이며, 따라서 모든 순간에 진리이다. 그리고 이 사실은 사람들이 인정하고 있다. 왜냐하면 사람들은 곧잘 이러한 말을 일상의 습관처럼 말하고 있기 때문이다. 그런데 이러한 사실이 진정으로 심각한 문제로 떠오르는 것은 사람들이 결정적으로 막다른 골목에 봉착하여 인간적인 의미로 어떠한 가능성도 남아 있지 않게 되었을 때뿐이다. 이때에야 비로소 그가 신에게는 모든 것이 가능하다는 사실을 믿을 것인지, 이를 믿을 의지가 있는 것인지가 문제가 되는 것이다. 하지만 믿는다는 것은 오성을 잃어버리는 것을 의미한다. 그렇다! 신을 믿는다는 것은 신을 얻기 위해서 오성을 잃어버리는 것을 의미한다. 다음과 같은 경우를 생각해 보자. 무엇인가 두려운 것이 있어 이것만은 결코 견딜 수 없다고 생각하며 그것을 떠올릴 때마다 두려움과 전율에 휩싸이는 사람이 있다. 그런 그가 그 두려운 것과 마주쳤다. 그가 그렇게도 두려워하던 것을 온몸으로 마주한 것이다. 인간적으로 말하자면 그의 파멸은 너무나 분명하다. 그의 영혼의 절망은 절망의 한가운데서도 절망의 허락을 얻고자 싸운다.[52] 다시 말하면 절망에서 휴식을 얻기 위해서 전 인격을 절망에 일치시키고 절망에 공명하고자 싸우는 것이다. 이러한 경우 그는 그의 절망을 방해하려는 사람이나 이를 시도하는 것을 무엇보다 저주할 것이다. 시인 중의 시인인 셰익스피어는 『리처드 2세』에서 이를 무엇보다 잘 묘사해 주고 있다. "형제여, 절망의 이 편안한 길에서 나를 끌어내려는 너에게 저주 있으리라!"(3막 3장). 따라서 인간적으로 말하면, 이 경우 구원은 불가능하다. 하지만 신에게 있어서는 모든 것이 가능하다. 이것이 신앙의 싸움이다. 말하자면 가능성을 위한 광기의 투쟁이다. 가능성만이 유일한 구원자이기 때문이다. 누군가 기절하였을 때 사람들은 물을 찾거나 오드콜로뉴 향수나 호프만액(향이 나는 소금)을 가져오라고 외친다. 그러나 누군가 절망에 빠져 있다면 '가능성을 찾아라, 가능성만이 유일한 구원이다'라고 말할 필요가 있다. 가능성! 그 가능성을 찾게 되면 절망에 빠진 사람은 다시 숨을 쉬고 살아날 수가 있다. 가능성이 없는 사람은 숨을 쉴 수가 없다.[53] 때론 상상하는 인간의 창의력만으로도 가능성을 도출할 수가 있다. 하지만 결국 신에게는 모든 것이 가능하다는 그것에서만 구원이 있다. 즉 여기서는 신앙이 문제인 것이다.

---

52 역주: "절망의 한가운데서도 절망의 허락을 얻고자 싸운다"라는 표현이 흥미롭다. 여기서 '절망의 허락을 얻는다'는 것은 '절망에 대한 합당한 이유를 구한다'는 것이다. 모든 희망을 포기하고 어둠 속에 주저앉아 버리는 사람도, 자신의 그러한 비참한 삶에 대한 정당한 이유를 찾고자 한다. 왜냐하면 이러한 정당성이 그 자신의 양심을 편하게 해 주기 때문이다.

53 역주: 여기서 숨을 쉴 수가 없다는 표현은 '영혼의 숨을 쉴 수 없음'을 말하며, 예를 들어 '살아도 산 것이 아니다'라고 말하는 그러한 삶을 지칭한다고 볼 수 있다.

이렇게 싸움은 계속된다. 싸우는 자가 파멸할 것인가 아닌가는 오직 그가 가능성을 만들 수 있는지 없는지에 달려 있다. 다시 말하면 그가 믿음을 가질 수 있는지 없는지에 달려 있다. 그러나 인간적으로 말하자면 그는 자신의 파멸이 반드시 오리라는 것을 알고 있다. 이것이 신앙에 있어서 변증법적인 것이다. 일반적으로 사람들은 자신에게 파멸이 일어나지 않을 것이라 생각하고, 그러기를 바라고 있다. 그러나 실제로 그러한 일이 자신에게 일어난다면 그는 파멸하고 만다. 눈이 먼 어리석은 사람은 여러 가지 가능성을 안고 있는 위험 속으로 뛰어드는데, 그 위험이 실제로 나타나는 경우에는 절망하여 파멸하고 만다. 믿는 이는 자기에게 일어나고 있는 일 또는 자기가 감행하고 있는 일이 인간적인 계산에 의하면 파멸할 것임을 이해하고 있다. 하지만 그는 믿는 것이다. 그 때문에 그는 파멸을 면한다. 그는 자신이 어떻게 구원을 받을 수 있을 것인지를 전부 신에게 맡긴다. 그는 신에게는 모든 것이 가능하다는 것을 믿고 있다.

인간이 자신의 파멸을 [생각할 수는 있어도] 믿는다는 것은 불가능하다. 인간적으로 그것이 파멸이라는 것을 이해하고 있지만, 그럼에도 구원의 가능성을 믿는다는 것, 이것이 신앙이다. 이러한 때에 신이 그를 도와줄 수 있다. 그를 두려운 것으로부터 벗어나게 함으로써 —예기치 못한 신의 구원이 나타나면서— 그를 돕는 것이다. 이것은 기적이다. 왜냐하면 단지 1800년 이전의 사람들만이 기적적으로 구원을 받을 수 있었다고 주장한다는 것은 실로 억지이고 기만이기 때문이다. 한 인간이 기적적으로 구원될 수 있는지의 여부는 본질적으로 그가 오성의 열정으로써 구원이 불가능한 까닭을 이해하고 있었는가[54] 하는 점과 그럼에도 불구하고 그를 구원해 줄 힘에 대해 그가 얼마나 성실하였는가[즉 믿음을 가지고 있었는가]에 달려 있다. 그러나 보통 사람들은 그 어느 것도 행하지 않는다. 인간은 자신의 이해력에 한계를 두고 구원을 발견하려고 노력하지도 않으면서 구원이 불가능하다고 비명을 지른다. 그리고 나중에는 배은망덕하게도 구원이 불가능하다고 생각함으로써 기적적으로 구원을 받았다는 사실조차 인정하지 않는 것이다.

신앙인은 절망에 대한 영원하고 확실한 가능성이라는 해독제를 가지고 있다. 신에게는 모든 순간에 모든 것이 가능하기 때문이다. 이를 믿는 것이 신앙의 건강이다. 건강한 신앙은 모든 모순을 해소하는 능력이다. 여기서 모순이란 인간적으로는 파멸이 확실한 것임에도 아직 가능성이 존재한다는 그것이다. 일반적으로 신앙의 건강이란 이러한 모순을 해소할 수 있는 능력이다. 예를 들어 육체적 혹은 생리적으로 말하자면 호흡은 모순이다. 왜냐하면 호흡이란 분리된, 그리고 비변증법적인 차가움과 뜨거움[의 교차]이기 때문이다. 그러나 건강한 육체는 이 모순을 해소하고 있으므로 이를 의식하지 않는다. 신앙의 경우도 이와 마찬가지다.

가능성을 결핍하고 있다는 것은 모든 것이 필연적인 것이거나 모든

---

54 역주: 구원이 이루어지기 위한 조건으로 먼저 '오성으로 구원이 불가능한 까닭을 이해하여야 하는' 이유는, 그럴 경우에만 인간은 ―자신의 이해력을 넘어― 모든 것이 가능한 신의 은총에 진정으로 도움을 청할 수 있기 때문이다.

것이 일상적인 것으로 되어 버린 것을 말한다. 결정론자나 숙명론자는 절망의 상태에 있으면서 절망에 빠진 자로서 자신을 상실하고 있는 자이다. 왜냐하면 그에게는 모든 것이 필연적인 것이기 때문이다. 그는 마치 만지는 모든 것이 황금으로 변해 버려서 굶어 죽었다는 저 왕[55]과 유사한 사람이다. 인격은 가능성과 필연성의 종합이다. 그렇기 때문에 인간이란 들이쉬는 숨과 내쉬는 숨으로 통합된, 호흡하고 있는 존재와 같다. 결정론자의 자아는 호흡을 할 수가 없다. 왜냐하면 단지 필연적인 것만으로 호흡을 한다는 것은 불가능하며, 필연적인 것만으로는 인간의 자아가 질식해 버릴 것이기 때문이다. 숙명론자 역시 절망하고 있으며, 신을 상실하고 있고 따라서 자기 자신을 상실하고 있다. 신을 가지지 못한 자는 자아도 가지지 못하기 때문이다. 그런데 숙명론자는 신을 가지고 있지 않으며, 그에게 신이 있다면 그것은 곧 필연성이다. 왜냐하면 신에게는 모든 것이 가능하듯이, 모든 것이 가능하다는 그것이 곧 신이기 때문이다. 그러므로 신에게 드리는 숙명론자의 예배는 기껏해야 감탄사이며, 본질적으로 침묵이며, 침묵의 복종이다. 그는 기도를 할 수가 없다. 기도를 한다는 것도 역

---

55 역주: 이 왕은 그리스 신화에 나오는 미다스왕을 말한다. 신화에 의하면 그는 술에 취해 몸을 가누지 못하는 디오니소스의 아버지 '실레노스'를 융숭하게 대접하여 돌려보냈고, 디오니소스는 그 보답으로 무엇이든 한 가지 소원을 들어주고자 하였다. 그러자 탐욕스러운 왕은 자신이 만지는 모든 것을 황금으로 변하게 해 달라는 소원을 말하였다. 하지만 자신이 만지는 모든 것이 황금으로 변해 버렸기 때문에 음식을 먹지 못해 굶어야 했고 또 사랑하는 자신의 딸 오렐리아 공주를 황금으로 변하게 해 버렸다. 이에 그는 비통하게 자신의 잘못을 뉘우쳤다고 한다. 키르케고르가 '굶어 죽은 왕'이라고 표현한 것은 일종의 과장 혹은 풍자로서 그렇게 말하였다고 보아야 할 것이다. 한편 경제적인 수완이 아주 뛰어난 사람을 '미다스의 손'이라고 부르기도 한다.

시 하나의 호흡이다. 가능성과 자아와의 관계는 산소와 호흡과의 관계와 같다. 그런데 인간이 단지 산소만 호흡하거나 질소만을 호흡할 수 없는 것처럼, 가능성만으로나 필연성만으로는 기도라는 호흡을 할 수가 없다. 기도를 하기 위해서는 신과 자아, 그리고 가능성이 함께 있어야 한다. 다시 말해서 깊은 의미에 있어서의 자아와 가능성이 함께 있어야만 한다. 왜냐하면 신에게는 모든 것이 가능하며, 다시 말해 모든 것이 가능한 것이 신이기 때문이다.

자아가 정신이 될 때까지 근본적으로 동요를 겪고 모든 것이 가능하다는 것을 깨달은 사람만이 신과 교제할 수 있다. 신의 의지란 실현의 가능성이 있다는 것을 의미하며, 이것이 나로 하여금 기도할 수 있게 한다. 만약 신의 의지가 필연적인 것이라면, 인간은 [신 앞에서] 본질적으로 동물처럼 언어를 갖지 않은 존재가 되어 버릴 것이다.

속물근성이나 일상적인 것에도 역시 가능성이 결핍되어 있다. 다만 이 경우에는 사정이 약간 다를 뿐이다. 속물근성은 정신의 박탈이고 결정론과 숙명론은 정신의 절망이다. 그런데 정신의 박탈도 역시 절망이다. 속물근성에는 정신적인 규정이 결핍되어 개연적인 것으로 일관하고 있으므로 여기에는 가능성이 자리할 여유가 거의 없다. 따라서 거기에는 신을 깨달을 수 있는 가능성이 결핍되어 있다. 그가 술집 주인이건 국무장관이건 간에 속물적인 인간은 '세상이 무엇인지, 세상일이 어떻게 발생하고 움직이고 있는지, 세상에는 어떤 일이 가능한 것인지, 세상에는 어떤 일이 일어나기 쉬운지' 등에 대해서는 상상력을 사용하지 않고, 항상 일상생활에서 경험하는 직접적인 일들과 통속적인 일들에 골몰하며 살고 있다. 그렇게 해서 그는 자기 자신과 신을 상실하고 있다. 왜냐하면 자기 자신과 신을 알기 위해서는 상상력을 통하여 안개 같은 개연적인 것의 영역보다 더 높이 날아올라, 개연적인 영역의 분위기로부터 탈출하여야 하기 때문이다. 그리하여 모든 경험의 총량을 뛰어넘을 수 있어야 하며, 이것이 가능함을 믿음으로써 희망하고, 희망하면서 두려워하고, 두려워하면서 희망하는 법을 배워야 하기 때문이다. 하지만 속물근성은 상상력을 가지고 있지 않다. 그것을 가지려고도 하지 않으며 오히려 싫어한다. 그래서 이들에게는 구원이라는 것이 불가능하다. 그래서 일상의 경험으로부터의 서툰 지혜를 초월하는 무서운 것들로 세상이 그들을 구원하러 온다면 그들은 절망하게 된다. 이렇게 하여 속물근성은 본래 자신이 절망하고 있었다는 것을 드러내게 된다. 즉 속물근성에는 신의 도움으로 자신을 파멸로부터 구원하기 위한 신앙의 가능성이 결핍되어 있음을 드러내는 것이다.

숙명론과 결정론에는 그래도 가능성에 절망할 만큼의 상상력과 불가능성을 발견할 만큼의 가능성이 있다. 하지만 속물근성은 일상의 것으로 만족하고 있으므로 그 생활이 잘되어 가든 잘되지 않든 마찬가지로 절망의 상태에 있다. 숙명론과 결정론에는 필연성의 긴장을 완화시키는 가능성이 결핍되어 있고, 속물근성에는 상실로부터 깨어나기 위한 정신의 각성작용으로서의 가능성이 결핍되어 있다. 속물근성은 가능성을 자신이 마음먹은 대로 지배할 수 있다고 믿고 있다. 그리하여 이 가능성을 개연성의 함정이나 정신병원에 몰아넣어 지배하고자 하는 것이다. 이 가능성을 개연성의 우리에 넣어 끌고 다니며 구경거리로 삼으면서 주인이 된 듯 행세하지만, 사실은 오히려 이로 말미암아 자기 자신이 정신을 상실한 노예가 되어 가장 가련한 존재가 되었다는 사실은 깨닫지 못한다.

가능성 안에서 길을 잃은 자는 절망의 만용으로 현실을 뛰어넘고, 모든 것을 필연적인 것으로 믿는 자는 절망에 짓눌려 현실에 좌절한다. 그런데 속물적인 사람은 필연성도 가능성도 가지지 않으므로 정신의 박탈 속에서 승리에 도취되어 있나.

3. 의식의 규정하에서 고찰된 절망

의식의 강도가 상승하면 할수록 그에 비례하여 절망의 강도도 역시 상승한다. 즉 의식이 증가할수록 그만큼 절망도 강해지는 것이다. 이런 현상은 도처에서 볼 수 있지만, 특히 절망이 최고인 상태와 최저인 상태에서 가장 분명하게 볼 수 있다. 악마의 절망은 강도가 센 절망이다. 왜냐하면 악마[56]는 정신일 뿐이며 절대 투명한 의식이어서 정상을 참작하여 형을 경감할 수 있는 무의식성을 가지고 있지 않기 때문이다. 따라서 악마의 절망은 절대적인 반항으로서 이것이 절망의 최고상태이다. 절망의 최저상태는 ―인간적으로 '순진함'이라고 말하고 싶

---

56 역주: 중세철학자들은 천사나 악마를 질료를 전혀 가지지 않는 정신적인 존재 즉 '순수형상'으로 간주하였다. 따라서 이들에게는 모든 것이 의식적이며, 무의식이라는 것을 가지지 않는다.

겠지만— 일종의 '천진함' 속에서 자신이 절망하고 있다는 것조차 모르는 상태이다. 따라서 무의식의 최고도는 절망의 최저도와 일치한다. 이러한 상태에서는 절망이라고 부르는 것이 정당한 것인지 아닌지가 변증법적인 문제가 된다.

1) 자신이 절망하고 있다는 것을 모르고 있는 절망, 혹은 자신이 자아라는 것을, 그것도 영원한 자아라는 것을 가지고 있다는 사실에 대한 절망적인 무지

그럼에도 불구하고 이러한 상태가 절망이며 동시에 절망이라고 불리는 것이 정당하다는 것은 긍정적인 의미에 있어서 진리의 독선이라고 일컬어질 수 있는 것에 대한 하나의 사례이다. 진리는 그 자신과 허위를 구분 짓는 척도이다. 하지만 사람들은 이러한 진리의 독선을 존중하지 않는다. 마찬가지로 사람들은 진리와의 관계, 즉 자신이 진리와의 관계성 중에 있다는 것을 결코 최고의 선이라고 생각하지 않는다. 따라서 소크라테스가 오류 속에 있는 것을 최대의 불행이라고 생각한 것처럼 그렇게 생각하지는 않는다. 대부분의 사람에게 있어서는 감성적인 것이 지성적인 것보다 훨씬 우세하다. 그래서 진리의 빛에 비추어 보면 실제로는 불행한데도 자신이 행복하다고 생각하는 사람은 이러한 오류에서 벗어나는 것을 결코 원치 않는다. 오히려 그는 그러한 말을 하는 사람에게 분노하며 그를 최대의 적으로 간주할 것이다. 흔히 행복을 죽인다는 의미에서 그 역시 살인에 가까운 행위를 하고 있다고 간주할 것이다. 어떻게 하여 이러한 일이 일어나는 것일

까? 그것은 감성적인 것 혹은 정념적인 것이 그를 온전히 지배하고 있기 때문이다. 다시 말해 그가 쾌快-불쾌라는 감성적인 것의 범주 안에 살고 있고, 정신이라든가 진리라고 하는 것과는 결별하여 살고 있기 때문이다. 그는 지나치게 감성적이어서 정신적인 것이나 정신적이고자 하는 것을 견딜 만한 용기가 없기 때문이다.

일반적으로 사람들은 쓸데없는 허영심이나 자만심이 강할 뿐, 대다수는 자기 자신에 대한 관념을 거의 가지고 있지 않다. 다시 말해 이들은 자신들이 정신이라는 것과 절대적인 것이 될 수 있다는 사실에 대해서는 아무런 관념도 가지고 있지 않다. 이들은 단지 허영심과 자만심이 강할 뿐이다. 예를 들어 지하실과 1층 그리고 2층으로 된 집 한 채가 있다고 가정해 보자. 이 집은 각 층의 거주자들 사이에 계급의 구별이 있고, 이를 고려하여 설계되었다. 인간을 이러한 집에 비유하여 생각해 보면 어떤 일이 발생할까? 대부분의 사람들이 이 집이 자신의 집임에도 기꺼이 지하실에서 살고 싶어 한다는 사실은 우스꽝스럽고도 슬픈 현실이다.

모든 인간은 몸과 마음의 종합으로써 정신이 되도록 만들어졌다. 이것이 그의 집의 구조이다. 그럼에도 그는 지하실에서 살기를, 즉 감성의 규정하에서 살기를 좋아한다. 단지 지하실에서 살기를 좋아할 뿐 아니라 그곳에 대단한 애착을 가지고 있다. 그리하여 어떤 사람이 그 집이 자신의 집이며, 2층이 비어 있으니 얼마든지 자유롭게 2층에서 살 수 있다고 말하며, 2층에서 사는 것이 어떻겠느냐고 충고한다면 그는 오히려 화를 내게 될 것이다. 실제로 인간은 비-소크라테스적으로, 오류 속에 사는 것을 전혀 두려워하지 않는다. 이러한 사실을 놀라울 정도로 분명히 밝혀 준 경탄할 만한 예가 있다.

한 사상가[57]가 거대한 전당을, 전 우주와 세계사와 그 밖의 모든 것을 포괄할 수 있는 체계를 세우고 있다. 그런데 그의 개인적인 생활을 관찰하면 놀랍게도 높고 둥근 천장이 있는 대저택에 거주하지 않고 기껏해야 헛간이나 개집 혹은 문간방에 살고 있다. 실로 놀랍고도 우스꽝스러운 일이 아닌가.[58] 만일 누군가 그에게 이러한 모순을 알아차리도록 말해 주고자 한다면 그는 기분이 상할 것이다. 그리고 그는 오직 체계만 잘 완성된다면 오류 속에 있는 일 따위는 두렵지 않다. 아니, 그는 오류 속에 있음으로 해서 체계를 완성하는 것이다.[59]

따라서 절망하는 이가 자신이 절망하고 있다는 사실을 조금도 알지 못한다고 해도 그것은 문제가 되지 않는다. 그는 여전히 절망 속에 있는 것이다. 만일 그의 절망이 방황이라고 한다면 자신이 방황하고 있다는 사실을 모르고 있다는 것은 그만큼 방황의 정도를 증가시키는 일이 될 것이다. 절망에 관한 무지는 불안에 관한 무지와 흡사하다(비

---

57 역주: 이 사상가는 물론 헤겔을 암시하고 있다.

58 역주: 우주의 전당을 가지고 있지만 실제로 현실의 삶은 '문간방'에서 살고 있다는 것은 풍자적인 표현이다. 이는 마치 어떤 성직자가 늘 '하나님의 나라'나 '신성한 것'에 대해서 말하고 있지만, 그의 현실의 삶은 항상 '부'나 '인간적인 명성'에만 집착하며 살고 있는 상황과 유사한 점을 풍자한 것이다.

59 역주: 우주나 인류의 역사에 대해서 체계를 세우는 것이 오류를 통해서 가능하다고 하는 것은 논리적인 것이다. 키르케고르가 헤겔의 체계를 비판하는 핵심에는 미래라는 것은 인간의 자유에 의해 변화무쌍한 것인데, 인류 역사 전체를 하나의 체계 속에 포괄한다는 것 자체가 '인간의 자유'를 부정하는 것으로 오류라고 보고 있기 때문이며, 또한 인류의 역사라는 것을 체계화하면서 그 속에 내포되어 있는 무수한 개인들의 역사를 무화(無化)시켜 버리기 때문에 오류라고 본 것이다.

길리우스 하우프니엔시스의 『불안의 개념』을 참조할 것).[60] 정신이 박탈된 상태에서 완전히 안심하고 살고 있는 사람을 보면 거기에 '무정신성의 불안'이 있음을 발견할 수 있다. 비록 안심하고 살고 있는 듯하지만 그 근저에는 불안이 숨어 있다. 이와 마찬가지로 무정신성의 밑바닥에도 절망이 숨어 있다. 착각의 마력이 깨어지고 인간 존재가 흔들리기 시작하면 바로 그때 근저에 있던 불안이 그 모습을 드러내는 것이다.

자신이 절망하고 있음을 알지 못하는 사람은 자신이 절망하고 있음을 아는 사람보다 진리와 구원에 관하여 '부정'을 하나 더 가지고 있다. 절망 그 자체가 하나의 '부정'이며, 절망에 대해 무지한 것이 다른 하나의 '부정'이기 때문이다. 그런데 진리로 나아가기 위해서는 모든 부정성을 통과해야 한다. 전설[61]에 의하면 피리 소리를 듣고 마법에 홀린 사람이 마법에서 깨어나기 위해서는 악보를 철저하게 거꾸로 완전히 연주하지 않으면 안 되었다. 그러지 않으면 마법을 풀 수가 없는데, 그것이 여기서도 꼭 들어맞는다.[62]

자신이 절망하고 있다는 사실을 모르고 있는 사람이 절망하고 있

---

60 역주: 『불안의 개념』은 1844년에 키르케고르가 '비길리우스 하우프니엔시스'라는 가명으로 출간한 책이다.

61 역주: 여기서 전설은 스웨덴의 「아일랜드 요정」에 관한 것으로, 요정의 음악을 들은 사람은 모두 춤을 추지 않으면 안 되었다. 그리고 춤을 멈추기 위해서는 음악의 악보를 거꾸로 완벽하게 연주하여야만 하였다.

62 역주: 음악을 거꾸로 연주하여야 마법이 풀린다는 것은 하나의 상징적인 일화이다. 수학 방정식을 풀 때처럼 일반적으로 사람들이 오류에 빠지는 것은 추론의 과정에서 한두 가지 잘못을 범하기 때문이다. 이러한 오류를 해결하기 위해서는 어디에서 실수가 개입되었는지 거꾸로 올라가면서 검토를 해 보아야 한다. 이와 마찬가지로 절망에 빠진 사람은 자신이 절망에 빠졌다는 사실을 알고 있는지 모르고 있는지를 먼저 검토하여야 하며, 그런 다음 그 절망이 어디에서 기인한 것인지를 알아보아야 하는 것이다.

음을 알고서도 절망 속에 머물고 있는 사람보다 진리와 구원으로부터 훨씬 멀리 떨어져 있다고 할 수 있는 것은 단 하나의 의미, 즉 순수하게 변증법적인 의미에서만 그런 것이다. 왜냐하면 다른 하나의 의미, 즉 윤리적=변증법적인 의미에 있어서는 절망을 의식하면서 절망 속에 머물고 있는 사람의 절망은 그 강도가 한층 강한 것이므로 그만큼 구원으로부터 더 멀리 떨어져 있다고 볼 수 있기 때문이다. 그런데 무지하다는 것은 결코 절망을 제거하거나 절망을 절망이 아닌 다른 것으로 바꿀 수 있는 것은 아니며, 오히려 절망의 가장 위험한 형태가 될 수 있다. 절망에 대해 무지한 자는 그 무지로 인해서 어느 정도 절망으로부터 보호받을 수 있겠지만, 그 자신을 파멸로 이끄는 절망의 지배 아래서 안심하고 있는 것이기 때문이다.

자신의 절망에 대해서 무지한 사람은 자신이 정신이라는 사실을 의식하는 데 있어서 가장 멀리 떨어져 있는 사람이다. 그러나 보다 정확히 말하면 자기 자신을 정신으로 의식하고 있지 않는 상태가 곧 절망이며, 정신이 박탈된 상태이다. 이러한 상태는 완전히 무기력한 상태일 수 있고, 무위도식의 상태일 수도 있으며, 혹은 활기가 넘치는 생활일 수도 있겠지만, 어쨌든 그 이면에 숨겨진 것은 절망이다. 이 마지막 경우의 절망자의 상태는 마치 폐병 환자의 상태와 유사한데, 폐병 환자는 병이 가장 위험한 그 순간에 가장 기분이 좋고 오히려 자신이 건강하다고 생각하며 다른 사람에게도 건강한 것처럼 보이는 것이다.

이러한 형태의 절망(자신이 절망하고 있다는 사실을 모르고 있는 절망)이 세상에서는 가장 일반적인 형태의 절망이다. 사실 사람들이 세상이라고 부르고 있는 것, 보다 정확하게 말해서 기독교가 세상이라고 말하고 있는 이교도와 기독교 내부의 자연적인 인간, 다시 말해서 역사상 존재하였거나 현재에도 존재하고 있는 이교도와 기독교의 내부에 있는 이교도는 이러한 종류의 절망이다. 이것은 절망이지만 단지 그 사실을 모르고 있을 뿐이다. 이교도도 기독교 내부에 있는 자연적인 인간과 마찬가지로, 절망한 사람과 절망하지 않은 사람을 구분하고 단지 몇 사람만이 절망한 것처럼 말하고 있다. 하지만 이러한 구분은 기만적인 것이다. 이러한 구분은 흡사 '자연적인 인간의 사랑'과 '자기애自己愛'가 본질적으로 모두 자기 사랑이 아닌 것처럼 구분하는 것과 같다. 그런데 이교도와 자연적인 인간은 이런 기만적인 구별 이상으로 나아갈 수가 없었고 또 그것이 가능하지도 않았다. 왜냐하면 그들이 가진 절망의 특성은 자신들이 절망하고 있다는 사실을 모른다는 것이었기 때문이다.

여기서 우리는 무엇이 절망이고 무엇이 절망이 아닌지를 판단하는 데 있어서 '정신적 무감각성'이라는 심미적인 개념이 판단의 척도를 제공할 수 없다는 것을 쉽게 알 수가 있다. 왜냐하면 정신은 심미적인 요소를 가지고 있지 않는 것이기에 정신이 진실로 무엇인가 하는 문제는 심미적으로 규정할 수 없다는 것이 당연하기 때문이다. 만약 우리가 이교의 여러 민족 및 개개인의 이교도들이 일찍이 시인들을 감격시켰고 앞으로도 감격시킬 수 있는 놀랄 만한 일들을 이룩할 것이라는 사실을 부정한다면, 즉 심미적으로 경탄할 만한 자랑스러운 어러 가지 사례들을 가지고 있다는 사실을 부정한다면 이는 어리석은 일이 될 것이다. 나아가 최고의 심미적인 향락에 넘치는 생활, 주어진 모든 기회를 자신들의 취향에 맞는 방식으로 가장 잘 이용하고, 예술과 학문까지도 마음껏 누리며 자신들을 미화하고 세련되게 가꾸는 데 활용하고 있는 일들이 이교도의 생활에서 영위되어 왔고, 또 현재 자연적인 인간들에 의해서 영위되고 있다는 사실을 부정한다면 이 또한 어리석은 일일 것이다.

하지만 무엇이 절망이고 무엇이 절망이 아닌지를 판단하는 척도를 제공하는 것은 '정신의 박탈'에 대한 심미적인 규정이 아니다. 이 척도를 제공하는 것은 정신에 대한 윤리적(=종교적)인 규정, 즉 부정으로서의 '정신의 결여' 혹은 '정신의 박탈'이다. 자기를 정신으로 의식하지 못하는, 즉 신 앞에서 자신을 개인적인 정신으로 인식하지 못하는 모든 인간 존재는 절망이다. 나아가 자신을 자각적으로 신의 존재 위에 기초하지 않고 추상적인 보편자(국가나 국민 등) 속에 안주하거나 용해되어 있는 정신, 그리고 자아에 대해 막연한 이해만 가지고 있어서 자신의 재능을 다만 일하기 위한 능력으로 받아들이고 그것이 보다 깊은 의미에 있어서 어디서 주어진 것인지를 알지 못하는 정신도 절망이다. 그뿐만 아니라, 자아를 내면적으로 이해하여야 함에도 불구하고 이를 막연히 불가해한 것으로 간주하고 있는 생활 방식은 설령 아무리 경탄할 만한 그 무엇을 이루었다고 할지라도, 아무리 심미적으로 강렬한 인생을 누렸다고 할지라도 모두 절망이다.

옛 교부들이 이교도들의 덕은 찬란한 악덕이라고 말한 것은 바로 이를 두고 하는 말이다.[63] 즉 이교도들의 마음속에는 절망이 있으며, 이들은 신 앞에서 자신을 정신으로 의식하고 있지 않았다는 것을 말하는 것이다. 그렇기 때문에 이교도는 자살(이는 단순히 하나의 예시를 든 것일 뿐이나, 실은 우리들의 전체 연구에 있어서 보다 깊은 관련을 가지고 있다)이라는 것을 극히 가볍게 생각하고 있었으며 오히려 이를 찬미하기까지 하였던 것이다.[64] 하지만 자살이라는 것은, 이를 통해 현 존재(현 세상)를 탈출하려는 것은 신에 대한 반역이며 정신에 있어서는 가장 큰 죄악이다.[65] 이교도에게는 자아에 대한 정신적인 규정이 결핍되어 있었다. 그래서 이교도는 자살에 대해서 그러한 판단을 내린 것이다. 도둑질이나 간음 등에 대해서는 준엄한 심판을 내린 이교도가 자살에 대해 그런 식으로 생각한 것은 실로 그 때문이다. 이교도에게는 자살을 고찰하는 데 있어서 신과 자아와의 관계가 결핍되어 있었

63　역주: 중세의 교부 철학자들이 이교도들의 덕을 '찬란한 악덕'이라고 한 것은 그들의 덕이 화려한 것. 즉 엄격하고 섬세한 윤리적 규정들과 다양한 법 등을 갖추고 있기는 하지만 이 덕의 궁극적인 지향점이 신이 아닌 이 세상이거나 혹은 자기 민족이거나 혹은 자신에 있었기 때문에 기독교적으로 볼 때는 오히려 '신과 멀어지게 하는' 악덕이라고 본 것이다.

64　역주: 여기서 자살을 가볍게 여기고 찬미한 이교도는 세네카 등의 스토아 철학자를 지칭한다. 스토아 철학자들은 모든 것을 초월하여 마음의 절대적인 평정을 추구하였는데, 이러한 절대적인 평정에서는 삶과 죽음에 대해서마저 초연하게 되고, 이런 사람에게 있어서 스스로 삶을 버리는 것은 그리 어려운 일도, 윤리적으로 나쁜 일도 아니다. 키르케고르는 이러한 그들의 사유가 인간의 정신이 신성한 것과 관련되어 있다는 것을 전혀 의식하지 못하는 절망 속에 있기 때문이라고 보고 있는 것이다.

65　역주: 자살을 죄로 여기는 기독교적 관점과 자살을 개인적인 선택으로 여기는 세속적인 관점에 대한 분명한 대립을 보여 주고 있다. 기독교적으로 볼 때 자살은 '자아=신'이라는 필연적인 관계를 거부하는 것으로, 신과 인간의 관계성에 대한 가장 근본적인 부정이 되기 때문에 죄인 것이다. 반면 이러한 '신=인간'의 관계를 부정하는 세속적인 관점에서는 오직 세상의 의무를 저버린다는 상대적인 가치만이 있을 뿐이다. 즉 이는 관점의 문제가 될 뿐이다. 기독교인의 시선에서 자살은 우선적으로 존재론적인(형이상학적인) 문제이지만, 세속적인 시선에서는 다만 사회적인 문제일 뿐이다.

다. 순수하게 이교도적으로 생각한다면 자살이란 어떻게 해도 상관이 없는 것, 타인에게 아무런 관련이 없는 것이기 때문에 누구든 자신의 생각대로 해도 상관이 없는 것이다. 만일 이교도에게 있어서 자살이 경계되어야 하는 경우가 있다면 이는 자살이 타인에 대한 의무관계를 깨뜨리는 것이 된다는 사실을 통해 우회적으로 설명할 수밖에 없었다.

자살이 신에 대한 범죄행위가 된다는 핵심적인 내용을 이교도들은 전혀 알지 못했다. 따라서 이교도의 자살을 절망이라고 말할 수는 없을 것이다. 만일 그렇게 말한다면 그것은 무분별하고 앞뒤가 뒤바뀐 것hysteron proteron[66]이 될 것이다. 따라서 우리는 다음과 같이 말해야 한다. "이교도가 자살을 그런 식으로 생각한 그 자체가 절망이다."

그런데 엄밀히 말하면 이교도의 이교정신과 기독교 내에서의 이교정신 사이에는 질적인 구별이 있으며 이 구별은 언제까지나 남아 있을 것이다. 이 구별은 비길리우스 하우프니엔시스가 불안에 관하여 다음과 같이 지적한 바와 같다. 즉 이교도는 무정신성 안에서 정신을

---

66 역주: '앞뒤가 뒤바뀐 것'이란 논리학에서 결론으로 나와야 할 것을 추론의 전제로 넣는 오류를 말하는 것으로 '선결문제의 오류'라고 부른다. 가령 생명의 존엄성을 논함에 있어서 추론을 통해서 '인간의 생명은 신이 주신 것이다'라는 결론을 끌어내어야 함에도 추론의 대전제로 '생명은 신이 주신 것이다'를 가정하고 이를 근거로 추론할 때 '선결문제의 오류'를 범하게 된다. 이는 또한 특정 시점의 윤리적인 가치를 판단함에 있어서 그 이후의 기준을 적용할 때도 동일한 오류를 범하게 된다. 가령 모든 인간은 인권에 있어서 평등하다는 현대의 윤리적인 기준을 가지고, 하인을 거느리고 있었던 삼국시대나 조선시대의 귀족들의 삶을 전체적으로 부도덕한 삶이라고 평가할 때 이러한 오류를 범하는 것이다. 마찬가지로 아직 기독교가 생기기 이전의 이교도적인 삶의 행위를 이후에 발생한 기독교적인 기준으로 규정할 수는 없는 것이다. 그렇게 된다면 그것은 '앞뒤가 뒤바뀐 것'이 되는 것이다.

향해 나아가려는 특징을 가지고 있으나, 기독교계 안에서의 이교정신은 무정신성 안에서 정신으로부터 멀어지려고 하는, 혹은 기독교를 배신하려고 하는 방향으로 나아간다는 것이다.[67] 기독교계 내부의 이교정신은 정신으로부터의 타락이며 따라서 가장 엄밀한 의미에 있어서의 정신의 박탈이다.

  2) 자신이 절망상태에 있다는 것을 알고 있는 절망. 여기서는 인간이 영원한 것을 자기 속에 가지고 있다는 것을 자각하고 있고, 그리하여 절망하여 자신이고자 하지 않거나 혹은 절망하여 자신이고자 한다

  물론 이 경우에는 자신의 절망을 의식하고 있는 자가 절망에 대한 올바른 관념을 가지고 있는지 아닌지를 구별하여야 할 것이다. 그래서 어떤 사람이 자신이 절망하고 있다고 말하는 것이 자신이 가진 절망의 관념에 따라서는 옳을지도 모른다. 그리고 그가 절망하고 있는 것이 사실일지도 모른다. 하지만 이 경우에도 그가 절망에 대해 가지고 있는 관념이 참된 것인지는 알 수가 없다. 만일 우리가 참된 절망

---

67 역주: 여기서 이교도의 정신은 소크라테스식의 정신을 말한다. 소크라테스의 핵심은 '저 자신이 무지하다는 것을 알라'는 것인데, 여기서 무지하다는 말의 가장 궁극적인 의미는 '내가 정신을 가지고 있다', '인간의 자아는 정신이다'라는 것에 대한 무지이며, 이를 깨닫는 것이 정신으로 존재하게 되는 출발점이라는 것이 키르케고르의 관점이다. 물론 여기서 이 정신은 '신성과의 관계를 가진 자아'를 말한다. 즉 키르케고르는 소크라테스의 정신을 '아직 정신은 아니지만 정신으로 나아가려는 방향성을 가진 정신'이라고 보고 있는 것이다. 반면 기독교계 내부의 이교정신이란 '이미 정신이라는 것을 알고 있었지만, 정신이라는 것을 망각해 버린 정신'을 말한다. 소크라테스적 정신은 언제라도 '기독교적 정신'으로 발전할 가능성을 지니고 있지만, 기독교계 내부의 이교정신은 오히려 '기독교적 정신을 부정하는' 방향으로 나아가고 있다. 그래서 전자보다 후자가 더욱 절망적인 것이다. 즉 안티-기독교는 이교도에 있는 것이 아니라 오히려 기독교의 내부에 있다는 것이다.

에 대한 관념으로서 그의 삶을 관찰한다면, 우리는 그에게 다음과 같이 말할 수 있을 것이다. "당신은 당신이 생각하는 것보다 훨씬 더 절망하고 있다. 당신의 절망은 더욱 깊은 곳에 숨어 있다." 앞서 말한 이교도의 상태 역시 이와 마찬가지다. 만약 한 이교도가 다른 이교도와 비교하면서 자신은 절망하고 있다고 한다면, 자신이 절망하고 있다는 그 생각은 사실이지만, 다른 이교도는 절망하고 있지 않다는 그 생각은 잘못된 것이다. 즉 그는 절망에 대한 올바른 관념을 가진 것이 아니다.

이러한 이유로 절망하고 있음을 의식하고 있는 경우에는 한편으로는 절망이 무엇인가에 대한 올바른 관념이, 다른 한편으로는 명료함과 절망을 연관 지어 생각할 수 있는 한도 내에서 자신의 상태에 대한 명료한 이해가 요구된다. 자신이 절망하고 있다는 자신의 상태에 대한 완전한 명료함이 어디까지 가능할 것인지, 자기 자신에 대한 이러한 명료한 인식이 그를 진정으로 절망에서 구원할 수 있을 것인지, 이러한 명료함이 자신의 상태에 대해서 놀라게 하고 두렵게 하여 절망의 상태로부터 벗어나게 할 수 있는 것인지 하는 문제들은 다음 장에서 다룰 것이므로 여기서는 다루지 않을 것이다.

다루고 있는 논의들을 이런 변증법적인 한계점까지 추구하지 않고 여기서는 단순히 절망이 무엇인가에 관한 의식의 정도가, 즉 자기 자신이 어떠한 상태에 있는가에 대한 의식의 정도가 [사람에 따라서] 매우 다를 수 있다는 점에만 주목하기로 한다. 현실의 삶은 너무나 다양해서 단순히 절망을 의식하고 있지 않는 무의식적인 절망과 자신의 절망을 완전히 의식하고 있는 의식적인 절망이라는 추상적인 대립으로 고려할 수 있을 만큼 단순하지 않다. 절망한 사람은 대체로 자기 자신의 상태에 대해서 여러 가지 뉘앙스를 가지고 있지만, 반쯤은 몽롱한 의식상태에서 살고 있다. 그는 어느 정도까지는 자신이 절망 속에 있다는 것을 알고 있다. 마치 육체적인 병을 가진 사람이 어느 정도까지는 자신의 병을 알아차리는 것처럼, 그는 스스로 자신의 절망을 알아차린다. 하지만 그는 그 병이 진정으로 어떤 병인지를 솔직하게 인정하려고 하지 않는다. 이면 순간에는 자신이 절망해 있다는 것을 자신도 분명히 이해하고 있지만, 다음 순간에는 자신의 상태가 나쁜 데 대한 원인이 자신이 아닌 다른 외부적인 요인에 있다고 생각하고 그것만을 없애면 절망하지 않아도 될 것이라 생각하게 된다. 혹은 기분전환이나 그 수단으로서 일이나 다른 활동에 몰두함으로써 자신의 의식상태를 분명하게 의식하지 않으려고 노력할 수도 있다. 하지만 이러한 일이 단순히 의식을 흐리게 하는 것임을 당시에는 깨닫지 못한다. 어쩌면 자신이 이와 같이 행동하는 것이 정신을 몽롱한 상태에 잠겨있게 하기 위한 것임을 의식하고 있는지도 모른다. 즉 일종의 심리학적인 통찰력을 통해 총명함과 현명한 계산으로 이를 수행하고 있는지도 모른다. 하지만 그는 보다 깊은 의미에 있어서 자신이 무엇을 하고있는지, 자신의 그와 같은 행동들이 얼마나 절망적인 것인지는 분명히 이해하고 있지 않다. 일체의 애매함과 무지 속에는 인식과 의지의 변증법적인 합주가 행해지고 있어서 만일 인간이 인식에만 중점을 두거나 의지에만 중점을 두면 이해를 그르칠 수 있다.

앞서 말한 것처럼 의식의 강도는 절망의 강도를 높인다. 어떤 사람이 그가 끝내 절망에 머물고 있다고 한다면, 절망에 대해 가진 관념이 진실할수록, 그리고 그가 절망하고 있다는 사태에 대한 의식이 깊으면 깊을수록 그의 절망의 깊이는 더욱 깊은 것이다. 자살이 절망임을 알고 있으며 절망에 대한 참된 관념을 가지고 있으면서도 자살을 하는 사람의 절망은, 자살이 절망임을 모르고 또 절망에 대한 참된 관념을 가지고 있지 않은 사람의 절망보다 그 깊이가 한층 깊은 것이다. 반대로 자살에 대한 그의 관념이 덜 참될수록 절망의 강도는 그만큼 약한 것이다. 다른 한편, 자살을 하는 사람이 자기에 대해 가지고 있는 의식이 보다 명료할수록, 그 정신이 보다 몽롱하고 혼란한 상태에 있는 사람에 비해 그 절망의 강도가 세다.

이제 나는 절망이 무엇인가에 관련된 의식의 상승 및 자신의 절망 상태에 대한 의식의 상승, 혹은 마찬가지이긴 하지만 결정적인 질문인 자신의 자아에 대한 의식의 상승이 나타날 수 있는 방법으로서의 의식하고 있는 절망의 두 형태에 대해서 고찰하고자 한다. 절망의 반대는 신앙이다. 그러므로 절망이 전혀 없는 상태에 대한 공식은 그대로 신앙의 공식이 될 수 있다. [이 공식은] 자아는 자기 자신과 관계함에 있어서, 그리고 자신이고자 원함에 있어서 자기를 정립한 힘[68]의 내부

---

68 역주: 여기서 '자신을 정립한 힘'이란 곧 '신성한 힘' 혹은 '신의 존재'를 말한다. 왜냐하면 나의 존재의 다양한 계층에서 나를 규정하는 것은 나의 최상위의 계층일 것인데, 이는 곧 신성한 무엇이기 때문이다. 목동이면서 신앙인인 한 사람의 자아를 근원적으로 규정하는 것은 '양과의 관계'가 아니라 '신과의 관계'인 것이다. 따라서 키르케고르에게 있어서 '신앙인'에 대한 가장 근본적인(혹은 이상적인) 규정은 '자신의 자아를 정립함에 있어서' 혹은 '자기 존

에 의식적으로 자신의 기초를 확고하게 다진다는 것이다.

(1) 절망하여 자기 자신이고자 하지 않는 경우 — 연약함의 절망

이 형태의 절망이 '나약함의 절망'이라고 말해진다면, 그 안에 절망하여 자기 자신이고자 하는 다른 형태의 절망에 대한 반성이 포함되어 있다. 이렇게 볼 때[즉 하나가 다른 하나를 포함하는 포함관계로 볼 때] 이 대립은 상대적인 것이다. 반항이 전혀 없다면 절망이라는 것 또한 존재하지 않는다. 사실 '자기 자신이려고 하지 않는다'는 말 속에는 이미 반항이 포함되어 있다. 다른 한편 가장 강력한 반항을 가진 절망[즉 절망하여 자기 자신이고자 하는 것]에도 나약함이 전혀 없을 수는 없다. 따라서 양자의 구별은 단순히 상대적인 것에 지나지 않는다. 첫 번째 형태의 절망은 여성적 절망이며, 두 번째 형태의 절망은 남성적 절망이다.[69]

재를 규정함에 있어서' 자신의 존재의 기초가 '신' 혹은 '신의 존재'인 사람을 말한다. 이는 다시 말해 자신의 모든 실존의 의미가 근원적으로 신과 관계된 실존이라는 것에서 주어지는 사람을 말하는 것이다. 따라서 실존주의의 종교관은 '율법주의'를 완전히 넘어서고 있다.

69 만일 심리학적인 시각으로 현실을 고찰한다면 이렇게 보는 것이 올바른 것임을 알게 될 것이다. 이러한 고찰이 올바른 고찰이므로 이는 현실에 부합하는 것임이 틀림이 없고 또한 이러한 분류가 절망의 전체적인 사태를 포함하고 있음을 때때로 현실에서 확인할 수 있을 것이다. 사실 어린이에 대해서는 절망이라는 말을 사용할 수가 없다. 왜냐하면 어린이의 경우는 기껏해야 신경질 정도만이 있을 뿐이며, 영원한 것은 다만 가능성으로서만 존재할 뿐이기 때문이다. 우리에게는 아이들에게 영원한 것을 요구할 권리가 없다. 반면 어른에게는 이를 요구할 수 있다. 어른은 영원적인 것을 가져야 하기 때문이다. 그런데 나는 남성적인 절망의 여러 형태를 여성한테서도 볼 수가 있고, 또한 여성적인 절망의 여러 형태를 남성한테서도 볼 수가 있다는 사실을 부정하고자 하는 것은 결코 아니다. 하지만 이러한 것은 예외적인 것이다. 당연한 사실이겠지만 전형적인 것이란 일반적으로 매우 드물게 존재하는 것이다. 남성적인 절망과 여성적인 절망이라는 이러한 구분도 다만 순수하게 이상적인 것으로 고찰하는 한에서만 진리이다. 여성이 남성에 비해 아무리 섬세하고 상냥한 감성을 가지고 있다 할지라도, 여성은 이기적으로 전개된 '자기관념'이나 '결정적인 의미에 있어서의 지성'도 가지고 있지 않다. 이와는 반대로 여성의 본질은 조용함, 온순함 그

리고 헌신이다. 만일 한 여성이 헌신적이지 않다면 그 여성은 비여성적이라 할 수 있다. 매우 이상한 일이기는 하지만 여성만큼 매정하게 새침하고(실제로 이 말은 여성을 위해 만들어진 말이다) 거의 잔인하다고 할 만큼 까다로운 존재는 없다. 그럼에도 여성의 본질은 '헌신'이다. 그런데 사실은 이러한 모든 것이 (이는 실로 불가사의한 것이다) 본래 여성의 본질이 헌신이라는 것을 표현하고 있다. 말하자면 여성은 자신의 본질 가운데 완전한 여성적인 헌신을 지니고 있기 때문에 자연은 여성에게 호의적으로 어떤 본능을 부여하였고 그 자상함에 견주어 보면 발달의 극치에 이른 남성적인 반성은 아무것도 아니다. 여성의 이러한 헌신, 그리스적으로 말해 신으로부터 부여받은 이러한 보화는 맹목적으로 던져 버리기에는 너무나 큰 자산이다. 반면 아무리 투철한 인간적인 반성이라 할지라도 이러한 자산의 적절한 처분 방식을 찾아낼 수 있을 만큼 예리한 통찰력을 가질 수는 없다. 그래서 자연이 여성의 보호를 맡은 것이다. 여성은 눈을 감고 있어도 [남성의] 예리한 반성보다 더 명료하게 사태를 꿰뚫어 본다. 여성은 자신이 무엇을 찬탄해야 하며, 무엇에 자신을 스스로 바칠 것인지를 본능적으로 찾아낸다. 헌신은 여성이 소유한 유일한 것이다. 그런 까닭에 자연이 여성의 보호를 맡은 것이다. 여성다움이 어떤 변화를 겪은 뒤에 나타나는 것은 이 때문이다. 어디까지나 새침하고 매정하게 남아 있던 것이 여성적인 헌신으로 변모함에 따라 여성다움이 나타나는 것이다.

그런데 헌신이 여성의 본질이라는 사실이 절망 속에서도 나타나 여성적 절망의 양상을 규정하고 있다. 헌신함으로써 여성은 자기 자신을 상실하고 있다. 그렇게 함으로써 그녀는 행복하고, 그렇게 함으로써 그녀는 자기 자신이 되는 것이다. 헌신을 하지 않고, 즉 자기 자신을 바치지 않고 행복한 여성은 비록 그녀가 다른 어떤 것을 바쳤다 하더라도 완전히 비여성적이다. 남성 역시 헌신을 한다. 그리고 헌신하지 않는 남성은 하찮은 남성이다. 하지만 남성의 헌신은 '자아'의 헌신이 아니다. '자아의 헌신'이란 여성에게만 본질적인 헌신이다. 그런데 여성이 헌신을 통해서 또 다른 의미에서의 자아를 획득하는 것과는 달리 남성이 자아를 헌신하지 않는다는 것은 그가 이 헌신을 통해서 또 다른 의미의 자아를 획득하지도 못하며, 다만 자기 자신을 유지하고 있을 뿐임을 의미한다. 남성의 헌신은 언제나 하나의 자아를 등 뒤에 남겨 두고 있어서 자신의 헌신을 명확히 의식하고 있다. 이에 비해 여성의 헌신은 순수하게 여성적으로, 자신의 자아를 헌신하고 있는 대상 안으로 던져 버린다. 이리하여 만일 그녀로부터 헌신하고 있는 대상을 제거해 버린다면 [즉 헌신을 그녀에게서 빼앗는다면] 그것은 그녀의 자아를 제거하는 것이 된다. 이리하여 그녀의 절망은 그녀 자신으로 있으려고 원하지 않는 형태가 된다. 반면 남성은 자아를 바치지 않는다. 따라서 절망의 두 번째 형태 —절망하여 자기 자신으로 있고자 원하는 것— 가 남성적인 절망의 형식으로 나타나고 있는 것이다.

남성적인 절망과 여성적인 절망의 관계에 대해서는 이 정도로 마치고자 한다. 그리고 여기서는 신에 대한 헌신은 언급하지 않기로 한다. 이에 대해서는 2부에서 논의할 것이다. 신에 대한 헌신에 있어서는 남성과 여성의 구별이 소멸되며, 헌신이 곧 자아이기 때문에 남성이든 여성이든 인간은 헌신을 통해서 자아를 획득한다. 실제로 대부분의 여성이 오직 남성을 통하여 신과의 관계성 속에 들어가기는 하지만, 위의 사실은 남성에게서나 여성에게서나 동일하게 적용된다.

역주: 키르케고르의 남성적 절망과 여성적 절망의 구분에서 나타나는 남성적인 것과 여성적인 것의 구분은 다분히 키르케고르의 개인적인 체험을 통한 이해라고 볼 수 있을 것이다. 왜냐하면 그의 『이것이냐 저것이냐』 속에 삽입된 「유혹자의 일기」에서는 자신이 4년 동안이나 연인관계로 있었던 여성(레기네 올센)에 대한 사랑의 관계를 통해서 '여성의 실존'에 대한 그의 이해를 잘 표현해 주고 있는데, 여기서 제시하는 '여성의 본질'은 이러한 체험에 기초해 있기 때문이다. 그렇기 때

① 세속적인 것 혹은 세속적인 어떤 것에 대한 절망

이것은 순수한 직접성 혹은 어느 정도 반성을 포함하는 직접성이다. 여기서는 자아에 대한, 절망이 무엇인지에 대한, 그리고 자신이 절망상태에 있다는 데 대한 무한한 의식이 존재하지 않는다. 절망은 단지 외부로부터 주어지는 고난이며, 주어진 압박에 굴복하는 것이며, 결코 내부로부터의 행위로 나타나는 것이 아니다. 직접성의 용어 가운데 '자아'나 '절망'과 같은 용어가 주어지는 것은 일종의 악의 없는 언어의 남용이며, 이이들이 병징놀이를 하는 것과 같은 언어의 유희이다.

만일 반성이 전혀 없는 직접성이 실제로 존재한다고 가정한다면, 직접적인 인간은 단순히 정념적으로만 규정되어 있으며, 그의 자아는 시간성과 세속성의 영역 안의 어떤 것에 지나지 않는다.[70] 이러한 사람은 다른 것과의 직접적인 관계만을 가지고 있으며, 그 가운데 무언

문에 오늘날 여성운동을 하는 사람 중 일부는 이러한 남성과 여성에 대한 구분의 내용을 비판할 수도 있고, 또 이렇게 구분하고자 하는 시도 자체에 대해 불만을 표시할 수도 있을 것이다. 하지만 한 사람에게 절대적으로 진실한 어떤 것은 만인에게도 진실한 것임을 감안한다면 이러한 키르케고르의 구분을 순전히 개인적인 관점이라 치부하기는 어려울 것이다. 나아가 페미니스트라고 할지라도, 남성에 대한 여성의 차별은 수용할 수 없겠지만, 양자를 구분하는 것 자체를 부정하지는 않을 것이다.

70 역주: 인간의 인식에 직접적으로 주어지는 것의 조건은 시간과 공간이다. 하지만 반성(reflexivity, réflexion)은 정신 안에서 일어나는 것으로, 본질적으로 시간과 공간의 범주를 넘어서는 것이다. 그래서 반성행위에서 다루어지는 실재는 물질적인 실재가 아니라 '정신적인 실재(mental reality)'이다. 이러한 정신적인 실재를 전혀 인정하지 않는다는 것은 순수한 유물론의 관점이 된다. 따라서 실재의 조건을 오직 시간과 공간에만 한정하는 것은 곧 유물론적인 관점이라고 볼 수 있다. 강하게 말하자면 반성이 전혀 없는 인간이란 곧 '물질 덩어리' 혹은 '신경 다발'에 지나지 않는 것이 된다.

가 영원적인 것이 포함되어 있는 것같이 보이는 것은 단순히 환상에 지나지 않는다. 그래서 자아는 희망하고 욕구하고 향락하면서 직접적으로 타자와 관련되어 있지만 그 태도는 언제나 수동적이다. 무엇을 갈망하는 경우에조차도 마치 어린이가 무엇을 달라고 말할 때처럼 '나에게'라는 여격을 사용하고 있는 것이다. 그의 변증법은 쾌와 불쾌이고, 그의 자기 개념은 행복과 불행 그리고 운명이다.

이제 이 직접적인 자아에게 무엇인가 다가온다. 그를 절망 속에 빠뜨릴 무엇인가가 다가온 것이다. 그런데 이 다가오는 것은 한 가지 방법 외에 다른 방법으로 다가올 수가 없다. 그는 자신에 대한 어떠한 반성도 가지고 있지 않으므로, 그를 절망에 빠뜨리는 것은 오직 외부에서 오는 것일 뿐이다. 즉 그에게 절망이란 외부에서 오는 고난에 지나지 않는다. 직접적인 인간이 (그가 조금이라도 반성을 가지고 있다면) 자신의 삶의 중심이라고 생각하는 것, 자신이 특히 애착을 가지고 있는 것이 운명의 타격에 의해서 약탈당하게 되는 것이다. 결국 그는 불행하게 될 것이다. 자신의 내부에 있는 직접성이 자신의 힘만으로는 회복할 수 없을 만큼 손상당하게 되는 것이다. 그래서 그는 절망한다. 어쩌면 현실 안에서는 이러한 것이 거의 보이지 않겠지만 이는 변증법적으로 당연히 일어나는 일이다. 그리고 이러한 직접성의 절망은 직접적인 인간이 너무나 큰 행운이라고 부르는 것에 의해서도 일어난다. 직접성 그 자체는 매우 연약한 것이기 때문에 조금이라도 '도를 지나친 것quid nimis'이 반성을 요구하게 되면 절망에 빠지게 되는 것이다.

이렇게 하여 그는 절망하게 된다. 기묘한 전도와 완전한 자기기만에 의해서 그는 이를 절망이라고 부르는 것이다. 하지만 절망한다는 것은 영원한 것을 상실하는 것을 말한다. 그러나 그는 이 상실에 대해서는 전혀 문제 삼지 않으며, 이에 대해서는 전혀 관심이 없다. 세속적인 것을 잃는 것은 절망이 아닌데도 그가 이야기하는 것은 세속적인 것에 관한 것이고 그는 이를 절망이라고 부르는 것이다. 그가 말하고 있는 것은 어떤 의미에서는 진실이다. 하지만 그가 그것을 이해하고 있는 것과 같은 의미로 진실인 것은 아니다. 그의 입장은 전도되어 있다. 따라서 그가 이야기하는 것 역시도 전도시켜서 이해하지 않으면 안 된다. 즉 그는 거기에 서서 아무런 절망도 아닌 것을 두고 자신은 절망하고 있다고 이야기하는 것이다. 그런데 사실은 그가 전혀 알아차리지 못하는 사이에 그의 등 뒤에 절망이 서 있다. 이는 마치 어떤 사람이 시청과 재판소에 등을 돌리고 서서 바로 앞을 가리키면서 저기에 시청과 재판소가 있다고 말하는 것과 같다. 물론 그가 한 말이 틀린 말은 아니다. 그곳에는 분명 시청과 재판소가 있기 때문이다. 단, 그가 방향을 바꾸기만 한다면 말이다.

본래 직접적인 인간은 절망하고 있지 않다. 그런데도 그가 절망해 있다고 말한다는 것에는 어느 정도 진실이 포함되어 있다. 그가 절망해 있다고 말할 때, 그는 마치 죽은 사람과도 같은 자기 자신의 그림자를 보고 있는 것이다. 그런데 사실 그는 죽지 않았고 그의 안에는 아직 숨결이 남아 있다. 만약 모든 것이 모습을 바꾸고 [그를 절망하게 했던] 모든 외적인 것이 다시 나타나서 그의 소원이 충족되기만 한다면 그는 생명을 되찾고 직접성도 다시 일어나 새로운 삶을 시작하게 될 것이다. 직접성의 유일한 전술戰術은 절망하여 기절하는 것이다. 직접성은 절망이 무엇인지에 대해 거의 아는 바가 없다. 직접성은 절망하여 기절하고, 마치 죽기라도 한 듯이 꼼짝없이 누워 있다. 이는 '죽은 체하는' 연기에 비유할 수 있다. 이런 직접성은 아무런 방어수단이나 공격수단이 없이 다만 죽은 체하며 꼼짝없이 누워 있는 하등동물의 방식과 유사하다고 할 수 있다.

시간이 흘러 어느 순간 외부에서 도움의 손길이 다가오면 이 절망에 빠진 사람의 생명도 되살아나게 된다. 그는 자신이 [삶을] 멈추었던 그곳에서부터 다시 시작한다. 그는 원래의 자기가 아니었고 또 자기가 되지도 못하였다. 그는 직접성의 규정 그대로 살아간다. 만약 외부로부터 도움의 손길이 오지 않는다면 실제의 삶에서 이전과는 좀 다른 일이 발생한다. 이 경우에도 절망한 사람의 내부에는 다시 생명이 돌아온다. 하지만 그는 '이제 나는 두 번 다시 나 자신이 될 수 없다'라고 말한다. 그는 인생에 대한 약간의 분별을 얻게 되고 다른 사람들의 처세술을 흉내 내기에 이른다. 그렇게 그는 또 살아간다. 기독교계에 있어서 그는 여전히 기독교인이다. 일요일이면 교회에 나가고 목사의 설교를 듣고 이해한다. 아니, 이들 사이에는 일종의 양해가 성립된다. 그가 죽으면 목사는 10달러를 받고 그를 영원의 나라로 인도해 준다는 식이다. 하지만 그는 자기가 아니었고, 본래의 자신으로는 되지 않았던 것이다.

이러한 형태의 절망이 절망하여 자기 자신으로 있기를 원하지 않는 절망이다. 혹은 절망하여 자기 자신의 자아이기를 원치 않는 절망이다. 나아가 이것은 최악의 경우이지만, 절망하여 자신과는 다른 누군가가 되기를 원하게 되는, 혹은 새로운 자기이고자 원하게 되는 절망이다. 본래 직접적인 인간은 어떤 자아도 가지고 있지 않으며, 자기 자신을 인식하고 있지 않다. 따라서 자기 자신을 다른 것과 구분하여 인식하고 있지도 않다. 그의 삶은 자칫 환상으로 끝나 버릴 위험이 크다. 직접적인 인간이 절망할 때 그는 자신이 되어 보지 못한 것을 소망하거나 지기 자신이 되었더라면 하고 꿈꿀 수 있는 자기조차 가지고 있지 않다. 그리하여 그는 다른 수단에 호소한다. 즉 완전히 다른 인간이 되기를 원하는 것이다. 이런 사실은 직접적인 사람들을 실제로 관찰해 보면 쉽게 확인할 수 있다. 절망의 순간에 그들은 '다른 사람이었다면…'이라든가 '다른 사람이 된다면…' 하고 소망하는 것이다. 어쨌든 그렇듯 절망한 사람 앞에서는 미소를 띠지 않을 수 없다. 그가 절망에 빠져 있음에도 불구하고 인간적으로 보자면 너무나 천진하기 때문이다. 대부분의 경우 이러한 절망에 빠진 사람은 매우 희극적이다. 어떤 자아(신 다음으로 영원적인 것이 인간의 자아이다)를 생각해 보자. 그리고 이 자아가 어느 순간 자신과는 다른 사람이 될 수 없을까 생각하였다고 하자. 이런 사람은 그러한 변화가 마치 옷을 갈아입듯이 쉽게 될 수 있을 것처럼 생각하고 싶은 것이다. 그는 모든 변화들 가운데서 가장 어리석은 변화를 가장 간절한 소망으로 가지고 있는 것이다. 직접적인 사람은 자기 자신을 알지 못하며, 자아를 마치 자신이 입고 있는 옷 정도로 생각하는 것이다. 그는 자신이 가지고 있는 자아를 단지 외부적으로 가지고 있는 것으로만 생각하고 있다. 여기에 또한 무한히 희극적인 것이 있다. 확실히 이보다 더 우스꽝스러운 혼동도 없을 것이다. 자아란 것이야말로 외적인 것과는 전혀 다른 것이기 때문이다.

그런데 외적인 것이 전체적으로 변화했기 때문에 직접적인 사람은 절망에 빠진 것이다. 그런데 그는 한 걸음 더 나아가서 '내가 전혀 다른 인간이 된다면, 새로운 나를 새롭게 맞춘다면 어떨까'라고 생각하는 것이다. 그런데 만일 그가 정말 다른 사람이 되었다고 한다면 어떻게 될까? 그렇게 된다면 그는 자신을 재인식하게 될까? 한 농부의 이야기가 있다. 어떤 농부가 맨발로 거리에 나가 많은 돈을 벌었다. 그 돈으로 그는 양말도 사고 구두도 살 수 있었다. 그러고도 돈이 남아 마음껏 술을 마실 수도 있었다. 만취가 된 농부는 마침내 차도 한가운데 드러누워 잠이 들고 말았다. 그러다 마차 한 대가 나타났고 마부가 그 농부를 향해 "만약 비키지 않으면 마차를 당신의 발 위로 지나가게 하겠다!"라고 위협하였다. 만취된 남자는 잠에서 깨어 자신의 발을 보았지만 양말과 구두를 신고 있는 그 발은 평소 자신의 발이 아니었다. 그래서 그는 "지나가, 지나가도 돼, 이 발은 내 발이 아니야!"라고 말하였다. 직접적인 인간이 절망해 있는 것도 이와 유사한 것이다.[71] 그를

---

71 역주: 자아를 규정함에 있어 직접성에만 의존하는 사람이 회사가 망하여 사장에서 다른 회사의 경비로 취업하게 되면, 마치 자신은 여전히 사장이고 현재 경비를 하는 자신이 진정한 자기가 아니라고 생각하는 것과 같다. 이는 마치 맨발의 농부가 구두를 신은 자신의 발을 자신의 발이 아니라고 생각한 것과 유사하다. 이러한 예는 고대철학의 궤변론자들에게서도 볼 수 있다. 그들은 '만물은 항상 흐르고 있다'는 논리에 근거하여 열흘 전에 살인을 한 사람은 이미 그 사람이 많이

있는 그대로 묘사하고자 한다면 우스꽝스러움을 감출 수가 없다. 지나친 표현일지 모르나, 이런 식으로 자아나 절망에 대해서 이야기한다는 것은 이미 일종의 '희극'에 지나지 않는 것이다.

그런데 직접성이 그 속에 일종의 반성을 포함하고 있다고 생각하게 되면 절망의 양상이 약간 달라진다. 거기에는 자아에 관한 의식이 어느 정도 나타나며 또한 절망에 대한 의식, 그리고 자신이 절망상태에 있다는 의식이 약간은 발생한다. 따라서 이러한 사람이 자신은 절망 속에 있다고 말한다면, 이 말에는 어느 정도 의미가 있다. 하지만 그의 절망은 본질적으로 '나약함의 절망', '수동적인 절망'이다. 즉 절망하여 자기 자신으로 있지 않으려고 하는 그런 절망의 형태이다. 이 경우에는 순수하게 직접성으로서의 절망보다 진보된 형태의 절망인 것은 사실인데, 이는 절망이 단순히 외적으로 닥친 사건에서 발생하는 것이 아니라 자신 속의 반성에 의해서도 일어날 수 있다는 것을 보여 주기 때문이다. 따라서 여기서의 절망은 단순히 외적인 사건이나 수동성에 의해서 발생한 것이 아니라 어느 정도까지는 자기 행동이고 자발적인 것이다. 여기서는 확실히 자기 자신에 대한 반성과 자아에 대한 성찰이 어느 정도는 존재한다. 이 어느 정도의 반성과 함께 외부 세계나 환경 및 그 밖의 것들로부터의 분리가 발생하고 자기 자신에

변하여 열흘 전의 그가 아니므로 이제 와서 벌을 받을 수 없다고 주장하였다. 이러한 우스꽝스러운 주장은 외적인 변화와 무관하게 지속되고 있는 실체적인 '내면의 자아'를 부정하기 때문에 가능한 것이다. 정신활동이나 마음의 사태도 정교한 분자나 원자의 활동으로 환원하고자 하는 첨단 과학은 '내적이고 반성적인 것'을 '직접성'으로 환원하고자 하는 것이다. '변화'가 있을 뿐, '변화하는 것'은 없다고 생각하는 실증주의적인 관점은 이러한 과학적인 사유를 대변하는 관점이다.

게 주목하게 된다. 하지만 이러한 자신에 대한 반성은 어느 한도 내에서만 일어날 뿐이다.

자아가 자기 자신에 대해서 어느 정도의 반성만으로 스스로를 받아들이고자 한다면 자아의 구조와 필연성에 있어서 여러 가지 어려움에 부딪히게 될 것이다. 왜냐하면 어떤 인간의 육체도 완전하지 못한 것처럼, 어떤 자아도 완전하지는 않기 때문이다. 이 어려움이 어떤 것이든 자아는 이것 때문에 움츠리게 된다.[72] 그리고 그의 자기반성을 통해 발생했던 것보다 더욱 심각하게 그의 직접성을 뒤흔들게 될 그 무엇이 발생하게 된다. 이 경우 그의 상상력은 직접성과의 결연을 의미하는 가능성도 발견하게 될 것이다. 이렇게 그는 절망한다. 그의 절망은 나약함으로부터의 절망이기 때문에 자아의 수동적인 번민으로서, 자기주장의 절망과는 반대가 된다. 그래서 그는 자신이 지니고 있는 상대적인 자기반성의 도움으로 자기 자신을 지키려고 노력한다. 이러한 점에서도 그는 순수한 직접성의 인간과는 다르다. 그는 자아를 포기하는 것은 매우 중대한 일이라고 생각하기 때문에 직접성의 사람처럼 기절할 만큼의 충격을 받지는 않는다. 많은 것을 상실하더라도 자아는 상실해서는 안 된다는 것을 그는 반성을 통해 알고 있다. 그는 어느 정도까지는 스스로를 평가하는 마음의 준비가 되어 있다. 어째

---

72 역주: 예를 들어 어느 정도만 양심적인 어떤 사람이 비-정의로운 단체에 가입해 있으면, 자신의 '정체성'으로 인해 단체와 마찰을 빚을 수밖에 없을 것이며 이로 인해 고뇌하게 될 것이다. 반면 그가 확고하게, 혹은 단적으로 양심적인 사람이라면 비록 단체와 절연할지언정, 단체의 불의가 그에게 고뇌를 유발하지는 않을 것이다. 자기반성이 적당히 이루어진 사람이 오히려 자기반성이 없는 사람보다 삶 안에서 더 고뇌를 가지게 되는 것은 이 때문이다.

서 그럴까? 왜냐하면 그는 어느 정도까지는 자신을 외부 세계로부터 단절시키고 있으며 막연하게나마 자기 안에 영원한 것이 존재할 것이라는 관념을 가지고 있기 때문이다.

그럼에도 불구하고 그의 이러한 싸움은 아무 소용이 없다. 왜냐하면 그가 부딪힌 어려움은 그에게 모든 직접성과의 단절을 요구할 것인데, 그는 이에 응할 수 있을 만큼의 자기반성이나 윤리적인 반성을 가지고 있지 않기 때문이다. 그는 일체의 외적인 것으로부터 획득된 무한히 추상적인 자아[73]에 대한 의식을 가지고 있지 않은 것이다. 무한히 추상적인 이런 자아는 직접성의 외투를 입은 자아와는 반대로, 벌거벗은 맨발의 추상적인 자아로서 무한한 자아의 최초의 형태[74]를 가지게 된다. 이런 자아는 자아가 가진 단점과 장점을 포함하여 무한한 자아를 현실적인 자아로 받아들이는 모든 과정의 추진력이 된다.

이렇게 하여 그는 절망한다. 그리고 그의 절망은 그 자신이 되려고 하지 않는 것에서 주어진다.[75] 그럼에도 그는 다른 사람이 되고 싶다

---

73 역주: '외적인 것으로부터 획득한 무한히 추상적인 자아'란 예를 들어 나는 '의로운 자이다', '효자이다', '애국자이다', '예술가이다' 등을 말한다. 키르케고르에게 있어서 이러한 자아는 영원한 것을 가진 정신으로서의 자아로 나아가기 위해 거쳐야 할 과정으로서의 자아와 같다.

74 역주: '무한한 자아의 최초의 형태'란 절대자 앞에 선 단독자로서의 기독교인의 이전 단계로서, 소크라테스적인 자아를 말한다. 키르케고르는 『공포와 전율』에서 진정한 기독교인이 되는 필요조건으로서 소크라테스적인 주관성을 가지는 것을 말하고 있다. 그 이유는 소크라테스는 아직 신 앞에 선 단독자로서의 기독교인은 아니지만, 세상의 가치를 넘어선 어떤 절대적인 지평에 있다고 보았기 때문이다. 키르케고르는 진정한 기독교인이란 이러한 소크라테스적인 주관성의 바탕 위에 절대자로서의 신과의 관계성을 가진 자로 보고 있다.

75 역주: 소크라테스식의 자아를 '그 자신이 되지 않으려는 절망'으로 규정하는 이유는 소크라테스가 '의로운 자'라는 추상적인 자아를 선택하면서 현실적으로 주어진 자아를 부정하였다고 보기 때문이다. 즉 가정을 가진 한 가장으로서, 한 아버지로서, 한 여자의 남편으로서의 자신의 자아를

는 따위의 우스꽝스러운 생각은 하지 않는다. 그는 여전히 자기 자신에 대한 관계를 유지하고 있으며, 그런 한도 내에서 반성이 그를 자신에게 연결시켜 주고 있다. 그렇지만 이 경우 그가 가진 자기 자신과의 관계는 어떤 사람이 자신의 집과 가지는 관계 이상으로 주어지지 않는다. 그런데 자기가 자신의 자아와 가지는 관계는 자기가 자신의 집에 대해 가지는 그러한 우연적인 관계가 아니라는 점에서 희극적인 것이다.[76] 자신의 집에서 연기가 새어 나온다든지 혹은 그 밖의 다른 이유로 자신의 집이 불쾌한 상태가 되어 그는 밖으로 나온다. 그렇다고 해서 그는 완전히 집을 떠난 것도, 또 새로운 집을 구한 것도 아니다. 그는 여전히 자신이 나온 집을 자신의 집이라고 생각하고 있다. 그는 다만 자신의 집이 예전처럼 쾌적하기를 바랄 뿐이다.

절망에 빠진 사람도 이와 같다. 어려움이 지속하는 한 그는 일반적으로 (그리고 특수한 의미를 가지고) 말해지는 것처럼 자기 자신으로 돌아가기를 원치 않는다. 아마도 마침내 그러한 상황도 사라지고 사정도 달라져서 희미한 가능성[77]도 점차 잊히게 될 것이다. 그때까지 그는 때때로 자기 자신을 방문하여 자아에 변화가 일어났는지 아닌지를 확

외면하였다고 보기 때문이다.

76 역주: 자기가 자기 자신(자아)과 가지는 관계는 필연적인 것이다. 반면 자신이 자신의 집과 가지는 관계는 우연적인 것이다. 다시 말해 나는 결코 다른 사람이 될 수가 없지만, 나의 집은 언제나 다른 사람의 집이 될 수 있다. 그럼에도 나의 자아를 마치 언제나 갈아 치울 수 있는 나의 집처럼 생각한다는 것이 곧 희극적인 것이다. 그런데 소크라테스식의 '추상적인 자아'를 언제나 다른 것으로 바꿀 수 있는 '집과의 관계에 비유한다는 것은 지나친 단순화 혹은 풍자인 듯하다. 왜냐하면 소크라테스식의 자아는 자기반성을 반드시 요구하지만, 언제나 교체 가능한 '집'과 같은 자아는 직접성의 영역에 있기 때문이다.

77 역주: 여기서 '희미한 가능성'이란 '직접성과 완전히 단절하고자 한 그 가능성'을 말한다.

인하게 될 것이다. 그리고 변화가 일어났음이 확인되면 그는 다시 자기 자신으로 돌아와 자기가 되었다고 생각하게 된다. 하지만 그것은 다만 그가 중지하였던 곳에서 다시 한번 시작할 뿐이다. 그는 어느 정도까지 자기 자신이었지만 전에도, 그리고 지금도 그 이상은 되지 못하였다.

그런데 만일 아무런 변화도 일어나지 않았다면 그는 다른 방도를 구할 것이다. 진실로 자기 자신을 추구하기 위해서는 내면을 향해야 하겠지만, 그러나 그는 이 내면을 완전히 이탈해 버린다. 보다 깊은 의미에 있어서의 자기에 관한 모든 문제가 그의 마음에서 일종의 장막이 되어 그 배후에는 아무것도 없게 된다. 그는 자기 스스로가 '자기'라고 이름 붙인 것, 즉 자신에게 주어진 소질이나 재능 등을 자기 자신으로 받아들인다. 이러한 사람은 흔히 자신은 실생활 속으로, 현실의 활동적인 삶 속으로 방향을 잡는다고 말하는 것이다. 그는 자신 속에 지니고 있는 어느 정도의 반성을 매우 조심스럽게 다룬다. 그리고 그의 배경에 숨어 있는 것이 다시 한번 나타나지 않을까 두려워하는 것이다. 이렇게 그는 조금씩 그것을 잊어버리게 된다. 그리고 세월이 지남과 더불어 그는 그것을 한낱 웃음거리로밖에 생각하지 않는다. 특히 현실 생활에 대한 이해와 능력을 가진 다른 유능한 사람들과 훌륭한 교제를 하고 있을 때는 더욱 그렇게 된다. 얼마나 멋진 일인가! 그는 이제야말로 소설 속의 생활처럼 행복한 결혼생활을 하고 있으며, 활동적이며, 아버지이고 시민이며 어쩌면 존경받는 사람이기도 하다. 집에서는 하인들에게 '주인님'으로 불리고, 사회에서는 존중받는 명사의 한 사람이다. 그는 인격자로서 등장하고 인격자로서 존중받으며 인격자로서의 명성을 가지고 있다. 기독교 세계에서는 기독교인이며, 이교도의 세계에서는 이교도이며, 네덜란드에서는 네덜란드 사람이라는 의미에서 그는 교양 있는 기독교인 중의 한 사람이다.

그는 가끔 영원의 문제에 대해서도 관여한다. 목사에게 그런 불멸이 있을 수 있는 것인지, 인간이 죽음 이후에 자기 자신을 인지할 수 있는 것인지를 여러 번 묻기도 한다. 이러한 문제는 그가 특별히 관심을 가질 수밖에 없는 문제이다. 왜냐하면 그는 '영원의 세계에서 다시금 자기를 인지할 수 있는' 자아를 가지고 있지 않기 때문이다. 이런 종류의 절망은 어느 정도 풍자를 더하지 않고서는 있는 그대로 묘사하기가 불가능하다. 그가 자신은 절망을 해 본 적이 있다고 말한다는 것은 희극적인 것이다. 그는 스스로 절망을 극복한 것처럼 말하고 있지만, 사실은 이런 그의 생각이 절망의 상태라고 말한다면 이 얼마나 전율할 만한 일인가! 세상이 매우 칭찬하고 있는 처세, '인간은 세태에 맞게 행동하고, 자신의 운명에 복종하며, 자신의 힘으로 어쩔 수 없는 것은 잊어야 한다'라는 식의 훌륭한 충고나 현명한 처세훈 따위의 참으로 어처구니없는 생각의 근저에 도대체 무엇이 위험이며, 위험이 어디에 있는지조차 모르는 이념적인 어리석음이 숨어 있다는 사실이 무한히 희극적이다. 이런 윤리적인 어리석음이야말로 전율할 만한 것이다.

세속적인 것에 관한 절망 혹은 세속적인 어떤 것에 관한 절망은 가장 일반적인 종류의 절망이다. 특히 어느 정도의 자기반성을 동반한

제2 형태의 직접성은 더욱 그렇다. 하지만 절망이 철저하게 반성되면 될수록 이런 절망[진정한 의미의 절망]은 세상에서 점점 드물게 나타나는 것이다. 그런데 이 사실은 단순히 대다수의 사람들이 절망에 대해서 심각하게 생각하고 있지 않다는 것을 말해 줄 뿐, 결코 이들이 절망 속에 있지 않다는 것을 의미하는 것은 아니다. 어느 정도라도 '정신의 규정하에서 살고 있는 사람들'[78]은 매우 적다. 또한 이러한 규정하에서 살고자 하는 사람들도 대부분은 이로부터 떠나 버린다. 이들은 두려움[79]에 대해서 배운 적이 없고 당위에 대해서도 배운 석이 없으며 [이에 관해] 무슨 일이 일어나든 그저 한없이 무신경하다. 그래서 이들은 자기 자신의 영혼을 걱정한다거나 오직 정신생활을 원한다는 일 따위는 견딜 수가 없는 것이다. 이러한 일들은 세상의 눈으로 보면 모순이며, 세상의 일들에 비추어 보면 이 모순이 더 눈에 띄게 되는 것이다. 세상의 눈으로 보면 이런 일들은 일종의 시간낭비이며, 그것도 참을 수 없는 시간낭비로서, 할 수만 있다면 시민의 이름으로 벌하고 싶은 그런 일이다. 나아가 이러한 일들은 인간에 대한 일종의 반역이며, 쓸데

---

78 역주: '정신의 규정하에서 살고 있는 사람'이란 보다 일상적인 언어로 표현하자면, '영적인 사람' 혹은 '영성적인 사람'이라고 할 수 있을 것이다. 불어에서 'le spirituel'은 '정신적인 것' 혹은 '영적인 것' 모두를 지칭하는 말이다. 그리고 일반적으로 'l'homme spirituel'이라고 하면 '영적인 인간'을 의미한다. 키르케고르의 관점에서 이러한 사람은 '단독자로서 절대자 앞에 나서서 살아가는 사람'이라고 할 수 있을 것이다.

79 역주: 여기서 '두려움'은 심리적인 의미의 '무서움'과는 구별된다. 일반적으로 무서움이 '무엇인지 알지 못함'에서 비롯하는 것이라면 '두려움'은 두려워하는 대상에 대해 더 잘 알기 때문에 발생한다. 특히 '구약의 신'은 두려움의 대상으로 나타난다. 신의 지엄한 심판이나 신성한 위엄을 너무나 잘 알기 때문에 그 앞에서 '두려움'을 가지지 않을 수 없는 것이다. 두려움이 긍정적이고 적극적인 것이라면, 무서움은 부정적이고 소극적인 것이다.

없는 것에 정신이 팔려 발생한 오만한 광기로서, 조롱과 경멸로써 처벌받아야 마땅한 것이라 생각하는 것이다.[80]

그런데 이들에게도, 아마도 이는 이들에게 있어서 최상의 순간일 것이겠지만, 그들의 생애 중에서 내면으로 향하는 순간이 있다. 그래서 이들은 거의 제1의 난관[81]에까지 다가가겠지만, 돌연 그 길을 벗어나 다른 길을 가고 만다. 이 다른 길은 암담한 황야로 이어지는 길임에도 불구하고 이들에게는 그 길이 '아름다운 목장으로 인도하는 길'처럼 보인다.[82] 그래서 이들은 그 길을 가게 되고 자신들이 가졌던 최상의 순간을 곧바로 잊어버린다. 이들은 그 순간을 마치 어린 시절의 한순간 추억처럼 잊어버리는 것이다. 그래도 그들은 기독교인이며, 목사의 축복으로부터 구원을 약속받는다. 앞서 말한 것과 같이 이러한 절망은 가장 일반적인 절망이다. 이 절망은 너무나 일반적인 절망이어서, 사람들이 이 절망을 단순히 청년기에만 볼 수 있는 현상이며

---

80 역주: 우리는 '종교는 인민의 아편이다'라고 주장하는 마르크스와 같은 유물론자들의 말에서 이러한 관점을 발견할 수 있다. 이들에게는 인간이란 오직 '물질적이고 생물학적인 유기체'로만 보이기 때문에 종교적인 삶 혹은 영성적인 삶을 추구하는 사람들은 인간성에 모순되는 삶, 혹은 광기에 사로잡힌 삶을 사는 것처럼 보이는 것이다.

81 역주: '제1의 난관'이란 심리학자들이 말하는 '한계 상황'이라고 볼 수 있다. 심리학자들은 대부분의 사람들은 인생에서 자신의 삶의 방향을 바꿀 수 있을 만한 '한계 상황'을 최소한 두세 번은 마주하게 된다고 한다. 이러한 한계 상황은 '병'이나 '교통사고' 혹은 예기치 못한 불행으로 다가온다. 이러한 상황은 자신의 힘만으로는 해결할 수가 없는 난관이기 때문에 인간은 '신' 혹은 '절대자' 혹은 다른 종교적인 삶에서 도움을 얻고자 한다. 그리하여 내면적인 삶(종교적인 삶)이 그에게 주어지는 것이다. 키르케고르가 '한계 상황'을 '최상의 순간'이라고 하는 이유가 여기에 있다. 하지만 오히려 세속적으로 현명하다는 사람들은 이러한 난관에서 현재의 삶을 '포기'하고 또 다른 세속적인 삶을 선택함으로써 문제를 해결하고자 한다.

82 역주: '아름다운 푸른 목장으로 인도하는 길'은 괴테의 『파우스트』에서 악마 메피스토펠레스가 파우스트를 유혹하면서 사용한 말이다.

장년기에는 일어나지 않는 것처럼 생각하는 통속적인 견해도 이를 통해 설명될 수 있다. 하지만 이러한 세속적인 견해는 치명적인 오류이다. 보다 분명히 말하자면 이는 치명적인 착각을 통해 사실을 잘못 보고 있는 것이다. 다시 말해 대부분의 사람들이 본질적으로 전 생애를 통하여 소년기 혹은 청년기에 이미 도달했던 상태(어느 정도의 반성을 포함하는 직접성의 상태) 이상으로는 나아가지 못하고 있음을 간과한 것이다. 그렇다! 이들이 놓치고 있는 그것이야말로 인간에 대해 이야기할 수 있는 최고의 것이다. 그리고 그들은 자신들이 놓치고 있는 것이 자신들의 생애에서 최고의 것이라는 사실조차 모르고 있다.

절망은 단순히 청년기에만 볼 수 있는 그러한 것이 아니며, 마치 '환상에서 벗어나듯' 그렇게 스스로 빠져나올 수 있는 것도 아니다. 자신은 빠져나왔다고 생각하는 어리석은 사람들이 있기는 하지만, 모든 사람은 환상으로부터 결코 쉽게 빠져나오지 못한다. 마치 소년이나 소녀처럼 어린이 같은 환상을 품고 있는 어른이나 노인이 얼마든지 있다. 환상에는 두 가지 형태, 즉 희망의 환상과 추억의 환상이 있지만 사람들은 이를 알지 못한다. 청년은 희망의 환상을, 노인은 추억의 환상을 지니고 산다. 그런데 노인은 환상 속에 살고 있기 때문에 환상에는 희망의 환상밖에 없다고 생각하는 편협한 관념을 가지고 있다. 당연한 일이겠지만, 노인은 희망의 환상으로 인해 고통받지는 않는다. 반면 그가 스스로 그렇게 믿고 있듯이 높은 곳에서 환상을 내려다보는 듯한 기묘한 환상에 사로잡혀 무엇보다 고통받는다. 청년은 자기 자신과 자신의 인생에 대해서 이상한 희망을 품고 있을 때, 환상에 사로잡힌다. 반면 노인은 노인대로 자신의 청년 시절을 회상하면서 환상에 빠질 수가 있다. 자신은 이제 모든 환상을 포기하였다고 생각하는 어떤 노파가 자신의 소녀 시절을 회상하면서 소싯적의 자신의 모습이 얼마나 아름다웠는지, 또 자신이 얼마나 행복했던지를 떠올리며 마치 소녀처럼 아름다운 공상에 잠기는 것은 흔히 있는 일이다.[83] 노인들에게서 흔히 들을 수 있는 "이러했었다"라는 이 '과거형'은 청년의 "이럴 것이다"라는 '미래형'과 마찬가지로 큰 환상이다. 노인도 청년도 모두 거짓말을 하고 있거나 아니면 시를 쓰고 있는 것이다.

절망이 다만 청년기에만 있는 것이라고 생각하는 오류는 다른 의미에서 치명적인 절망이다. 이러한 생각은 어리석은 것이며 정신이 무엇인가에 대해 무지한 것이다. 인간이 정신이며 단순히 동물적인 존재가 아니라는 사실을 간과함으로써 신앙이나 지혜도 마치 수염이나 치아처럼 세월과 함께 자라나는 것으로 쉽게 생각해 버리는 것이다. 어떤 것들은 저절로 생기고 손쉽게 무언가 갖추어진다고 하더라도, 신앙과 지혜만은 결코 저절로 손쉽게 갖추어지지 않는다. 정신적인 측면에 있어서 인간이 나이가 듦에 따라 무엇인가 저절로 되는 일은 없다. '저절로'라는 것이야말로 정신과 가장 대립하는 것이다. 오히려 정신에 관하여서는 나이가 듦에 따라서 무엇인가를 잃기가 쉽다. 어쩌면 사람들은 나이와 더불어 자신이 가지고 있던 얼마 안 되는 열정,

---

83 역주: 이것이 노인들이 가진 '추억의 환상'이다. 흔히 "지나고 보면 모든 것이 아름답게 보인다"라고 하는 통속적인 믿음들이 곧 '추억의 환상'이라고 볼 수 있다.

감정, 상상력 그리고 내면성을 상실하게 되고(왜냐하면 이러한 일은 삶의 당연한 과정이기 때문이다), 이로부터 세상 사람들이 처세술이라고 하는 무언가에 도달하게 된다. 좋아진 것 같지만 사실은 아주 나빠진 이런 '변화된 상태'가 세월과 함께 주어진 것이다. 그런데 세상 사람들은 오히려 이를 '진보'라고 생각하고 있다.

이제부터 자신에게는 소위 '절망한다'는 일은 결코 일어나지 않을 것이라고(풍자적인 의미에서 이것보다 확실한 것은 없다) 쉽게 확신한다.[84] 물론 그 위험은 확실히 그에게 찾아오시 않는다. 그는 이미 절망 속에, 정신의 박탈이라는 절망 속에 있기 때문이다. 소크라테스가 청년들을 사랑한 것은 무엇 때문이었을까? 그가 인간을 잘 알고 있었던 것이 아니라면 왜 젊은이들을 사랑한 것일까? 만약 인간이 나이를 들어감에 따라 가장 진부한 절망에 빠진다는 것이 필연적인 것은 아니라 할지라도, 절망이 다만 청년기에만 존재하는 것이라고 말할 수는 없다. 만일 인간이 해가 감에 따라 발전하여 자신에 대한 본질적인 의식에까지 성숙하게 된다면, 이에 따라 더 높은 형태의 절망에 빠질 수도 있을 것이다. 만일 그가 나이가 들어 감에 따라 본질적으로 발전하지도 않고 진부한 상태로 남아 있지도 않았다고 한다면, 즉 그가 어른이 되고 아버지가 되고 백발이 되었다고 해도 [정신적으로는] 거의 청년상태에 머물러 있다고 한다면, 그리하여 청년의 장점을 어느 정도 가지

---

84 역주: 이는 소위 "바랄 것이 없으면 실망할 것도 없다"라는 통속적인 믿음을 말하는 것이다. 노인들은 더 이상 바랄 것이 없으니 잃을 것도 없고, 또한 절망에 빠질 이유도 없다고 확신하는 것이다.

고 있다고 한다면 그는 청년처럼 세상에 대해 혹은 세상의 어떤 것에 대해 절망할 가능성을 가지고 있는 것이다.

　물론 노인의 절망과 청년의 절망 사이에는 차이가 있다. 하지만 이 차이는 본질적인 것이 아니라 우연적인 것이다. 청년은 미래의 것에 대해 마치 '미래적 현재Prasens in futuro'처럼 절망하지만, 노인은 과거의 것에 대해 '과거적 현재Prasens in praeterito'처럼 절망한다.[85] 청년의 절망 이란 미래에 현재를 두어 현재 자신이 받아들이기를 원하지 않는, 그 리고 현재 자신으로 있기를 원하지 않는 미래적인 것이다. 반면 노인 은 자신이 거기서 빠져나올 수 없었던 과거의 것을 완벽하게 잊어버 릴 정도로 절망해 있지는 않다. 이 과거의 것이란 참회하지 않으면 안 되는 것일지도 모른다. 하지만 참회가 발생하면 근본적으로 철저히 반성해야 하므로 그렇게 되면 정신생활이 근본적으로 뒤흔들릴 것이

---

[85]　역주: 실존주의의 시간관에 대해 이해하지 못한다면 '미래적 현재'나 '과거적 현재'라는 말은 모호 한 말처럼 들릴 것이다. 아우구스티누스는 '과거' '현재' '미래'라고 하는 물리적인 시간은 사실 존 재하지 않으며, 시간 개념은 다만 인간의 의식이 기억이라는 형태로 과거나 현재 그리고 미래의 것을 소유할 수 있기 때문에 가능하다고 보았다. 이와 유사하게 실존주의자들에게 있어서 시간 이란 '과거와 현재와 미래'가 공존하는 시간을 의미한다. 키르케고르에게 있어서 시간성이란 정 신이 자신을 발견하고 자신을 선택하는 순간을 말한다. 그리고 영원과 시간이 만나는 것을 '순간' 으로 고려하였다. 그 이유는 인간의 정신이란 영원한 것을 지니고 있으며, 이것이 현실(시간성) 안 에서 선택되는 때는 영원도 아니고 시간도 아니기 때문이다. 즉 순간은 영원성과 시간성이 변증 법적으로 통합되는 것을 의미한다. 이러한 과정 속에서 '미래적 현재'란 미래를 앞당겨 현재 속에 서 이루어지는 미래처럼 고려될 수 있고, '과거적 현재'란 과거를 현재로 가져와 현재 속에서 이 루어지는 과거라고 고려할 수 있다. 즉 청년들의 시간이란 본질적으로 미래로 열려 있는 시간이 며, 노인들의 시간이란 과거로 열려 있는 시간이라고 할 수 있는 것이며, 이러한 것이 청년의 절 망과 노인의 절망의 차이점이다. 이러한 절망을 벗어나는 방법은 현재가 미래나 과거와 공존하는 시간이 아니라, 영원한 것과 공존하는 시간 즉 '영원한 현재' 혹은 '영원적인 현재'가 되어야 한다 는 것이 키르케고르의 관점이다. 즉 현재 안에서 영원성을 살아야 하는 것이다. 이를 통속적으로 말하자면 '지상의 삶' 안에서 '천국의 삶'을 살아야 한다는 것이다.

다. 그렇기 때문에 절망해 있어도 감히 이러한 결단을 내리고자 하지 않는 것이다. 그래서 노인은 그 자리에 멈추어 서든지 혹은 앞으로만 계속 전진하고자 하면서 지쳐 버리고 만다. 그런데 한층 더 큰 절망으로 과거를 근사하게 치유할 수 있게 되면,[86] 그는 참회를 하는 대신에 자신의 은닉자가 될 것이다. 어쨌든 청년기의 절망과 노년기의 절망은 그 본질에 있어서는 동일하다. 그 어느 쪽도 자신 속에 있는 영원한 것에 대한 의식이 일어나 절망을 한층 높은 상태로 올리거나 혹은 신앙으로 인도하는 싸움이 일어나서나 하는 형태의 전환은 발생하지 않는다.

그런데 지금까지 동일한 표현으로 사용하여 온 두 개의 표현, 즉 세속적인 어떤 것에 대한 절망(개별적인 것)과 세속적인 것 자체에 대한 절망(전체적인 규정) 사이에 본질적인 차이는 없는 것일까? 확실히 차이가 있다. 자아가 무한한 상상력의 열정을 가지고 '세속적인 어떤 것'에 대해 절망하는 경우 이 무한한 상상력이 개별적인 어떤 것을 세속적인 것의 전체in toto로 바꾸고 있다. 즉 전체라는 규정이 그의 절망에 포함되어 있고, 따라서 전체 규정이 그에게 속해 있다. 결국 세속적인 것과 시간적인 것은 그 본성에 있어서 어떤 개별적인 것으로 분산하는 것에 지나지 않는다. 실제로 모든 세속적인 것을 약탈당하거나 상실한다는 것은 불가능하다. 왜냐하면 전체 규정이라는 것은 일종의 사유규정思惟規定이기 때문이다. 따라서 자아는 우선 현실적인 것에 대

---

86 역주: 여기서 '과거를 치유한다'는 것은 참회할 만한 일을 '완전히 잊어버린다'는 것을 의미한다.

한 상실을 무한히 높이고, 그런 다음 세속적인 것 전체에 대해서 절망하는 것이다. 그런데 세속적인 어떤 것에 대한 절망과 세속적인 것 자체에 대한 절망 사이에 존재하는 차이가 본질적인 차이라고 주장하는 순간에 자아에 대한 의식 안에서도 본질적인 진보가 이루어지게 된다. '세속적인 것에 대한 절망'이라는 공식은 절망의 다음 형태를 나타내기 위한 최초의 변증법적인 표현이다.

② 영원한 것에 대한 절망 혹은 자기 자신에 대한 절망

세속적인 것에 관한 절망 혹은 세속적인 어떤 것에 관한 절망은 그것이 절망인 한에 있어서는 사실 영원한 것에 대한, 그리고 자기 자신에 대한 절망이기도 하다. 왜냐하면 이것이 모든 절망에 대한 공식이기 때문이다.[87] 그런데 앞서 기술한 절망한 사람은 말하자면 자신의

---

87 정확한 용어를 사용하자면 세속적인 것에 '관하여(über)' 그리고 영원적인 것에 '대하여(am)' 절망한다는 식으로 구별하여 사용해야 할 것이다. 그런데 자아(자기 자신)의 경우에는 '관하여' 절망한다고 해야 할 것이다. 왜냐하면 자기 자신에 대해 절망한다는 것은 다양한 의미를 지니고 있지만, 개념상으로는 항상 영원한 것에 대한 절망으로서의 절망의 기연(機緣)을 나타내는 또 다른 표현이기 때문이다. 그런데 사람이 그것에 '관하여' 절망하게 되는 것의 대상은 다양하다. 사람은 자신을 절망으로 몰아넣는 것에 '관하여' 절망한다. 자신의 불행에 관하여, 세상의 것에 관하여, 재산의 상실에 관하여 절망하는 것이다. 그런데 '대하여'의 경우는 본래적인 절망으로부터 자신을 구해 주는 것에 '대하여' 절망하는 것이다. 가령 영원적인 것에 대하여, 자신의 구원에 대하여, 자신의 능력에 대하여 절망하는 것이다. 자아의 경우에는 '자신에 관하여' 그리고 '자신에 대하여'의 양쪽 모두를 사용할 수 있다. 왜냐하면 자아는 '이중적'이고 '변증법적'이기 때문이다. 여기에 애매한 점이 있다. 이 애매함은 어느 정도 절망에 빠진 사람한테서, 그리고 절망에 빠진 거의 모든 사람한테서 볼 수 있다. 즉 절망에 빠진 사람들은 자신이 무엇에 관하여 절망하고 있는가는 실로 열정적으로, 그리고 명료하게 보고 또 알고 있지만, 자신이 '무엇에 대하여' 절망하고 있는지는 모르고 있다. 모든 경우에 있어서 '구원'을 위한 조건은 '대하여'로의 전향에서 주어진다. 이 전향은 독일어로는 'Umwendung'으로 방향을 전환하는 것이지만, 사실 회심의 의미로 쓰인다. 영원한 존재에 대한 절망을 의식한다는 것은 장차 영원한 존재를 의식하게 된다는 것으로, 바로 여

등 뒤에서 무슨 일이 일어나고 있는지를 알지 못한다. 그는 자신이 세속적인 어떤 것에 대해 절망했다고 생각하고 또 늘 그렇게 말하고 있지만, 사실은 영원한 것에 대해 절망하고 있다. 왜냐하면 그가 세속적인 것에 모든 가치를 부여하여, 자신이 절망하고 있는 것을 세상의 전부인 것처럼 생각을 하며, 나아가 세속적인 것에 대해 모든 가치를 부여하고 있다는 그 사실이 곧 영원적인 것에 대해 절망하고 있음을 의미하기 때문이다.

그런데 이 절망에는 주목할 만한 진보가 나타나고 있다. 지금까지의 절망은 '나약함의 절망'이었지만 이 절망은 자신의 나약함을 넘어서고 있다. 그럼에도 이 절망은 반항의 절망과는 달리 언제나 '나약함의 절망'이라는 범주 안에 머물러 있다. 다만 그 차이는 상대적일 뿐이다.[88] 나약함의 절망이 나약한 의식을 최후적인 의식으로 소유하고 있는 데 비해, 이 절망은 자신의 나약함에 대해 의식하고 있는 방식으로 강화된 의식이다. 절망에 빠진 자는 세상의 것이 자신을 그토록 괴롭히는 것은 자신이 나약하기 때문이라는 것을 알고 있으며, 자신의 절망은 곧 자신의 나약함 때문이라는 것을 알고 있다. 그럼에도 불구하

기에 구원의 조건이 있다. 따라서 여기서 또한 이것이 절망일 수 있느냐 없느냐의 문제가 제기된다. 따라서 순수하게 철학적으로 말해서 한 인간이 자신이 절망하고 있는 바로 그것에 관한 완전한 의식을 가지고 절망하는 것이 가능한가 하는 미묘한 문제가 등장하게 된다.

88 역주: 여기서 상대적인 차이는 '무지(無知)의 지(知)'라는 소크라테스식 자각에서 나타나는 차이라고 볼 수 있다. 다만 자신이 무지함 속에 있는 것과 자신이 무지하다는 것을 알고 있는 것은 동일한 사태이지만 '의식하지 못하는가' 혹은 '의식하고 있는가' 하는 상대적인 차이가 존재한다. 이와 마찬가지로 세상의 것에 절망하는 상태로 남아 있는가 혹은 이러한 절망의 상태가 자신이 나약하기 때문이라는 것을 의식하고 있는가 하는 것은 동일한 사태에 있지만 '의식함'과 '의식하지 못함'의 상대적인 차이를 가지고 있는 것이다.

고 그는 이런 나약함에서 벗어나 신앙에 다가가거나 신 앞에 무릎을 꿇는 대신에 절망 속으로 더욱 빠져들고, 또한 이러한 자신의 나약함에 대해 절망하는 것이다. 이렇게 되면 전체를 보는 관점이 뒤바뀌게 된다. 이제 절망에 빠진 사람은 자신이 영원한 것에 대해, 그리고 자기 자신에 대해 절망하고 있다는 사실과 세상의 것에 그토록 큰 의미를 부여할 정도로 나약하다는 사실을 한층 명료하게 인식한다. 이리하여 절망에 빠진 사람은 영원한 것과 자기 자신을 상실한 사태를 나타내고 있는 절망적인 표현이 되는 것이다.

여기에는 상승이 나타나고 있는데 첫째, 우선 자기에 대한 의식이 나타나고 있다. 영원한 것에 대해 절망하기 위해서는 자기 안에 영원적인 것이 존재한다는 사실 혹은 영원한 것을 자신의 내부에 가지고 있다는 자기에 대한 관념을 가지지 않고는 불가능하기 때문이다. 만약 어떤 사람이 자기 자신에 대해 절망할 수 있으려면 자기 자신을 가지고 있음을 의식하지 않으면 안 된다. 사람이 [진정으로] 절망을 한다는 것은 세상의 것 혹은 세속적인 어떤 것에 관해서가 아니라 바로 자기 자신에 대해서이다.

둘째, 이후의 단계에서는 절망이 무엇인지에 대한 더욱 높은 의식이 나타난다. 왜냐하면 여기서의 절망은 영원적인 것과 자기 자신을 잃은 것이기 때문이다. 당연한 사실이지만 여기서는 자신의 상태가 절망의 상태라는 것에 대해서도 한층 높은 의식이 나타난다. 여기서의 절망은 단순한 수동적인 고뇌가 아니라 일종의 능동적인 행위이다. 세상의 것을 빼앗겨 절망하는 사람에게는 ―비록 이 절망이 언제나 자기 자신으로부터 오지만— 이 절망이 외부로부터 온 것처럼 보인다. 그런데 자아가 자신의 절망(절망하고 있는 자신)에 대해서 절망하는 이 새로운 절망의 경우에는 직접적으로 혹은 간접적으로 자기로부터의 반동으로써(이 점이 직접 자기로부터 오는 반항의 경우와는 다르다) 오는 것이다.

셋째, 좀 다른 의미이긴 하지만 여기에는 또 다른 의미의 진보가 있다. 이 절망은 한층 강도가 강해진 것으로서 오히려 구원에 가까워진 절망이기 때문이다. 이런 절망은 너무나 깊은 것이어서 쉽게 잊을 수가 없다. 그렇지만 절망해 있는 그 순간에 또한 구원의 가능성도 함께 있는 것이다.

그럼에도 이 절망은 여전히 절망하여 자기 자신이고자 하지 않는 그런 형태의 절망으로 분류된다. 마치 자식에게 모든 상속권을 박탈해 버린 한 아버지가 그럼에도 그렇게 약해져 버린 자기 자신을 인정하고자 하지 않을 때와 유사하다. 절망에 빠진 이는 절망에 빠진 자신의 나약함을 잊을 수가 없고, 어떤 의미에서는 자기 자신을 미워하고 있는 것이다. 다시 자기 자신을 되찾고자 하지도 않고 자신의 약함 앞에 무릎을 꿇고 마는 것이다. 자신에 대해 절망하여 자신의 말에는 조금도 귀를 기울이지 않고, 자기 자신에 관해서는 아무것도 알고자 하지 않는다. 그렇다고 망각에 의해 구원을 받는 것도 아니다. 망각에 의해 무정신성 안으로 숨어 세상의 다른 사람이나 세상에 흔히 있는 보통의 기독교인이 되는 것도 아니다. 그러기에는 이미 지나치게 자기 자신이기 때문이다. 마치 자식에게 상속권을 박탈해 버린 아버지에게 흔히 나타나는 상태가 여기서도 나타난다. '자식과 의절하였다'

는 외부적인 사실은 자식에게서 떨어진다는 것에 아무런 도움이 되지 않는다. 적어도 그의 생각 속에서는 여전히 아들이 자리 잡고 있으며 아들과 멀어질 수가 없다. 이는 사랑하는 사람이 미운 사람(자신의 연인)을 저주하는 것과 비슷한 것으로, 저주는 아무런 도움이 되지 못하고 오히려 저주로 인해 더욱 강하게 그의 연인에게 묶여 버리는 것이다. 절망한 자아가 갖는 자기 자신과의 관계도 이와 같은 것이다.

이 절망은 앞서 말한 절망보다도 질적으로 한층 더 깊은 것으로, 세상에서는 드물게 나타나는 절망에 속한다. 앞에서 우리는 그 뒤편에 아무것도 없는 가짜 문에 대해서 말한 적이 있는데, 이 경우에는 조심스럽게 닫혀 있는 진짜 문이 있고 그 뒤에 자아가 앉아서 자신을 응시하고 있다. 그는 자기 자신이고자 하지 않으려고 일에 열중하고 있지만 그럼에도 자신을 사랑하고 있다. 사람들은 이것을 내밀성[89]이라고 부른다. 이제부터 이 내밀성에 대해서 다룰 것인데, 이는 직접성과는 정반대의 것으로, 사상의 측면에서는 직접성을 매우 경멸하고 있다.

이런 자아는 현실의 사회 속에는 존재하지 않는다. 그렇다면 현실로부터 도피하여 황야나 수도원 혹은 정신병원에 가 있는 것일까? 그

---

89 역주: 여기서 '내밀성'이라고 번역한 덴마크어는 'Indelsluttedhed'이다. 라우리(Walter Lowrie)의 영어 번역에는 'introversion'으로 되어 있는데, 한글로는 '내향' '내성' '내향성' 등으로 번역된다. 반면 불어에서는 'intimité'로 번역하고 있는데 이는 '내성' 혹은 '내밀성'으로 번역된다. 이 용어는 말 그대로 내면에 존재하는 자신을 의미하는 것으로, 타인에게는 숨겨져 있는 은밀하고 밀폐된 것을 의미한다. 부정적인 의미로는 자기 속에 틀어박혀 있는 폐쇄된 상태를 의미하겠지만, 긍정적으로는 남이 알지 못하는 '자신만의 무엇'을 의미하는 내적 자아를 지칭한다. 키르케고르는 『이것이냐 저것이냐』에서 그리스 신화 속의 비극적인 인물인 '안티고네'의 예를 들어서 이러한 '내적인 자아'를 가지는 것을 (철학적인 의미에서) 일종의 보물이라고 말하고 있다.

는 다른 사람들과 마찬가지로 관습의 외투를 입고 있는 현실의 인간이 아닐까? 그렇다. 그 역시 다른 사람들과 같다. 다만 그는 자신의 자아만큼은 그 누구에게도, 단 한 사람에게도 털어놓고 이야기하지 않을 뿐이다. 그는 털어놓고 이야기하고 싶은 충동을 느끼지 않는다. 어쩌면 이를 억제하는 방법을 잘 알고 있다. 이에 관해 그가 스스로 하고 있는 말을 경청해 보는 것이 좋을 것 같다. "세상에는 순수하게 직접적인 인간들만이 살고 있다. 정신이라는 측면에서 보면 이들은 유아기의 어린 시절과 대체로 같은 시점에 있는 셈인데, 매우 귀엽게도 아무 거리낌 없이 무엇이든 지껄여 댄다. 이들은 무슨 일이든지 마음속에 담아 두지를 못하는 매우 직접적인 사람들이다. 흔히 있는 일이지만 대단한 자부심을 가지고 '자신이 진리'라고 부르는 것은 이런 종류의 직접성이다. 만약 숨기지 않았다든가, 있는 그대로의 인간이라든가, 조금도 겉과 속이 없는 것이 진리라고 한다면 어른이 육체적인 욕구를 느끼면서 이에 따르지 않을 경우, 이것이 허위란 말인가? 조금이라도 반성하는 자아라면 누구든, 어떻게든 자신을 억제하여야 한다는 것을 조금은 알고 있을 것이다."

그런데 절망에 빠진 자는 자신을 충분히 밀폐시켜서 자신과 관계가 없는 모든 사람과의 관계를 멀리하고 있다. 그렇지만 외관상으로 그는 완전히 '현실적인 인간'이다. 그는 교양 있는 사람이며, 신사이고 남편이자 아버지이다. 매우 유능한 관리인이며 존경받는 아버지이다. 원만한 사교가이고 아내에게도 매우 친절하며 아이들도 주의 깊게 돌보아 준다. 그리고 기독교인인가? 물론 그는 일종의 기독교인이다. 그럼에도 그는 이에 대해 이야기하는 것을 무척 꺼린다. 그는 자신의 아내가 신앙심을 위해 종교적인 일에 몰두하고 있는 것을 기분 좋게, 그리고 일종의 비애가 깃든 즐거움으로 바라본다. 그는 교회에는 거의 나가지 않는다. 왜냐하면 대부분의 목사들이 자신이 하는 말의 의미를 알지 못한다고 생각하기 때문이다. 그런데 단 한 목사만은 예외라고 생각하고 있다. 이 목사만은 자신이 하는 말의 의미를 이해한다고 그는 인정한다. 그럼에도 또 다른 이유로 그는 이 목사가 하는 말도 들으려 하지 않는다. 그 목사의 말이 자신을 너무 멀리 데려갈까 두려워하였기 때문이다.

반면 그는 가끔씩 고독을 갈망하는 욕구를 느낀다. 그에게 있어서 고독은 생명의 요구이다. 때로는 호흡과 같이 때로는 잠과 같이 필수적인 것이다. 이처럼 그가 다른 사람들보다 생명의 요구를 더 많이 가지고 있다는 것이 곧 그가 다른 사람들보다 더 깊은 본성을 가지고 있다는 증거이다. 일반적으로 고독에 대한 갈망은 정신의 징표이며, 정신을 재는 척도이기도 하다. '단순히 지껄이기만 하는, 사람 같지 않은 사람'이 미약하게나마 고독의 충동을 느끼고, 또 한순간이라도 고독하게 있지 않으면 안 될 경우, 그는 마치 떼를 지어 다니는 새처럼 곧 죽어 버린다. 어린아이를 자장가로써 재우듯이 이런 사람은 먹든 마시든 자든 기도하든 무엇을 하든지 요란한 사교의 자장가로 진정시켜야 한다. 고대나 중세에는 이 고독에 대한 욕구의 의미를 알고 있었기에 그것이 의미하는 것에 대한 존경심을 가지고 있었다. 하지만 끊임없는 사교에 의해 지속되는 현대에는 고독 앞에서 매우 큰 두려움을 느끼며, 고독을 오직 범죄자를 벌하는 형벌 이외의 것으로는 사용할 줄 모른다(얼마나 멋진 경구인가!). 참으로 우리의 시대에는 정신을 가진다는 것이 범죄이다. 그러니 고독을 사랑하는 사람들이 범죄자와 같은 부류에 속하는 것도 아주 당연한 일이다.

[그는] 자신 속에 칩거해 있는 매 순간을 이렇게 보내고 있다. 비록 영원한 것을 위해서 산다고는 할 수가 없겠지만 어느 정도는 영원한 것과 자기 자신의 관계를 문제 삼으면서 살고 있는 것이다. 그러나 그는 결코 그 이상은 나아가지 않는다. 거기서 영원한 것과 고독에 대한 욕구가 어느 정도 채워지면 그는 밖으로 나간다. 자신의 아이들이나 아내와 함께 이야기를 나눈다 해도 밖으로 나간다는 사실에는 변함이 없다. 그가 남편으로서 그렇게 친절하고 아버지로서 그렇게 자상한 이유도 애초에 지니고 있는 선량함과 의무감을 제외한다면 그의 밀폐된 내면에서의 자기 자신에 대한 고백, 즉 자기는 나약하다는 '나약함에 대한 고백' 때문이다.

누군가 그의 '내밀성의 비밀'을 알고 있는 사람이 있어서, 그에게 '사실 그것은 너의 교만이다. 너는 너 자신을 사랑하고 있는 것이다'라고 말한다고 해도 그는 상대방에게 '그렇다'라고 시인하거나 고백하지는 않을 것이다. 하지만 그가 혼자가 되었을 때 그는 상대방의 그 말에 진실이 포함되어 있다고 스스로 인정할 수도 있을 것이다. 하지만 그에게 자신은 나약하다고 인정하게 하는 열정은 곧이어 다음과 같이 생각하도록 할 것이다. 자신이 절망하고 있는 것은 자신의 나약함에 기인된 것이기 때문에 이것이 교만일 리는 없지 않느냐고 생각하게 되는 것이다. 그런데 자신의 나약함을 그토록 특별하게 강조하는 것이 사실은 교만에 지나지 않는다는 것을 그는 깨닫지 못한다. 즉 나약함에 대한 의식을 그토록 견딜 수 없어 한다는 것은 오로지 그가 자신의 자아를 자랑하고자 하는 것에 기인된 것임을 깨닫지 못하는 것이다. 누군가 그에게 다음과 같이 말했다고 하자.

"이것은 실로 혼란이며, 이상한 혼란이다. 왜냐하면 모든 문제는 사실 생각이 뒤엉켜 있는 데서 발생하기 때문이다. 그럼에도 방향이 완전히 잘못된 것은 아니다. 이것은 당신이 거쳐야 할 과정이다. 당신은 자신에 대한 절망을 통해서 자신에게로 다가가야 한다. 당신이 나약하다는 것은 사실이다. 하지만 이 때문에 절망을 해서는 안 된다. 당신의 자아는 자기 자신이 되기 위해서 극복해야만 하는 것이다. 그러니 이러한 것에 대해 절망하는 것을 그만두어라!"

그는 열정이 없는 순간에는 이 말을 이해할 것이다. 하지만 그의 열정이 곧 그의 눈을 흐리게 하고 그리하여 그는 방향을 바꾸어 다시금 절망 속으로 들어갈 것이다. 앞서 말한 바 있듯이 이러한 종류의 절망은 세상에서는 아주 드문 것이다. 그런데 절망하는 이가 여기서 머물지 않고 더 나아간다면, 즉 절망자 속에서 변화가 일어나 신앙으로 향한 바른 방향을 선택하지 못한다면 그때는 절망이 한층 높은 형태로 강화되든가, 그렇지 않으면 절망의 껍데기를 깨고 나와 자신의 가면을 벗어 버릴 것이다. 전자는 여전히 '내밀성'의 형태를 가질 것이며, 후자는 생활 속으로 들어와 거창한 사업들에 뛰어들 것이다. 그는 안식을 모르는 정신이 되어 후일 세상에 자기 존재의 흔적을 선명하게 남길 수 있을지도 모른다. 이 안식을 모르는 정신은 자아를 망각하고자 하는 정신이므로 내면의 소리가 너무 심해지면 강력한 수단이 필요해진다. 리처드 3세가 자기 어머니의 저주의 소리를 듣지 않기 위해 사용한 수단[90]과는 다른 종류의 것이라고 할지라도 그는 감각적인 것 속에서, 혹은 방종 속에서 망각을 구하려 들지 모른다. 그는 절망하여 직접성으로 되돌아가려고 할지도 모른다. 하지만 그는 그렇게 되기를 원치 않는 자아의식에서 결코 벗어날 수가 없다.

제자리걸음을 하면서 질망이 한층 강화되는 선자에서는 절망이 더욱 강화될 경우 반항이 된다. 그리하여 그가 나약함에 대해서 운운한 것이 얼마나 거짓이었는지가 여기서 드러나게 된다. 그리고 자기 자신의 나약함에 관한 절망이야말로 반항을 나타내는 최초의 표현이라는 것이 변증법적으로 얼마나 정당한 것인지 명백하게 드러난다. 마지막으로 자신의 밀폐된 내면에 칩거해 있는 사람의 내면을 다시 한번 엿보기로 하자. 이 밀폐가 전적으로 완전하게 유지될 경우, 그에게 가장 큰 위험은 자살이다. 물론 대다수의 사람들은 이 밀폐된 사람의 내면에 무엇이 있는지에 관해서 전혀 알지 못한다. 만약 사람들이 그것을 알게 된다면 그들은 경악하게 될 것이다. 이와 반대로 만약 이 밀폐된 사람이 누군가 단 한 사람에게라도 마음을 터놓고 고백하게 된다면, 그는 틀림없이 긴장이 풀리고 의기소침해져서 자살을 감행할

---

90 역주: 셰익스피어의 『리처드 3세』 4막 4장에 나오는 내용이다. 자신의 형과 조카를 죽인 왕에 대해서 왕의 어머니가 저주를 퍼붓자 그 소리를 듣지 않으려고 왕은 부하들에게 '나팔을 불고 북을 치면서' 저주의 소리가 들리지 않게 하라고 명하였다.

힘을 잃을 것이다. 이처럼 한 사람이라도 자신의 비밀에 관해서 아는 자가 있다면, 밀폐된 절대적 비밀보다는 그 비밀이 한층 부드러워진다. 그래서 그는 자살을 피하게 될 것이다. 하지만 그는 자신이 누군가에게 비밀을 털어놓았다는 그 사실에 대해서 절망할 수도 있다. 이 경우에 그는 한 사람의 친구를 얻기보다는 계속 침묵을 지키는 것이 더 나았던 것이 아닐까 하고 생각할 수도 있다.

이런 폐쇄적인 사람이 믿을 만한 사람을 만나 자신의 비밀을 털어놓음으로써 오히려 절망에 빠진 사례는 얼마든지 있다. 이러한 경우에도 그는 결국 자살을 초래하게 된다. 문학작품에서는 (그 인물이 국왕이나 황제라고 가정해 본다면) 그가 비밀을 알고 있는 친구를 살해하게 하는 방식으로 파국을 묘사할 수도 있다. 이렇게 우리는 우리 자신 속에 있는 내밀한 고뇌를 누군가에게 털어놓고 싶은 충동을 느끼게 하는 악마적인 폭군을 상상해 볼 수가 있다. 그는 차례차례 사람들을 죽인다. 그의 비밀을 알고 있는 자는 반드시 죽어야 하는 것이다. 폭군이 누군가에게 비밀을 고백하자마자 그 사람은 살해된다. 이처럼 친구를 가질 수도 없고 가지지 않을 수도 없는 인간의 악마적인 고뇌에 가득 찬 자기모순을 묘사하는 일은 시인에게 부과된 과제이다.

(2) 절망하여 자기 자신이고자 하는 절망: 반항

앞서 말한 절망(나약함의 절망)이 여성적 절망이라고 한다면 우리는 이제 남성적 절망에 대해서 다루고자 한다. 따라서 앞의 것과 관련하여 설명하자면 이제 비로소 정신의 규정하에서 보이는 절망에 대해

다룬다. 실제로 남성만이 정신의 규정에 속하고, 여성은 이보다 한 단계 낮은 종합에 지나지 않는다.[91]

바로 앞 단락에서 다룬 절망은 자신의 나약함에 대한 절망으로서, 절망은 절망에 빠진 자가 자기 자신이고자 하지 않는 것에서 기인하였다. 그런데 변증법적으로 한 발짝 더 나아가서 절망에 빠진 자가 무엇이 자신으로 하여금 자기 자신이기를 원하지 않게 하였는지를 인식하기 시작하면 사태는 역전되고 반항이 나타난다. 절망에 대해서 반항이 일어난다는 것은 절망에 빠진 사람이 절망하여 자기 자신으로 있고자 한다는 것을 의미한다. 처음에는 세상의 것에 대해 절망이 있었고, 다음에는 영원한 것 혹은 자기 자신에 대한 절망이 있었다. 그 다음에는 반항이 일어나는데, 이는 본래 영원한 것의 힘에 의해 발생하는 것이다. 다시 말하면 인간이 절망을 하여 자기 자신으로 있기 위해서 자신 안에 있는 영원한 것을 절망적으로 남용하는 것이다. 반항이 영원한 것의 힘에 의한 것이라는 사실 때문에 어떤 의미에서 그는 진리에 매우 가까이 있다. 하지만 그가 진리에 매우 가까이 있다는 바로 그 이유 때문에 그는 또한 진리로부터 무한히 멀리 있는 것이다.

신앙의 통로인 절망 역시 영원한 것의 힘에 의해 일어나기에 영원한 것의 힘을 통해서 자아는 자기 자신을 획득하기 위해 자기 자신을

---

91 역주: 이러한 키르케고르의 관점을 '여성비하'나 '여성차별'로 이해할 필요는 없을 것이다. 이러한 그의 사유는 자신의 개별적인 체험으로부터 나온 것으로 볼 수 있다. 그는 『이것이냐 저것이냐』의 「유혹자의 일기」에서 여성은 놀라울 정도로 공상적이고 직관적이라 평하며 남성보다 훨씬 더 종교적인 기질을 가지고 있다고 말하고 있다. 요컨대 키르케고르는 남성과 여성의 기질적인(본성적인) 차이점을 말하는 것이지 우열을 말하는 것이 아니다.

버릴 수 있는 용기를 가지게 된다. 그런데 반항의 경우에는 자기 자신을 버리는 것으로부터 시작하지 않고 오로지 자기 자신을 주장하려고 한다. 이러한 형태의 절망에서는 다시 자아에 대한 의식의 상승이 발생한다. 그리고 절망이 무엇인가에 대한 의식 혹은 자신에게 어떤 상태가 절망인가에 대한 의식 또한 상승하게 된다. 그는 그의 절망이 외부에서 수동적으로 주어지는 번뇌로서가 아니라 자기의 행위로부터 직접적으로 주어지는 것이라는 사실을 의식하기에 이른다. 이런 절망은 자기 자신의 나약함으로부터 주어지는 절망에 비하면 분명 새로운 성질의 절망이다.

절망하여 자기 자신으로 있고자 원할 수 있으려면 무한한 자기에 대한 의식이 있어야 한다. 그런데 이 무한한 자아는 본래 자아의 가장 추상적인 형태, 가장 추상적인 가능성에 불과하다. 이와 같은 자아를 그는 절망적으로 실현하고자 하므로 이를 정립한 힘에 대한 모든 관계로부터 자기를 분리시키려 하고 또한 이런 힘이 현재 존재하고 있다는 관념으로부터 자기를 멀리하고자 하는 것이다. 이 무한한 형태의 힘의 도움으로 자아는 자신의 주인이 되고자 하고, 자기 자신을 창조하고자 한다. 자신이 되고자 하는 자아를 스스로 만들기를 원하며, 구체적인 자아 속에 가지고 싶은 것과 가지고 싶지 않은 것을 스스로 결정하고자 원한다. 본래 그 구체적인 자아는 필연성과 한계를 가진 것으로, 특정한 상황 속에 있으며 일정한 능력이나 소질 등을 가진 매우 구체적인 관계 속에 있다. 그럼에도 그는 무한한 형식, 즉 부정적인 자아의 힘을 빌려 먼저 전체를 개조하고, 자신이 바라는 것과 같은 자기, 즉 부정적인 자아의 무한한 형태의 힘에 의해 형성된 새로운 자아를 획득하고자 한다. 이러한 방식으로 그는 자기 자신이고자 하는 것이다.

결국 그는 다른 사람들보다 좀 더 빨리 시작하고자 원하는 것이다. 그에게 주어진 상대적인 시작[92]이 아니고 "태초에" 시작하고 싶은 것이다.[93] 그는 자신의 자아를 자신의 몸에 입으려 하지 않고, 자신에게 주어진 사명을 자신 속에서 찾고자 하지도 않는다. 이렇게 그는 부정적인 부한성의 힘으로 자신의 자아를 스스로 구성하고자 하는 것이다.

이런 종류의 절망에 공통되는 이름을 붙인다면 스토아주의[94]라고

---

92 역주: '상대적인 시작'이란 절대적으로 인생을 새로 시작하는 것이 아닌, 어떤 특정한 시점부터 다시 시작하고자 하는 것을 의미한다.

93 역주: 자아를 추구함에 있어서 "태초에 시작하고자 한다"라는 표현은 매우 재치 있는 풍자적 표현이다. 인간뿐 아니라 모든 존재하는 것은 생명이 시작됨과 더불어 이미 어떤 규정이나 한계를 가지고 출발한다. 즉 자신의 의지와 무관한 '필연성'을 가지고 시작하는 것이다. 그렇기 때문에 이런 출발은 무에서 시작하는 절대적인 출발이 아니라 어떤 조건과 한계 속에서 시작하는 상대적인 출발인 것이다. 무에서 유를 낳는 절대적인 시작은 오직 신이 세계를 창조한 '태초'에만 가능한 사건이다. 한 인간에게 있어서 '필연성' '한계' '조건' 등은 그가 자신의 자아를 형성함에 있어서 '구체성'을 가지게 됨을 의미한다. 그리고 인생에서 자신의 사명을 발견하는 것도 바로 이러한 구체적인 한계나 조건 속에서이다. 하지만 이러한 한계나 조건을 무시하고 자신이 원하는 무엇이라도 될 수 있다고 생각하는 것을 키르케고르는 "태초에서 시작하고자 하는 것"이라 표현하고 있다. 이는 또한 '자기이고자 하는 절망'을 의미하는 것이다. 바로 이어서 키르케고르는 이러한 종류의 절망자를 스토아주의라고 말하고 있다. 하지만 만일 누군가 '자기이고자 하는 절망'의 상징적인 인물을 들라고 한다면, 아마도 니체의 초인사상에서 '초인'이 가장 적절한 사례가 될 것이다.

94 역주: '자기이고자 하는 절망'의 대표적인 정신이 '스토아주의'인 이유는 스토아학파가 지향한 목적이 영혼의 절대적인 평정이었기 때문이다. 그리스의 마지막 시기에 등장한 스토아철학자들은 인생의 목적을 행복에 두었고, 이러한 행복이 영혼의 절대적인 평정에서 주어진다고 보았다. 이러한 영혼의 평정을 얻기 위해서 스토아철학자들은 모든 인간적인 관계성을 뒤로하고 마치 수도승들처럼 자연 속에서 살아갔으며, 그 어떤 외적인 변화에도 전혀 흔들리지 않는 마음의 평화, 영

할 수 있다. 하지만 오직 스토아주의라는 한 학파만을 의미하지는 않는다. 이런 종류의 절망에 대해서 좀 더 자세하게 설명하기 위해서는 행동적인 자아와 수동적인 자아를 구별할 필요가 있다. 즉 행동적인 때에 자아는 행동 안에서 어떻게 자기 자신과 관계하며 또한 수동적인 때에 자아는 어떻게 자기 자신과 관계하는지를 살펴보는 것이 도움이 될 것이다. 이 두 경우 모두 '자아는 절망하여 자기 자신으로 있고자 한다'는 정신은 언제나 변함이 없다는 것이 나타나야 한다.

만일 절망에 빠진 자가 행동적일 경우에는 설령 그가 무엇을 시도하고, 아무리 큰일을 하고, 아무리 경탄할 만한 일을 계획한다고 해도 그의 자아는 본래 오직 실험적으로만 자기 자신에게 관계하고 있을 뿐이다. 자아는 자기 이상의 어떤 힘도 인정하지 않기 때문에 진지함이 결여되어 있다. 다만 자신이 자신의 실험에 최대한의 주의를 기울인다는 사실을 통해서 외형적으로만 진지하게 보일 뿐이다. 즉 이는 위장된 진지함이다. 이는 흡사 프로메테우스가 신들로부터 불을 훔쳐낸 것과 유사하다. '신은 인간을 보고 있다'는 사상에서 핵심을 이루고 있는 신의 진지함을 훔쳐 낸 것이다. 절망한 자아는 신이 인간을 주시하고 있다는 사실 대신에 자기가 자기를 주시하는 것으로 만족하는 것이다. 그리하여 자신은 자신의 다양한 시도들에 무한한 관심을 주고 의미를 부여하는 것처럼 생각하고 있지만, 사실은 자신의 일들을

혼의 절대적인 평정(아타락시아)을 추구하였다. 키르케고르가 이들을 '자기이고자 하는 절망자'의 상징적인 인물로 내세우는 것은 모든 인간적인 관계성이나 조건들을 초월하고자 하는 그들의 의지 때문이다.

단순히 실험하는 데 불과한 것이다. 왜냐하면 자신이 실험된 신이 될 정도로 극단적인 절망에 빠지는 일은 없다고 하더라도 파생된 자아는 자신을 주시함으로써 자신 이상의 것을 자신에게 줄 수는 없기 때문이다.

자아는 처음부터 끝까지 정립된 그대로 머물러 있으므로 이중화된 자아[95] 역시 자기 이상이 되는 것도, 자기 이하가 되는 것도 아니다. 자아는 자기 자신으로 있고자 하는 절망적인 노력을 가하지만, 오히려 정반대의 것 속으로 빠져드는 것 같고 결국 자신이 원하는 자기가 되지 못한다. 이러한 자아가 행동하는 모든 변증법 속에는 확고한 것이라고는 아무것도 없다. 자신이 원하는 자아는 어느 순간에도, 즉 영원히 확고하지가 않다. 자아의 부정적인 형태는 묶는 힘으로 작용함과 동시에 푸는 힘으로 작용하기도 한다. 자아는 완전히 자의적으로 어떤 순간에도 처음부터 시작할 수 있다.[96] 그리하여 하나의 사상이 아무리 오랫동안 지속된다고 할지라도 그 행동은 언제나 '가설'의 영역을 벗어나지 못한다. 이런 자아는 점진적으로 자기가 되지 못할 뿐

---

95 역주: 여기서 '이중화된 자아'란 세상에 알려진 객관적인 나의 자아와 세상에는 숨겨져 있는 내적인 나의 자아라고 할 수 있다. 기독교적 관점에서 보자면 모든 인간은 탄생과 더불어 이미 규정된 자아(근원적인 자아)를 가지고 있으며, 이 규정된 자아로부터 자기 삶의 의미나 소명을 발견해야 한다. 이 규정된 자아는 되물릴 수도, 다른 자아로 교체할 수도 없다. 토마스 아퀴나스 역시 '영혼의 개별성'을 논하면서 이와 동일한 주장을 하고 있다.

96 역주: 이러한 자아관은 푸코의 '구조주의'에서 잘 볼 수 있다. 푸코는 '인간의 자아(정체성 혹은 자기 동일성)'를 바닷가의 백사장에 쓰인 이름과 같아서 파도가 지나갈 때마다 지워지고 또 새로 쓸 수 있다는 것에 비유하였다. 그는 이를 자유라고 보았고, 이러한 인간의 자유로 인해 진리라고 하는 것은 오직 인간이 만들어 낸 '구조'뿐이다. 즉 구조가 세상의 동의를 받게 되면 진리가 되는 것이다. 키르케고르의 관점에서는 이러한 푸코의 자아관은 전형적인 '절망하여 자기이고자 하는 자아'의 모습이다.

만 아니라, 자아가 가정적인 자아에 지나지 않는다는 것이 점차 명백해진다. 이러한 자아는 자기 자신의 주인, 말하자면 절대적으로 자신의 주인인 것이다.[97] 이것이야말로 절망이지만 그럼에도 그는 이것을 오히려 자신의 쾌락이고 향락이라고 생각하는 것이다.

이를 좀 더 면밀히 살펴보면 이 절망적인 지배자는 사실 국토를 가지지 않는 국왕에 지나지 않는다는 것을 알게 된다. 그는 본래 통치할 백성이 없는 통치자이다. 그의 직위나 그의 지배는 언제든지 합법적으로 반란이 가능한 변증법에 종속되어 있다. 이 모든 것은 결국 자아의 자의恣意에 달려 있다. 자아는 그 독재적인 자의 안에서 스스로 '또 다른 것'을 의미하는 것에 이르기 때문이다. 결국 이렇게 절망에 빠진 자는 공중누각을 세우며 헛되이 공중에다 칼을 휘두를 뿐이다. 이런 모든 실험적인 미덕은 겉으로는 훌륭하게 보이고, 동양의 시처럼 한순간 사람을 매혹한다. 이런 자기 지배, 이런 자기 초탈, 이런 무감각함(아타락시아) 등은 거의 이 세상의 것이라고는 생각할 수 없을 정도이다. 이는 거의 옛날이야기에 가깝다. 이 모든 것의 기초는 '무無'이다. 자아는 절망하여 스스로 자기 자신을 만들고 자기 자신을 전개하면서 자기 자신으로 있다는 만족감을 향락하려고 한다. 그는 자신이 이렇게까지 자기 자신을 이해하였다고 탁월한 시적인 소질을 자랑하

---

97 역주: 인간은 자신의 모든 행위에 있어서 자기가 주인이 될 수 있고 또 그렇게 되어야 하지만, 자신의 자아에 대해서는 그럴 수가 없다. 왜냐하면 애초에 신이 자신에게 부여한 '근원적인 자아'는 오직 신의 권한에 속하기 때문이다. 이를 거부한 상징적인 예는 천사 '루시퍼'였다. 그는 신과 동일하게 되고자 원했기 때문에 결국 악마가 된 것이다.

고 싶어 하지만, 그럼에도 최후적으로 그가 자신을 어떻게 분석하고 어떻게 이해했는지에 대해서는 수수께끼로 남아 있다. 자신이 자아의 성전을 구축하고 거의 완성 단계에 이르렀다고 생각하는 바로 그 순간에 자아는 제멋대로 전체를 무로 만들어 버릴 수도 있다.

절망에 빠진 자아가 수동적일 때에도 역시 자아는 절망적으로 자기 자신이고자 한다. 절망하여 자기 자신이고자 하는 이런 실험적인 자아는 자신의 구체적인 자아 속에서 미리 방향을 결정할 경우 어떤 장애에 —기독교인이라면 십자가라고 부르는 그러한 것에— 그것이 어떤 종류의 종교이든 간에 근본적인 장애에 부딪히게 된다.[98] 이때 자아의 무한한 형태인 부정적인 자아는 처음에는 그런 장애를 말끔히 정리하고 현실적으로 그런 장애가 존재하지 않았던 것처럼, 자신은 그런 장애를 전혀 알지 못했던 것처럼 행동할 것이다. 하지만 그는 그것에 성공하지 못할 것이다. 그의 상상력 풍부한 실험의 기능도 거기까지는 미치지 못하기 때문이다. 마치 프로메테우스처럼 이 무한한 부정적 자아는 이 고난에서 헤어날 수 없음을 느낀다. 바로 여기에 자기가 수동적인 자아라는 이유가 있다. 그렇다면 절망 속에서 자기 자신이고자 하는 이 절망은 어떤 형태로 표현되고 있는가?

---

98 역주: 저자의 표현이 매우 추상화되어 있어서 —아마도 키르케고르 자신의 개별적인 체험에서 비롯한 섬세한 심리적인 것이어서 실제 삶 속에서의 구체적인 상황을 묘사하기가 매우 어려웠을 것이다— 이 부분에 대해 실제 삶 속에서 구체적인 상황을 상상하기가 쉽지 않다. 자아가 미리 방향을 정한다는 것은 부르심(소명의식)을 듣기 이전에 스스로 목회자가 된다거나 수도자가 된다는 것을 생각해 볼 수 있을 것이며, 근본적인 장애에 부딪히게 된다는 것은 이러한 계획을 불가능하게 하는 어떤 병이나, 주변 상황을 생각해 볼 수 있을 것이다. 뒤에서 말하고 있는 '육체의 가시'는 바로 이러한 근본적인 장애를 지칭하는 것이다.

앞서 세속적인 것 또는 세속적인 어떤 것에 관하여 절망한 경우의 절망형태에 대해서 언급한 바 있는데, 이 경우도 결국은 영원한 것에 대한 절망에 지나지 않는다는 것을 분명히 하였음을 상기해 보자. 다시 말해서 거기서는 세상의 것이 너무나 높게 평가되어 있어서 영원한 것이 아무런 위안이 될 수가 없었고, 따라서 영원한 것에 의해 위로받고 치유되는 것을 원하지 않았던 것이다. 그런데 세상의 어떤 고뇌, 현세적인 십자가가 제거될 수 있다는 가능성에 대해 인간이 희망을 가지려 하지 않는다는 것 역시도 절망의 한 형태이다. 절망하여 자기 자신이고자 하는 이 절망자는 바로 이러한 가능성에 대한 희망을 가지려고 하지 않는 것이다.

현실적인 것이든 그의 열정이 그렇게 믿게 한 것이든 육체의 가시[99]는 자신 안에 깊이 박혀 있어서 도저히 뺄 수가 없다고 그는 확신한다.[100] 그래서 그는 그 가시를 영원히 자신의 몸에 받아들이려고 한

---

[99] 역주: 키르케고르가 자신의 저서에서 종종 육체의 가시에 대해서 언급하고 있다는 것은 익히 알려진 사실이다. '육체의 가시'라는 표현은 『신약성경』의 「고린도 후서」 12장 7절에서 사도 바울이 언급한 것으로 "자신이 받은 계시들이 너무나 커서 교만하지 않게 하시려고 하나님이 주신 사탄의 사자"라고 언급되어 있다. 일반적으로 사람들은 키르케고르가 말하고 있는 '육체의 가시'는 그의 탄생의 비밀과 연관된 '원죄의식'이라고 추정하고 있다. 자신이 아버지가 범한 하녀의 몸에서 태어났다는 사실은 "어린 시절이 없었다"라고 말했을 정도로 큰 십자가였다.

[100] 한 마디 주의를 환기하고자 한다. 이런 관점에서 보자면 세상에서 체념이라고 하는 대부분의 것이 일종의 절망이라는 것을 알 수 있다. 즉 이 체념은 절망하여 자신이 추상적인 자신이기를 바라고, 절망하여 영원한 것에 만족하고, 이것을 통해서 세속적이고 현세적인 고난에 반항하거나 무시하기 위해서 갖게 되는 절망이다. 체념의 변증법은 원래 다음과 같은 것이다. 자기가 영원한 자기이고자 원하지만, 자신이 괴로워하고 있는 어떤 특정한 것에 관해서는 자신이기를 바라지 않고 그런 것은 영원의 세계에서는 사라져 버릴 것이라고 생각하며 스스로 위로한다. 따라서 현실에서 그러한 것을 자신의 것으로 받아들이지 않는 것을 정당하게 생각하는 것이다. 그는 자신의 체념이 고뇌의 씨앗이 되어 있음에도 불구하고 그것이 자신에게 속하고 있다는 것을 인정하지

다. 그는 가시에 의해 상처를 입고 분노한다. 정확히 말하면 가시를 기연機緣으로 하여 세상 모든 일에 상처 입고 분노하게 된다. 그는 반항적으로 자신이고자 한다. 이제 그는 그 가시가 있음에도 그 자신으로 있고자 한다. 그 가시를 뽑아 버리는 것은 불가능하다고 믿기 때문에 가시가 있음에도 가시가 없는 것처럼 있고자 하는 것이 아니다. 그렇기 때문에 이제 그는 체념을 향해 방향을 바꾼다. 그는 세상 모든 것을 적으로 삼고 또한 세상 모든 존재에 반항하면서 육체에 박힌 가시와 함께 그 자신이고자 원하는 것이다. 그는 스스로 고뇌를 자랑이라도 하듯이 가시를 짊어지고 가기를 원한다. 구원의 가능성에 대한 희망을, 특히 신에게는 모든 것이 가능하다는 부조리의 힘에 의해 가시가 제거되기를 그는 원치 않는다. 누군가에게 도움을 청하기보다는 차라리 온갖 지옥의 고통을 맛보더라도 그것은 피할 수 없는 것이기에 자기 자신으로 있으려고 하는 것이다.

따라서 사람들이 "고통받는 자가 자신을 구해 주고자 하는 누군가를 만나면 아주 기쁘게 구원을 받고자 한다"라고 말하는 것은 사실과 다르다. 사실은 그러하지 않다. 물론 여기서처럼 그 반대가 항상 진실이라는 것도 아니다. 사실은 다음과 같다. 고통받는 자는 자신이 이러저러한 방식으로 도움을 받고 싶다는 몇 가지 방법을 가지고 있다. 만약 그가 그런 방식으로 도움을 받을 수 있다면 기꺼이 도움을 받고자

않는 것이다. 즉 절대로 경건하게 그 체념 속으로 들어가지는 않는다. 그러므로 체념이 절망으로서 고찰될 때, 이 절망은 절망하여 자기 자신으로 있기를 원하지 않는 절망과는 본질적으로 다른 것이다. 체념의 경우는 절망하여 자기 자신으로 있기를 원하는 절망이다.

할 것이다. 그런데 도움을 받아야 할 필요성이 더 깊은 의미에서 일 경우, 즉 최고의 것을 통해서 구원을 받아야 하는 경우에, 그 방법이 어떤 것이든 무조건 받아들여야 한다면 그것은 굴욕이다. 모든 것이 가능한 '구원자'의 손 안에서 그는 거의 '무無'와 같은 존재가 되어 버리기 때문이다. 다른 사람들 앞에서는 약간 허리를 굽히기만 하면 되는 것을 구원을 원하는 한 [구원자 앞에서는] '자기 자신으로 있는 것'을 포기해야 한다. 이런 굴욕에 비하면 비록 지금 당하고 있는 고통이 제아무리 크고 언제 끝날지 모를 정도의 것이라고 해도 견딜 수 있다. 따라서 자아는 지금 이대로의 자기 자신으로 존재할 수 있다면 차라리 그 고통을 선택하는 것이다.

그런데 절망하여 자기 자신으로 있으려 하는 고통받는 자 가운데 일부는 의식이 더하면 더할수록 절망의 정도도 깊어져 마침내 악마적인 것이 되어 버린다. 악마적인 것은 보통 다음과 같이 발생한다. 절망하여 자기 자신으로 있고자 하는 자아는 아무리 노력하여도 자신의 구체적인 자아로부터 떼어 낼 수도 제거할 수도 없는 어떤 고뇌를 통해 고통받고 있다. 이제 그는 이 고통을 자신의 모든 정열의 대상으로 만든다. 그리고 이 정열은 마침내 악마적인 광기가 된다. 이렇게 되면 하늘에 계시는 신이나 모든 천사들이 그를 그 상태에서 구원하기 위해 손길을 내민다고 해도 그는 전혀 도움의 손길을 원하지 않는다. 이미 너무 늦은 것이다. 이전의 그였다면 이 고뇌에서 벗어나기 위해서 기꺼이 모든 것을 바칠 수도 있었을 것이다. 그러나 그는 계속 기다렸고, 이제는 너무 늦었다. 이제는 차라리 모든 것에 대해 광포하고 싶은 것이다. 그는 전 세계의 모든 사람들로부터 부당한 취급을 받는 인간인 채로 남아 있고 싶은 것이다. 그래서 이제는 오히려 그 고뇌를 아무에게도 빼앗길 수 없다는 그 사실 자체를 소중하게 여기는 것이다. 그리하여 자신이 정당하다는 증거로서, 그리고 자신이 정당하다는 것을 스스로에게 납득시키기 위해 고뇌를 지니고 있지 않으면 안 되는 것이다.

이러한 사실들이 마침내 그의 뇌리에 깊숙이 박혀서 그 자신만의 이유로 영원을 두려워하게 되는 것이다. 영원이 그가 다른 사람에 대해 지니고 있는 악마적인 의미의 우월성을 떼어 내거나 혹은 지금 있는 그대로의 그 자신으로 있어도 상관없다는 악마적인 권리를 그 자신에게서 박탈할지도 모른다는 사실에 대해 두려워하는 것이다. 그래서 그는 그 자신으로 있고자 하는 것이다. 그는 자신의 구체적인 자아로부터 무한한 추상을 가지고 시작하였다.[101] 그런데 지금은 결국 그런 방법으로 영원이 되는 것은 불가능할 정도로 구체적이 되어 버렸다.[102] 그럼에도 불구하고 그는 절망적으로 자기 자신으로 있고자 한다. 그를 가장 광포하게 만드는 것은 영원이라는 것이 그의 비참을

---

101 역주: 가령 어떤 시민이 세상의 것을 모두 버리고 승려가 되려 한다고 하자. 그가 "지금은 보잘것 없는 일개 공무원이지만 수행을 열심히 하여 언젠가 부처가 될 것이다"라고 말하였다면 여기서 구체적인 자아는 '평범한 시민이자 공무원'이지만, '부처가 된다'는 것은 현재로서는 무한히 추상적인 것이다.

102 역주: 여기서 구체적이 되어 버렸다는 것은 자신은 세상 모든 사람으로부터 고통받고 있는 억울한 '피해자'라고 하는 생각이 자신의 (거짓된) 자아로 굳어져서 도저히 벗어날 수 없는 상태를 말한다. 이러한 거짓된 자아는 스스로 규정한 것이기에 이로부터 벗어나고자 의도하지 않는 한 영원에 대한 가능성이 전혀 없는 것이다.

탈취해 갈지도 모른다는 그 생각이다. 아, 이 얼마나 악마적인 광기인가!

이런 종류의 절망은 본래 세상에서는 아주 드문 것으로, 시인의 작품 속에 등장하는 인물들에게서만 볼 수 있는 것이다. 그들 자신의 작품 중에 순수한 그리스적인 의미에서의 '악마적인' 이상성을 부여하는 인물들에게서나 나타나는 것이다. 그러나 아주 드물기는 하지만 이러한 절망이 현실 속에서도 나타난다. 그렇다면 이러한 절망에 대응하는 외관은 어떤 모습일까? 아마도 이러한 절망에 대응하는 외관이란 존재하지 않을 것이다. 자기 속에 숨겨진 어떤 것에 대응하는 외관이란 것이 있을 리가 없기 때문이다. 만약 있다면 그것은 모순이다. 왜냐하면 대응한다는 것은 곧 숨겨진 것이 드러나 있다는 것을 말하는 것이기 때문이다. 여기서는 오히려 외관이란 아무래도 상관이 없는 그런 것이다. 여기서 우리가 주목해야 할 것은 자물쇠로 단단히 잠긴 폐쇄된 내면성이다. 절망의 정도가 가장 낮은 모든 형태에는 원래 어떤 내면성도 존재하지 않는다. 그렇기 때문에 이러한 절망자의 내면에 대해서는 말할 것이 거의 없다. 그래서 이러한 절망자에 대해서 무엇인가 말하고자 한다면 그의 외면을 묘사하든가 외면에 대해서 어느 정도 이야기할 수밖에 없다. 하지만 절망이 점점 정신적이 되고 폐쇄된 내면에 자기 세계를 형성해 가면 절망을 감싸고 있는 외면은 점점 더 눈에 띄지 않게 된다. 즉 절망이 보다 정신적이 될수록 절망에 빠진 이는 악마적인 지혜로 자신의 절망을 폐쇄성 속에 숨기려 하고, 외관에 대해서는 무관심하게 보이려 하며, 외적인 것은 하찮은 것으로

꾸미고자 애를 쓰면서 사람들의 눈에 띄지 않는 것으로 만든다.

　동화 속에 나오는 요정이 아무도 볼 수 없는 작은 틈새로 사라져 버리듯 절망도 보다 정신적이 될수록 그 안에 절망이 숨어 있으리라고는 아무도 생각하지 못하는 외관 속에 숨어 버린다. 내면에 숨겨져 있는 이것은 확실히 정신적인 것이다. 말하자면 [정신적인 것이란] 현실의 배후에 있는 하나의 밀폐된 방을 가지기 위한, 완전히 자기만의 세계를 확보하기 위한 수단이 되는 것이다.[103] 이 자기만의 세계 속에서 절망한 사아는 마치 탄탈로스처럼 쉴 새 없이 자기 자신으로 있으려고 하는 무의미한 운동을 되풀이하는 것이다.

　앞서 우리는 절망하여 자기 자신으로 있으려고 하지 않는 가장 낮은 형태의 절망으로부터 시작하였다. 반면 악마적인 절망은 절망하여 자기 자신으로 있으려고 하는 절망의 형태 중에서도 그 강도가 가장 강한 절망의 형태이다. 이 절망은 스토아적인 자기도취에 의해서거나 혹은 자기 자신을 신격화하는 자기기만에 의해 자기 자신으로 있으려는 것이 아니라 —자기 신격화는 기만적이기는 해도 어떤 의미에서는 자아의 완전성을 목표로 하고 있다— 오히려 자기 존재를 증오하면서도 자기 자신으로 있으려고 한다. 이 절망은 단순히 반항 때문이

---

103 역주: 좋은 특효약일수록 잘못 사용하면 보다 치명적인 독이 된다. 기독교적 관점에서 인간이 정신을 가지고 있다는 것은 잘 사용하면 천사적인 것이 되겠지만, 잘못 사용하면 악마적인 것이 된다. 인간은 정신을 가지고 있기 때문에 형성된 내면성을 통해 존재하는 모든 것과 교감을 가지고 소통할 수 있는 가능성을 지니고 있다. 이를 가브리엘 마르셀은 '상호주관성의 효과'라고 한다. 하지만 존재하는 모든 것과 단절된 폐쇄적인 자아는 악마적인 것이며 정신에 가장 치명적인 것이다.

아니라 오히려 도전하기 위한 것이다. 그는 자신의 자아를 이를 정립한 힘으로부터 반항을 통해 떼어 내려고 하는 것이 아니라, 오히려 도전적으로 그 힘에 저항하는 것이다. 그는 악으로 그 힘을 붙들어 두려고 한다. 악의적으로 항의하는 사람은 무엇보다 먼저 항의하는 대상을 잘 붙들어 두려고 한다는 것은 두말할 나위가 없다. 그는 모든 인간 존재에 대해 항의하면서 전 인생에 대해, 전 인생의 모든 선의에 대해 반증할 수 있는 근거를 잡고 있는 듯이 생각하고 있다.

그는 자기 자신이 곧 그 근거라고 생각하고 있고, 또 자기 자신이 그 근거이기를 원하고 있다. 그래서 그는 자기 자신으로 있고자 하며, 자신의 고통으로써 모든 인간 존재에게 항의하기 위해 고통 속에서 괴로워하는 자기 자신이고자 원하는 것이다.[104] 나약함으로 인해 절망에 빠진 사람이 영원이 자신을 위해 가지고 있는 어떤 위안도 들으려고 하지 않고자 했듯이, 악마적인 절망에 빠진 사람도 다른 이유에서 영원이 주는 위안에 대해서는 듣지 않으려 한다. 이 후자는 전 존재에 대한 반항이고자 하므로, 이와 같은 위안은 오히려 자신의 파멸을 초래할 것이라고 믿기 때문이다.

비유적으로 말하자면, 이는 어느 작가가 무심코 잘못 표기한 것과

---

104 역주: 우리는 이를 '고차적인 정신적 자해행위'라고 부를 수 있다. 예를 들어 부모의 불성실함과 부도덕함으로 인해 매우 불행한 청소년기를 보냈다고 생각하는 젊은이가, 부모의 삶이 잘못된 것임을, 그리고 자신을 낳은 것이 오류였음을 증명하기 위해서 자신의 불행한 삶 자체를 근거로 가지고 있다고 하자. 이 젊은이는 이러한 자신의 생각을 관철시키기 위해 부모의 어떤 위로나 변명의 말도 듣고자 하지 않을 것이며, 또한 끊임없이 자신의 인생을 타락시키며 비참과 고통을 감수하고자 할 것이다. 이러한 일이 신과 인간 사이에 발생하는 것이 곧 '악마적인 절망'인 것이다.

같은 것으로, 그는 이 잘못된 표기가 자신의 실수임을 인식하기에 이른다. 그런데 어쩌면 이 잘못 표기된 것은 실수라기보다는 더 높은 의미에서 저술 전체의 본질적인 한 부분을 이루고 있을지도 모른다. 그래서 그 잘못된 표기의 부분이 저자에게 반역하기에 이른다. 작가에 대한 증오 때문에 이미 쓰인 자기(잘못 표기된 부분)가 정정되는 것을 거부하며 광기 어린 반항으로 작가에게 이렇게 외치는 것이다. "아니야. 나는 지워지기를 원치 않아. 나는 너를 반증하는 증인으로서, 네가 2류 작가임을 증거하는 증인으로서 여기 이대로 서 있을 것이야."

제2부

제1장
절망은 죄이다

　죄라는 것은 신 앞에서 혹은 신의 관념을 가지고 있으면서 절망하여 자기 자신이기를 원하지 않는 것, 혹은 절망하여 자기 자신이기를 원하는 것이다. 그렇기 때문에 죄는 강화된 나약함, 또는 강화된 반항이다. 즉 죄는 절망의 도를 강화하는 것을 의미한다. 그 중심점은 신 앞에서 있다는 것, 혹은 신의 관념을 갖고 있다는 것에 놓여 있다. 죄를 변증법적으로, 윤리적으로, 종교적으로, 법률가가 말하는 '있는 그대로의 상태가 더 무거워지는' 절망으로 만드는 것이 바로 신의 관념이다.

　2부의 1장에서는 심리학적 기술을 시도해 볼 여지도 없으며 그렇게 하기에 적합한 곳도 아니지만, 절망과 죄 사이에 있는 극도의 변증법적이고 종교적인 것을 지향하고 시인의 실존이라고 말할 수 있는 것의 특징을 기술해 보고자 한다. 시인의 실존은 체념의 절망과 공통점이 있으나 다만 신의 관념이 수반된다는 점에서 다를 뿐이다. 종교적인 것을 지향하는 시인의 실존은 이 범주에 대한 결합과 위치에 있어서도 알 수 있듯이 가장 탁월한 의미에서 본 시인의 실존이다. 기독교적인 관점에서 보자면 (미학이 무엇이라고 말하든) 시인의 실존은 모두 죄이다. 존재하는 것 대신에 시를 쓰고 단순히 공상 속에서 선과 참에 관계할 뿐 선과 참을 실제로 살고자 하지 않는 그러한 죄이다. 여기서 우리가 문제 삼고 있는 시인의 실존은 이 실존이 신의 관념을 스스로 가지고 있다는 점, 또는 신 앞에 있다는 점에서 절망과는 다르다. 그런데 시인의 실존은 매우 변증법적인 것이어서 자신이 죄를 어느 정도로 지니고 있는가 하는 물음에 다다르면 투명하게 될 수 없는 어려운 변증법적 혼란 속에 있다.

이런 시인은 매우 깊은 종교적인 욕구를 가질 수 있으며 그의 절망 속에는 신의 관념이 내포되어 있다. 그는 무엇보다도 신을 사랑한다. 그에게 있어서 신은 자신의 숨겨진 고뇌의 유일한 위안이다. 하지만 그는 고뇌를 사랑하고 고뇌를 포기하지 않는다. 다시 말해 그는 신 앞에서 자기 자신으로 있으려 하지만, 자신이 고뇌하고 있다는 확고한 한 가지 사실에 대해서만은 절망하여 그 자신으로 있으려 하지 않는다. 그는 영원함이 그 고뇌를 제거해 줄 것이라 기대하지만, 현실에서는 그 고뇌가 아무리 크다고 해도 그 고뇌를 없어서는 안 될 부분으로 받아들인다. 그래서 신앙으로 그 앞에 겸손해질 수가 없다.

하지만 여전히 그는 신과의 관계 속에 머물러 있다. 그리고 이것이 그에게는 유일한 축복이다. 만일 그가 신 없이 존재해야 한다면 이는 그에게 너무나 큰 공포가 될 것이다. 그렇게 된다면 그는 절망할 수밖에 없으리라! 그러나 그는 —물론 무의식적으로— 신을 본래 있는 그대로의 신과는 다르게 허구적으로 창작해 낸다. 예컨대 아이들이 소원하는 모든 것을 들어주는 인자한 아버지처럼 생각하는 것이다. 불행한 연애로 인하여 시인이 된 자가 연애의 행복을 아주 아름답게 찬미하는 것처럼 그는 종교적인 시인이 된다. 그는 종교적인 것 때문에 불행하게 되었다. 그는 신에 대하여 불행한 사랑을 품고 있다. 자신의 이러한 고뇌를 버리는 일이, 다시 말해 신앙으로써 그 고뇌 앞에 꿇어앉아 그것을 자신의 자아로 받아들이는 일이 자신에게 요구되고 있다는 것을 막연하게나마 이해하고 있다. 즉 그는 그 고뇌를 가급적 멀리하려고 애쓰지만 오히려 그 때문에 고뇌에 붙들려 있다.

물론 그의 입장에서는 그 자신을 될 수 있는 한 고뇌로부터 떼어 내고 인간의 힘이 미치는 한 고뇌를 멀리 던져 버려야 한다고 믿고 있다. (절망에 빠진 사람이 다 그렇게 생각하듯이 이런 생각은 그의 편에서 보면 옳다. 따라서 이를 뒤집어서 생각해야 한다.) 하지만 신앙 안에서 이 고뇌를 받아들이는 일은 그에게 불가능하다. 다시 말해 그는 결국 그것을 원하지 않는 것이다. 혹은 여기서 그의 자아는 모호하게 되어 버린다. 그런데 실연한 시인의 연애에 대한 묘사처럼 이 시인의 종교에 대한 묘사에는 매력적인 것이 있다. 거기에는 기혼자나 성직자가 묘사하는 것에서는 찾아볼 수 없는 서정적인 감동이 있다. 그가 말하는 것은 결코 허구가 아니다. 그가 묘사하고 있는 것은 다만 보다 행복하고 보다 훌륭한 자아의 모습일 뿐이다. 그는 종교적인 것과의 관계에 있어서는 불행한 연인이다. 다시 말해 그는 진정한 신앙인이 아니라 신앙에 선행하는 것, 즉 절망을 가졌을 뿐이며, 절망 안에서 종교적인 것을 향한 뜨거운 갈망을 가지고 있을 뿐이다.

그의 갈등은 실제로는 다음과 같은 것이다. 자신은 부름을 받았는 가? 자신 속에 있는 육체의 가시는 자신이 비범한 것을 위해서 헌신하여야 한다는 것의 징표인가? 그가 특별한 존재가 되기 위해서 신 앞에 온전한가? 혹은 자신이 지니고 있는 육체의 가시는 일반적인 세상의 것을 달성하기 위해서 겸손해야만 하는 어떤 것인가? ─ 이 정도면 충분하다. 진리의 말을 빌려 나는 이렇게 질문할 수 있다. ─ 나는 누구에게 말하고 있는 것일까? n제곱의 이런 심리적인 연구에 누가 관심을 가지고 있겠는가? 목사가 그린 '뉘른베르크의 그림책'이 더 이해하기 쉬울 것이다. 그 그림들은 대부분 다 비슷하다. 그러나 대부분의 사람이 그러한 것처럼, 영적으로 이해하면 무엇 하나도 비슷하지 않다.

1. 자기의식의 여러 단계 ('신 앞에서'라는 규정하에서)

1부에서는 자기의식의 단계가 점차 상승하여 간다는 것에 대해 논하였다. 처음에는 인간이 영원한 자아를 지니고 있다는 것에 대해 무지하였다. 다음에는 인간은 자아를 지니고 있으며 자아 안에는 확실히 영원한 것이 잠재해 있다는 지식을 가지게 되었다. 그리고 이 지식의 내부에는 다시 여러 단계의 상승이 있음을 지적하였다. 이러한 고찰 전체가 이제는 변증법적으로 새로운 방향을 모색하여야 한다. 이는 다음과 같은 관계를 야기한다.

우리가 지금까지 문제 삼아 온 자아에 대한 의식의 상승은 '인간적인 자아 규정' 혹은 '인간을 척도로 하는 자아 규정'의 범주 안에 있었다. 그러나 이제 자아는 신 앞에서의 자아라는 새로운 사실에 의해 새로운 성질과 새로운 자격을 갖게 된다. 이 자아는 이제 단순한 인간적인 자아가 아니라 '신학적인 자아' 혹은 '신 앞에서의 자아' —이 의미를 오해하지 않기를 바란다— 라고 불릴 수 있다. 자아가 신 앞에 현존해 있다는 것을 의식하게 되고, 신을 기준으로 하는 인간적인 자아가 된다면, 자아는 무한한 실재성을 가지게 될 것이다. 자신의 자아를 암소에 대한 관계에서 가지는(만약 이것이 가능하다면) 목자의 자아는 매우 미천한 자아이다. 노예에 대한 관계로서의 주인의 자아도 마찬가지다. 이 양자는 실제로 자아가 아니다. 왜냐하면 이런 경우에는 척도가 결여되어 있기 때문이다.

이제까지 단순히 부모를 척도로 하던 아이가 어른이 되어 국가를 척도로 할 때 비로소 자아가 된다. 그런데 만일 자아가 신을 척도로 삼게 된다면 얼마나 무한한 악센트가 자기 위에 놓이게 되겠는가! 자아가 무엇에 대한 자아인가 하는 그 상대가 항상 자아를 재는 척도이며, 이것이 또한 '척도'의 정의이기도 하다. 모든 사물은 자신을 잴 수 있는 척도와 동일한 질적質的 특성을 가지며, 같은 종류의 양量만이 더해 질 수 있을 뿐이다. 그리고 질적으로 그것의 척도가 되는 것은 윤리적으로는 그것의 목표가 된다. 척도와 목표는 사물의 본질과 질적으로 같다.[105] 단, 자유의 세계에서는 예외가 있다. 자유의 세계에서는 어떤 사

---

105 역주: 예를 들어 교사들이 얼마나 좋은 교사인가 혹은 얼마나 타락한 교사인가를 평가하기 위해

람이 자신의 목표와 척도인 것과 질적으로 다르게 되었을 때, 이런 질적인 타락의 책임은 그 사람 자신에게 있음이 분명하다. 하지만 이 경우에도 목표와 척도는 어디까지나 목표와 척도임에 변함이 없다. 따라서 이 목표와 척도는 이제 심판자로서 인간이 목표와 척도에 미치지 못함을 드러내 주고 있을 뿐이다.

죄가 그렇게 두려운 것은 죄는 신 앞에 있다는 것을 의미하기 때문이다. 이는 오래된 교의학教義學이 빈번하게 자신들의 건전한 사상으로 귀착한 사상이다. 그러나 후대의 교의학은 이 사상에 대한 이해와 감수성을 결여하고 있었기 때문에 종종 이 사상을 비난하기도 하였다. 때로는 이 사상이 역이용되는 경우도 있었는데, 그럼에도 이 사상이 건전한 사상이었다는 점에는 변함이 없다. 나중에 사람들은 이 사상에 입각하여 지옥 형벌의 영원성을 증명했다. 많은 시간이 흐른 뒤에 사람들은 영리해져서 다음과 같이 말하게 되었다. "죄는 죄일 뿐이다. 죄는 그것이 신에 대한 것이라든가 혹은 신 앞에서 행해진 것이라고 해서 더 커지는 것은 아니다." 이상하지 않은가! 법률가들조차도 형이 가중되는 범죄에 대해 이야기하지 않는가. 예를 들면 법률가들은 어떤 범죄행위가 공무원에게 행해진 것인지 일반인에게 행해진 것인지를 구별하고, 형벌에 있어서도 부모를 살인한 경우와 보통 사람

서는 '사전적 정의의 교사' 혹은 '이상적인 교사의 관념'을 그 척도로 삼을 수밖에 없을 것이다. 이 경우 '사전적 정의의 교사'나 '이상적인 교사의 관념'은 교사의 본질이 된다. 즉 그가 궁극적으로 실현해야 하는, 혹은 끊임없이 다가가야 하는 목표가 곧 교사의 본질이 되는 것이다. 플라톤은 이를 '교사의 이데아'라고 보았다.

을 살인한 경우를 구별하지 않는가.

분명 이 점에 있어서는 옛 교의학이 옳았다. 죄는 신에 대해서 이루어졌다는 사실만으로도 무한히 그 강도가 커지는 것이다. 사람들이 신을 외적인 존재로 간주하고, 인간은 신에 대해서 가끔 죄를 범할 뿐이라고 생각한 것에 오류가 있었던 것이다. 하지만 신은 경찰관과 같은 의미에서의 외적인 존재가 아니다. 여기서 주목해야 할 것은 자아가 신의 관념을 가지고 있으면서도 신의 의지를 자신의 의지로 하지 않고, 또 신의 의지에 순종하지도 않았다는 점이다. 나아가 인간은 신 앞에서 가끔 죄를 범하는 그런 존재가 아니다. 왜냐하면 모든 죄는 신 앞에서 이루어지기 때문이다.[106] 좀 더 정확히 표현하자면 인간이 죄의식을 가지고 죄스러워한다는 것은 죄의식을 느끼는 자아가 신 앞에 존재한다는 의식을 가지고 있음을 의미하는 것이다.

절망의 정도는 자아의식의 정도에 비례한다. 하지만 자아는 자아를 재는 척도에 따라서 강화되고, 신이 그 척도가 될 경우 한없이 강화된다. 신에 대한 관념이 증가할수록 자아의식도 증가하고, 자아가 증가함에 따라 신에 대한 관념도 증가하게 된다. 자아가 '특정한 개체적인

---

106 역주: 그래서 키르케고르에게 있어서 죄의 문제는 행위나 행동의 문제가 아니라 존재론적인 문제가 된다. 즉 나의 이러저러한 죄스러운 행동이 문제가 아니라 내 안에 있는 '죄성(罪性)'이 문제인 것이다. 이 죄성은 누구나 가지고 있지만 신 앞에 나서는 자만이 의식할 수 있는 것이다. 따라서 신을 의식한다는 것(신에 대한 관념을 가지는 것)은 동일한 행위에 있어서 보다 큰 죄의식을 느끼며, 신을 의식하지 못하는 것(신에 대한 관념을 가지지 못한 것)은 오히려 보다 작은 죄의식을 느낀다는 것을 의미한다. 그럼에도 인간이 단독자로서 신 앞에 나서야 하는 이유는 신을 의식하지 못하는 것(신에 대한 관념을 가지지 못하는 사태) 그 자체가 일종의 죄에 빠져 있는 것을 의미하며, 또한 인간의 비참을 의미하기 때문이다. 다만 그는 그 사실을 의식하지 못할 뿐이다.

자아(단독자)'로서 신 앞에 서 있음을 의식할 때 비로소 자아는 '무한한 자아'가 된다. 그리고 이와 같은 자아가 신 앞에서 죄를 범하게 되는 것이다. 따라서 이교 세계에서의 이기심은 이에 대해서 무슨 말을 하더라도 기독교 세계의 이기심만큼 그 정도가 강하지는 않다. 왜냐하면 이교도는 신 앞에 서 있는 자아를 가지고 있지 않기 때문이다.

이교도와 자연인은 단지 인간적인 자아만을 그들의 기준과 척도로 삼는다. 그러므로 보다 높은 관점에서 이교도가 죄에 빠져 있다고 간주하는 것은 정당할 것이다. 다만 이교도의 죄는 본질적으로 신에 관한 무지, 지금 신 앞에 존재한다는 사실에 대한 절망적인 무지에 있다. 이들의 죄는 "신 없이 자신들이 이 세상에 존재한다"라고 믿고 있는 그것에 있다. 그러므로 다른 관점에서 보자면 엄밀한 의미에서 이교도들이 죄를 범하지 않았다는 말도 사실이다. 왜냐하면 모든 죄는 신 앞에서 범하는 것인데, 이교도들은 [신에 대해 무지하였기 때문에] 신 앞에서 죄를 범한 것이 아니기 때문이다.[107] 나아가 많은 이교도들이 과오 없이 이 세상을 성공적으로 살아간다는 사실도 분명하기 때문이다.

---

107 역주: 우리는 여기서 엄밀한 의미에서의 '죄의식'은 오직 신에 대한 관념을 가진 자(즉 기독교인 혹은 종교적 자아)에게만 발생할 수 있다는 것을 알 수 있다. 이교도들도 죄의식을 느낀다면 그것은 진정한 의미의 죄의식이라기보다는 자신의 잘못과 결함이 세상에 알려질까 하는 불안과 두려움이지 '진정한 죄의식'은 아니다. 진정한 죄의식이란 신의 의지에 거슬러 행동한다는 것을 의식하는 데서 주어지는 것이기 때문이다. 이는 또한 '죄의식'이란 자신 속에 영원한 것을 완전히 자각하고 있는 '절대적인 자아'에 있어서만 의미가 있는 것임을 알 수 있다. 왜냐하면 모든 상대적 지평의 자아는 상대적이라는 그 이유로 인해 자신의 행위에 대한 합리화가 항상 가능하기 때문이다. 물론 여기서 일반인이 가지는 '양심의 가책'이라는 것을 '죄의식'과 동일시한다면 상황은 달라지겠지만, 키르케고르에게 있어서는 단순한 양심의 가책과 죄의식은 근본적으로 다른 것이다. 전자는 상대적인 지평에 있으며 후자는 절대적인 지평에 있는 것이다.

그런데 이러한 성공이라는 것은 펠라기우스학파[108]적인 경박한 사고방식이 그들을 구원해 준 것에 불과하다. 이 펠라기우스적인 천박한 사고방식이야말로 이교도의 죄이다. 그리고 또 많은 이들이 기독교의 엄격한 교육 때문에 오히려 죄에 떨어진 것도 사실이다. 기독교적인 사고방식 전체가, 특히 아직 젊은 시기의 인간에게 있어서는 너무 엄숙한 삶을 요구하기 때문이다.[109] 하지만 또 다른 의미에서 죄란 무엇인가에 관한 좀 더 깊은 사유가 인간에게 있어서 구원에 도움이 되기도 한다.

죄란 인간이 신 앞에서 절망하여 '자기 자신이기를 원치 않거나' '자기 자신이기를 원하는 것'을 말한다.[110] 이러한 죄에 대한 규정은 분명

---

108 역주: 펠라기우스학파는 5세기경에 활동한 신학자 펠라기우스의 사상을 지지하는 학파로, 당시 기독교 세계에 만연하였던 도덕적 해이를 염려하여 인간의 이성과 자유 의지를 특히 강조하던 학파였다. 그들은 영혼의 구원은 신의 은총에 의하기보다는 인간의 노력에 좌우된다고 보았고, 유아들의 세례성사를 부정하였다. 스스로의 노력을 중시한 이들은 금욕주의적인 경향을 가졌다. 이들은 아우구스티누스에 의해 비판받았으며 417년 교황 인노켄티우스 1세에 의해 이단으로 선고받았다.

109 역주: 젊은이에게 너무나 엄숙한 것을 요구한다는 것은 그와 반대되는 특성을 가진 젊은이에게는 '죄의식'을 유발하게 한다는 것을 의미한다. 이는 키르케고르가 자신의 어린 시절에 직접 체험한 사실이다. 아버지의 너무나 엄격한 종교적 교육이 자신으로 하여금 "나는 어린 시절이 없었다. 나는 애늙은이였다"라고 고백하게 하였던 것이다. 여기서 '죄의식을 가진 어린이'는 이미 어린이가 아니라는 것을 의미한다. 죄의식은 윤리적 실존 및 종교적인 실존에서 있을 수 있는 것인데, 어린이는 심미적 실존을 가지고 있을 뿐이기 때문이다. 그가 이러한 죄의식에서 완전히 해방된 것은 인생의 마지막 시기라고 그는 고백하고 있다.

110 역주: 앞서 키르케고르가 논의한 바를 이해하지 못하고 이 문장을 논리적으로만 고찰하면 모순이 된다. 자신이 아니고자 해도 죄, 자신이고자 해도 죄이기 때문이다. 중요한 점은 '신 앞에서 절망한다'는 사실에 있다. '자신이 되고자 하지 않는 것'은 자신에게 영원한 것이 잠재해 있다는 사실에 대해 무관심하거나 이 사실을 회피한다는 것을 의미한다. 이를 앞에서는 '여성적인 절망'이라고 규정하였다. 반면 자신이 되고자 한다는 것은 '자신 안에 영원한 것이 잠재해 있다는 사실'을 외면한 채, 자신이 스스로 절대적인 존재가 되고자 하는 (혹은 현재의 존재를 그렇게 규정해 버리는) 일종의 반항을 의미한다. 이를 남성적인 절망이라고 규정하였다. 다른 말로 표현하자면 이 두 경

어떤 면에서는 탁월한 점을 가지고 있다고 하더라도 (모든 장점들 중 가장 탁월한 것은 이러한 규정이 유일하게 성서적이라는 점이다. 왜냐하면 성서는 죄를 항상 '하나님에게 순종하지 않는 것'으로 규정하고 있기 때문이다.) 지나치게 정신적인 규정은 아닐까? 이런 의문에 대해서는 우선 다음과 같이 답할 수 있다. (그것이 너무 '정신적'인 것이어서 죄를 폐기하지 않는 한) 죄에 대한 규정에서 '지나치게' 정신적이라는 것은 있을 수 없다. 왜냐하면 죄는 그 자체로 정신의 규정이기 때문이다. 도대체 이 정의가 왜 지나치게 정신적인 것이라는 말인가? 이 정의가 살인, 절도, 간음 등에 대해서는 아무런 말도 하지 않기 때문인가? 이러한 것들 또한 신을 거역하는 자기고집, 신의 명령에 순종하지 않는 반항이 아닌가?

그런데 만일 사람들이 죄를 말함에 있어서 언제나 그러한 죄[살인, 절도 등의 구체적인 범죄만을 문제 삼게 된다면 인간적인 관점에서는 어느 정도 나무랄 데가 없다고 해도 '생활 전체가 죄'[111]라는 사실을 완전하게 잊어버리는 것이다. 예를 들면 아집이라는 악덕이 그것이다. 이것은 무한히 깊은 의미에 있어서 자기라는 인간적 자아에게는 그의 가장 내밀한 소원이나 생각 하나하나에도 신의 뜻에 순종하여야 할 의무가 있는데도 무정신성으로 인하여 무지하거나, 또는 오만하게도

<hr />

우 모두 '인간=신'의 올바른 관계 정립을 거부한다는 점에서 죄인 것이다.

111 역주: '생활 전체가 죄'라는 말은 일종의 유비적인 표현이다. 가령 어떤 원한으로 인하여 A라는 사람을 파멸시키기 위한 한 가지 목적만을 가지고 살아가는 B라는 사람이 있다고 하자. 이 경우 B의 삶 자체가 A를 파멸시키기 위한 것이니, 그가 밥을 먹든 잠을 자든 모두 유비적으로 A를 파멸시키기 위한 것이라 할 수 있다. 즉 유비적으로 말해 그의 '생활 전체가 죄'가 되는 것이다. 이와 유사하게 인간에게 '죄성(罪性)'이 있으니 유비적으로 말해 인간의 생활 전체가 죄라고 볼 수 있는 것이다.

이를 모른 체하는 것이다. 그리고 신이 특정한 개체를 통해 자신의 뜻을 보여 주는 신의 사소한 눈길을 재빨리 포착하여 진심으로 이에 따르려는 민첩한 마음의 준비를 결여한 것이다.

육체적인 죄는 좀 더 경박한 자아의 아집이다. 그런데 한 악마를 다른 악마를 통해서 쫓아냈는데 이 후자가 쫓겨난 전자보다 더 악독한 경우가 종종 있다. 실제로 세상에는 이와 같은 일들이 일어나고 있다. 처음에 인간은 취약함과 나약함으로 인해 죄를 범한다. 그리고 그다음에는 ―물론 그러고 나서 인간은 신에게 피신하여 모든 죄로부터 [자신을] 구원해 줄 신앙으로 이끌리기도 하겠지만, 여기서는 이에 대해 언급하지 않기로 한다― 자신의 연약함에 절망하여 자신들의 나약함을 어떤 합법적인 정의로 끌어올리는 바리새인[112]이 되든가 절망하여 다시금 죄 속으로 뛰어든다.

따라서 앞에서 내린 정의는 분명 생각할 수 있는 모든 현실적인 죄의 형태들을 포괄하고 있다. 그리고 이 정의는 죄가 절망이며 (왜냐하면 죄란 살과 피의 횡포가 아니라 정신이 이에 동조함이 죄이므로) 동시에 죄는 '신 앞에서' 일어난다는 결정적인 관점을 잘 표현해 주고 있다. 죄에 대한 정의는 수학 방정식과도 같다. 만약 내가 여러 가지 죄를 열거하려고 해도 이 작은 책에서는 불가능할 것이며, 또 이러한 시도는

---

112 역주: '바리새인'이란 '율법주의자'를 일컫는 말이다. 여기엔 두 가지 뜻이 있다. 하나는 성서적인 의미로 율법이 규정한 모든 것을 충실히 지키면서 '의로운 사람' 혹은 '진리를 살아가는 사람'으로 생각하는 사람들을 말한다. 다른 하나는 사회적 혹은 세속적인 의미로 자신들의 잘못된 행위까지도 어떤 율법(법률)에 근거하여 정당화 시키고자 하고 자신들의 모든 행위는 항상 올바르다고 생각하는 사람들을 말한다. 여기서는 후자를 염두에 둔 것이다.

틀림없이 실패할 것이다. 여기서 중요한 점은 죄에 대한 정의가 마치 그물처럼 모든 죄의 형태를 포괄하고 있다는 사실이다. 그리고 사실이 그러하다는 것은 죄의 정의에 반대되는 것, 즉 신앙의 정의에 따라 음미해 보면 곧 알 수 있다. 이 신앙이야말로 내가 이 책 전체에서 마치 항로의 표지가 지향하는 것처럼 목표로 삼아 나아가고 있는 것이다. 신앙이란 자아가 자기 자신임을 아는 데 있어서, 또 자기임을 욕구함에 있어서 신의 내부에 투명하게(자각적으로) 기초를 두는 것이다.

그런데 죄의 반대가 결코 덕德이 아니라는 사실이 종종 간과되어 왔다. 이는 단순히 인간적인 척도로서 죄가 무엇인가를 참으로 알지 못하는, 그리하여 모든 죄가 신 앞에서 일어난다는 사실을 알지 못하는 이교도적인 견해 때문이다. 죄의 반대는 신앙이다. 「로마서」 14장 23절에는 "신앙에 의하지 않은 것은 모든 것이 죄이다"[113]라고 기록되어 있다. 죄의 반대가 덕이 아니라 신앙이라는 것은 기독교 전체에 있어서 가장 결정적인 규정의 하나이다.

---

113 역주: 이 구절은 사도 바울이 한 말이다. 어떤 성경에는 "내적인 확신에 의하지 않는 행위는 모두 죄이다"라고 번역되기도 한다. 이러한 말은 '죄에 대한 규정'이 곧 정신의 규정이기 때문에 의미를 가진다. 외적인 행동은 나의 내적인 의지에 의해서 유발된다는 차원에서 그것이 '선행'처럼 보이든 '악행'처럼 보이든 겉으로 드러나는 것이 중요한 것은 아닐 것이다. 중요한 것은 행위자가 내적인 선의지(선한 것이라는 확신)에 따라 행하는가 하는 점이다. 따라서 내적으로 확신이 없는 것은 선이 아니며, 역으로 말해서 내적인 확신에 의하지 않는 것은 악인 것이다.

죄에 관한 규정이 분노의 가능성을 포함한다는 사실
― 분노에 관한 일반적인 고찰

　죄와 신앙의 대립은 기독교적인 것이다. 이 대립은 모든 윤리적 개념 규정을 기독교적으로 개조하고 심화시킨 것이다. 이 대립의 밑바닥에는 '신 앞에서'라는 결정적으로 기독교적인 것이 놓여 있으며, 이 규정이 다시 부조리 역설, 그리고 분노의 가능성이라는 결정적으로 기독교적인 표징을 포함하고 있다. 그리고 이러한 표징이 모든 기독교적인 규정에 적용되는 것은 중요하다. 왜냐하면 분노가 사변에 대한 기독교적인 것의 보루를 형성하고 있기 때문이다. 그렇다면 분노의 가능성은 어디에 숨어 있는 것일까? 인간이 한 개인으로서 직접 신 앞에 현존하고 있다는 실제성을 가져야 한다는 사실과, 여기서 귀결되는 것이지만 인간의 죄는 신에 관계하고 있다는 점에 분노의 가능성이 존재한다.

　'신 앞에 있는 개별자로서의 인간'이라는 것은 결코 사변의 영역으로 들어가지 못한다. 사변은 단순히 개체적인 인간을 인류라는 공상적인 개념으로 일반화할 뿐이다. 바로 이 때문에 신앙이 없는 어떤 기독교도가 '죄는 죄이다. 그것이 신 앞에서 일어나든 일어나지 않든 죄가 죄라는 사실에는 변함이 없다'라는 식의 생각을 해 낸 것이다. 다시 말해 그들은 '신 앞에서'라는 규정을 제거해 버리기 위해 보다 높은 지혜를 생각해 낸 것이다. 하지만 사실은 아주 기묘하게도, 세상에서 더욱 높은 지혜라고 하는 것이 대부분 그러하듯, 고대의 이교도 이상의 것도 이하의 것도 아니었다.

사람들이 기독교에 대해 분노하는 이유가 기독교는 너무 어둡고 우울하기 때문이라는 말들이 있다. 그래서 사람들이 어째서 기독교에 대해 분노하는지 그 진정한 이유를 밝혀 보고자 한다. 사람들이 기독교에 대해 분노하는 이유는 기독교가 너무 높은 종교라는 사실에 있다. 기독교의 목표가 너무 높아 인간적인 목표가 될 수 없기 때문이다. 기독교는 인간을 인간의 사고로서는 이해할 수 없는 아주 비범한 것으로 만들려고 한다. 이 사실은 분노가 무엇인지에 대한 아주 간단한 심리학적 설명을 시도해 보면 분명해진다. 이러한 설명은 사람들이 기독교를 변호하기 위해 분노를 제거하는 것이 얼마나 어리석은 태도인지도 드러낼 것이다. 이러한 시도는 어리석고 뻔뻔스럽게도 그리스도의 교훈을 무시하는 것이다. 그리스도는 때때로 마음 아파하면서도 분노하는 일이 없도록 하라고 제자들에게 훈계하였다. 즉 분노의 가능성이 그들에게 있고 또 그곳에 있기 마련임을 그리스도 자신이 보여 주었던 것이다. 만일 분노의 가능성이 그들에게 있지 않다면, 분노가 영원하고 본질적인 기독교적 요소에 귀속되는 것이 아니라면, 그리스도가 그것을 제거하지 않고, 마음 아파하면서 분노하지 않도록 하라고 훈계한다는 것은 '신인神人'이신 그리스도에게 있어서는 인간적인 난센스가 될 것이다.

지금 여기에 가난한 날품팔이꾼과 역사상 유례없이 가장 강력한 권력을 가진 황제가 있다고 하자. 이 비할 바 없는 권력을 가진 황제가 갑자기 날품팔이꾼을 부르기 위해 그에게 사자使者를 보내야겠다고 마음먹었다면 어떻게 될까? 그 날품팔이꾼은 황제가 자신의 존재를 알고 있으리라고는 꿈에도 생각하지 못했을 것이다. 그것은 '그의 마음이 아직까지 한 번도 생각하지 못한 일'이었다. 그는 황제를 단 한 번만이라도 만나 볼 수 있다면 그것은 무한한 영광이라고 생각할 것이며, 자신을 무한히 행복한 인간이라고 생각할 뿐만 아니라 그 일을 자신의 일생에서 가장 큰 사건으로 삼아 자손 대대로 전하게 할 것이다.

그런데 황제가 이 날품팔이꾼에게 사자를 보내어 그를 사위로 삼고자 한다는 생각을 전하게 하였다면, 그렇다면 이 남자에게는 도대체 어떤 일이 일어날 것인가? 인간적으로 생각한다면 이 날품팔이꾼은 어쩔 줄 몰라 당황해하며, 난처하기도 하고 부끄럽다는 생각을 하게 될 것이다. 그것은 인간적으로 아주 희한하고 이상한 일이며(사실 이것이 인간적인 생각이다), 남에게 말할 수 있는 일이 아니라고 생각할 것이다. 지인이나 이웃들이 들으면 누구에게나 금방 떠오를 수 있는 일이 자신의 마음속에 이미 떠오르고 있기 때문이다. 즉 황제가 자기를 바보로 만들려고 한다는 것, 그래서 자신은 온 동네의 웃음거리가 되고 자신의 얼굴이 신문에 실리고 공주와 자신의 결혼 이야기가 큰 화젯거리가 될 것이라고 생각하고 있는 것이다.

그런데 황제의 사위가 되는 사건이라면 곧 그 전말이 표면 위로 떠오를 것은 분명한 일이고, 그렇게 된다면 그 말을 한 황제의 본심이 어디까지인지, 혹은 황제가 단순히 이 불쌍한 사람을 놀려서 그의 일생을 불행하게 하고 결과적으로 그의 생을 정신병원에서 마치게 하려는 것인지(어떤 일이 도가 지나칠 경우, 사람들은 곧잘 그 반대의 것을 생각하게 된다)를 분명하게 확인할 수 있을 것이다. 만일 황제가 작은 호의를 나타내었다면 이 날품팔이꾼도 쉽게 납득할 수가 있고, 존경받고 교양 있는 사람들과 모든 총명한 부인들, 요컨대 그가 살고 있는 작은 도시의 오십만 주민의 한 사람 한 사람이(인구수로는 분명 대도시이지만 특별한 일에 대한 이해와 감각에 있어서는 소도시이다) 그것을 이해할 수 있겠지만, 날품팔이꾼이 황제의 사위가 된다는 따위의 일은 실로 너무나 분에 넘치는 일이다.

그렇다면 이제 외면적인 일들에서 물러나 오직 내면적인 사실만을 생각해 보자. 황제의 사위가 된다는 이 일에서는 어떠한 사실도 날품팔이꾼에게 확신을 줄 수가 없다. 그래서 오직 신앙만이 유일한 해결책이며 모든 것이 신앙에 달려 있다고 하자. 다시 말해 그가 이 일을 믿을 만한 겸허한 용기를(왜냐하면 뻔뻔한 용기는 신앙에 도움이 되지 않기에) 가지고 있는가에 모든 것이 달려 있다면, 이 경우에도 과연 이러한 용기를 가지고 있는 날품팔이꾼이 도대체 몇 명이나 되겠는가? 이런 용기를 가지고 있지 않는 자는 분노할 것이며, 그토록 이상한 일이 자신을 조롱하는 것처럼 보일 것이다. 그리고 아마도 그는 정직하고 진실되게 다음과 같이 고백할 것이다. "그런 일은 나에게 너무 과분하며, 나는 이 일을 이해할 수가 없다. 솔직히 말하면 이 일은 당치 않은 일처럼 보인다."

그런데 기독교는 어떤가! 기독교는 모든 개인이, 남자든 여자든, 하녀든 장관이든, 상인이든 이발사든, 학생이든 혹은 그 밖의 어떤 사람이든 모든 사람은 각자가 지금 하나님 앞에 현존하고 있다고 가르친다. 평생 단 한 번이라도 황제와 이야기하는 일이 있다면 아마도 그것을 더없는 명예로 여길 한 개인이, 만약 조금이라도 고귀한 지위에 있는 누군가와 친한 사이가 된다면 그것을 큰 자랑거리로 삼을 이 개인이, 이 사람이 신 앞에 현존해 있으며, 그가 원하는 어떤 순간에도 신과 이야기할 수 있고 자신의 음성을 신이 분명하게 들어 준다는 것을 확신할 수 있는 이 사람, 다시 말해 이 사람이 신과 아주 가까운 사이로 살아갈 수 있도록 초대받은 것이다. 그뿐만 아니라 바로 이런 사람을 위해서 신이 이 세상에 오신 것이며, 사람의 아들로 태어나 십자가의 고난을 받았고 돌아가신 것이다. 이 수난의 신이 인간에게 그에게 허락된 구원을 받아들이도록 간구하고 또 탄원하고 있는 것이다. 진실로 이 세상에서 그 무엇 때문에 제정신을 잃은 사람이 있다면, 그야말로 바로 이러한 사실 때문일 것이다. 감히 이를 믿을 만한 겸손한 용기를 갖지 못한 자는 누구나 이것에 분노한다. 그런데 그는 왜 분노하는 것일까? 그 이유는 그 사실이 그에게는 너무나 높기 때문이다. 그가 그 사실을 이해할 수가 없기 때문이며, 그 사실에 직면할 용기가 없기 때문이다. 그리하여 그는 그 사실을 없애려 하고 파괴하려 하고 그것을 웃음거리로 만들어 버리려고 애를 쓴다. 왜냐하면 그는 그 사실이 자신을 질식시키고 있다고 생각하기 때문이다.

그런데 분노란 도대체 무엇인가? 분노란 불행한 경탄이다. 따라서 그것은 질투와 연관이 있다. 그러나 그것은 질투하는 자기 자신을 향한 질투이다. 그래서 보다 엄밀히 말하면 자기 자신에 대한 악의에 찬

질투이다. 자연인은 신이 자신에게 주려는 특별한 선물을 받아들일 수가 없다. 그래서 그는 분노하는 것이다.

분노의 강도는 분노하는 자의 경탄이 얼마나 열정적인가에 달려 있다. 상상력도 열정도 가지지 않아서 진정한 경탄을 할 수 없는 산문적인 사람도 분노하는 일이 있다. 그러나 그들은 "나는 이러한 것을 이해할 수가 없다. 나는 이러한 일에는 관여하지 않겠다"라고 말할 뿐 그 이상으로 나아가지는 않는다. 그들은 회의주의자들이다. 그런데 인간이 상상력과 열정을 더 많이 가질수록, 어떤 의미로 (가능성에 있어서) 뛰어난 것 앞에서 겸허하게 엎드리는 신앙인에 보다 가까워질수록 분노도 그만큼 열정적이 된다. 그리하여 마침내 그것을 뿌리째 뽑아 파괴하고 진흙탕 속에서 마구 짓밟아 버리지 않으면 만족할 수가 없는 것이다. 분노가 무엇인지 알고자 한다면 인간의 질투심을 고찰하여야 한다. 이는 내가 특별히 관심을 가지고 연구해 온 것으로, 지금까지 철저히 연구해 왔다고 자부할 수 있는 주제이다. 질투란 숨겨진 경탄이다. 경탄하는 이가 자신을 버림으로써 행복해질 수가 없다고 느끼게 되면, 그 경탄의 대상을 시기하게 된다. 그렇게 되면 경탄하는 대상에 대해서도 다르게 말하게 된다. 이제 그는 이렇게 말한다. "사실은 이것(경탄하고 있던 것)이 아무것도 아닌 것이야. 이것은 어리석고 기묘하고 엉뚱한 것일 뿐이야!" 경탄이란 행복한 자기상실이며 질투는 불행한 자기주장이다.

분노도 이와 같다. 왜냐하면 인간과 인간 사이에서 경탄이거나 질투이던 것이 신과 인간 사이에서는 예배이거나 분노이기 때문이다.

모든 인간적인 지혜의 총결산은 "도를 넘지 말라"라고 하는 '황금의 지혜'[114]이다. 지나침은 모자람만 못한 것이다. 하지만 이 지혜는 엄밀히 말해 도금을 한 지혜이다. 인간 사이에서 이 지혜는 서로 주고받으면서 경탄의 마음으로 존중하고 그 가치는 변함이 없어, 전 인류가 그 가치를 보증하고 있다. 때때로 천재가 나타나 약간의 도를 넘어서게 되면 지혜롭다는 사람들은 그를 미치광이로 취급하고 만다. 그런데 기독교는 "도를 넘지 말라"라는 이 금언을 훨씬 넘어 부조리 속으로 거대한 한 발짝을 내딛는다. 바로 이곳이 기독교가, 그리고 분노가 시작되는 곳이다.

이제 우리는 기독교를 변호한다는 것이 얼마나 유별나고 어리석은 것인지를 알 수 있다. 인간에 대한 이해가 얼마나 빈약한지가 여기서 드러나는 것이다. 기독교적인 것을 결국 변호에 의해서 구출할 수밖에 없는 가련한 것으로 생각한다면, 변호하는 자는 무의식적으로라도 분노의 지붕 아래 살아가고 있는 것이다. 그러므로 기독교계 내부에서 기독교를 변호하고자 최초로 생각해 낸 사람을 사실상 제2의 유다라고 말한다는 것은 정당한 것이다. 그 또한 입맞춤[115]으로 배신하는

---

114 역주: 아리스토텔레스나 유교에서는 '중용의 덕'을 말하며, 이것이 덕 중에서도 최고의 덕임을 말하고 있다. '중용'은 단순히 양극단의 중간을 의미하지 않는다. 이는 모든 상황을 고려하여 가장 적절한 시기에 가장 적절한 정도를 행하는 것을 의미한다. 수학에서 황금비율이 있듯이 이러한 덕을 '황금의 지혜'라고 하는 것이다. 하지만 키르케고르는 신앙이란 일종의 '부조리'로서 이러한 중용의 덕과는 전혀 어울리지 않는 것이라고 보고 있다.

115 역주: '유다'가 예수를 팔아넘길 때, 그는 자신이 입맞춤하는 자가 '예수'라고 군사들에게 말해 준다. 즉 '사랑한다는 표지'가 곧 예수를 알려 주는 배신행위가 된 것이다. 마찬가지로 여기서 키르케고르는 기독교를 변호하는 자는 기독교를 사랑한다고 말하는 것 같지만, 사실상 기독교를 배신하는 자라고 말하고 있다.

자이다. 다만 그의 배신이 어리석음으로 인한 배신이라는 점이 다를 뿐이다. 무엇인가를 변호한다는 것은 언제나 그것을 나쁘게 추천하는 것이다. 어떤 사람이 금화가 가득 찬 창고를 가지고 있다고 상상해 보자. 그리고 지금 그는 자신이 가지고 있는 모든 금을 가난한 사람들에게 나누어 주려고 한다고 가정해 보자. 그때 그가 어리석게도 자신의 행위가 정당함을 세 가지 이유를 들어 증명하려고 한다면, 아마도 사람들은 그가 진실로 좋은 일을 하려고 하는지 아닌지 의심을 품게 될 것이다. 기독교인이면서 기독교를 변호하려고 하는 자는 지금까지 결코 기독교를 믿어 본 적이 없는 자이다. 만일 그가 진실로 기독교를 믿는 자라고 한다면, 그의 신앙의 열정은 변호가 아니라 공격이며 승리이다. 신앙인은 승리자이다.

기독교적인 것과 분노의 경우도 이와 같다. 죄에 관한 기독교적 정의 속에는 참으로 정당하게 분노의 가능성이 포함되어 있다. 즉 '신 앞에서'라는 말 속에 그 분노의 가능성이 포함되어 있는 것이다. 자연인도 이교도도 죄가 존재한다는 것은 언제나 인정하고 있다. 다만 이교도에게는 죄가 죄답게 되는 이유로서 '신 앞에서'라는 말이 너무나 지나친 것이다. 그들의 입장에서 그것은 (어떤 의미에서는 여기서 말하는 것과는 다른 의미이긴 하지만) 너무 무리한 것을 인간에게 요구하는 것이다. 좀 더 적당한 것이라면 그들도 그것을 기꺼이 받아들일 수 있을 것이다. "하지만 너무 지나친 것은 모자람만 못한 것이다."

2. 죄에 관한 소크라테스적 정의

죄는 무지이다. 익히 알려진 바와 같이 이것이 죄에 관한 소크라테스적 정의定義이다.[116] 모든 소크라테스적인 것이 그러하듯이 이 정의도 주목할 만한 가치가 있는 견해이다. 그런데 이 소크라테스적인 것은 다른 많은 소크라테스적인 정의와 마찬가지로 사람들로 하여금 좀더 앞으로 나아가고자 하는 욕구를 느끼게 한다. 어째서 많은 사람들이 소크라테스적인 무지를 넘어 좀 더 앞으로 나아가고자 하는 욕구를 느꼈을까? 아마도 그 이유는 이들이 자신들은 무지 속에 머물러 있는 것이 불가능하다고 느꼈기 때문이리라. 단 한 달만이라도 일체의 것에 대해 무지함을 실존적으로 고백하고 그것을 견디어 낼 만한 사람이 모든 세대에 걸쳐 과연 몇 명이나 있겠는가?

하지만 나는 사람들이 무지 속에 머물러 있을 수 없다는 그 이유만으로 소크라테스적인 정의를 일축해 버리고 싶은 생각은 결코 없다. 오히려 나는 기독교적인 것을 염두에 두고 죄에 관한 기독교적 정의를 보다 선명하게 표현하기 위해서 소크라테스적인 정의를 활용하고자 한다. 왜냐하면 소크라테스적인 정의는 매우 순수하게 그리스적인

---

116 역주: 소크라테스에 있어서 '죄가 무지'인 것은 소크라테스적인 이해는 근본적으로 '지행합일'을 추구하기 때문이다. 즉 만일 내가 올바른 것을 알고 있다면 올바른 것을 행할 것이며, 따라서 내가 올바른 것을 행하지 못한다는 것은 올바른 것에 대해 무지하다는 것을 의미한다. 다시 말해 만일 내가 선한 행위를 알고 있다고 해도 그 선한 행위를 실천하지 않는다면 사실은 그것을 참으로 알고 있지는 않다는 것을 의미한다. 따라서 소크라테스에게 있어서 '죄의 원인은 무지'인 것이다. 물론 키르케고르는 '무지가 죄의 원인이 되는 것'으로 고려하기보다는 '무지가 곧 죄인 것'처럼 고려하고 있다. 그 이유는 죄란 곧 진리를 알지 못하는 상태 그 자체를 의미하기 때문이다.

것이기 때문이다. 가장 엄밀한 의미에서 볼 때 기독교적이 아닌 그 외의 모든 어중간한 정의는 다른 모든 정의에 있어서와 마찬가지로 죄에 관한 정의에 있어서도 단순히 공허한 것에 지나지 않는다는 사실이 밝혀져야만 한다.

그런데 소크라테스적인 정의에 있어서의 난점은 무지를 어떻게 이해하여야 하는가에 대한 규정, 즉 무지 자체, 무지의 근원 등에 대한 깊이 있는 이해가 결여되어 있고 모호하다는 것이다. 사실 어떤 관점에서 보자면 죄가 무지라는 사실은 (기독교에서는 어리석음이라고 하셨지만) 결코 부정할 수가 없다. 그런데 이 경우 무지는 근원적인 무지여서 자신은 진리에 대해서 전혀 알지 못했고 지금까지 아무것도 알 수 없었다는 의미일까? 아니면 나중에 무엇인가의 결과로 생겨난 무지일까? 후자의 경우라면 죄는 본래 무지 이외의 다른 것에 기인해야 한다. 다시 말해 인간이 자신의 인식을 흐리게 만든 행위 속에 그 뿌리가 있어야 한다.

이러한 사실이 인정되더라도 완고하고 집요한 다른 하나의 난점이 다시 나타난다. 왜냐하면 인간이 자신의 의식을 흐리게 하기 시작하는 그 순간에, 과연 자신의 행위를 명료하게 인식하고 있었는지 아닌지 하는 문제가 등장하기 때문이다. 만일 그가 자신의 행위를 명료하게 인식하지 못하고 있었다면, 이는 인식을 흐리게 하기 이전에 이미 어느 정도는 인식이 흐려져 있었다는 것을 의미한다. 이렇게 하여 그의 무지가 근원적인 것이었는지 혹은 나중에 비로소 나타난 것인지 하는 문제의 원점으로 되돌아가고 만다. 반면 인간이 그의 인식을 흐리게 하기 시작한 때에 이미 자신의 행위를 명료하게 인식하고 있었다면, 그때 죄는 (무지의 결과라면 무지가 죄가 되겠지만) 인식 안에 있는 것이 아니라 의지 안에 있다. 따라서 여기서는 인식과 의지의 상호관계가 문제로 떠오르는 것이다.

이런 문제는(우리는 이 문제에 관하여 며칠이고 이야기할 수 있을 것이다) 본래 소크라테스적인 정의와는 상관없는 것이다. 물론 소크라테스는 분명 윤리가였다. 고대인들은 윤리학의 창시자로서의 영예를 소크라테스에게 돌린다. 그는 최고의 윤리가였으며 앞으로도 제일의 윤리가로 남을 것이다. 그런데 소크라테스는 무지로서 시작하고 있다. 지적으로는 인간은 아무것도 모르고 있다는 것을 앎의 목표로 삼은 것이다. 반면 그는 윤리적으로는 무지, 즉 '아무것도 모른다'는 것을 이와는 다른 것으로 생각하고 있다. 당연한 것이겠지만 소크라테스는 본질적으로 종교적인 윤리가가 아니다. 기독교의 교의敎義를 가르치는 자(기독교적 윤리가라면 그렇겠지만)는 더욱 아니다. 그렇기 때문에 이러한 관점에 있어서 그는 기독교가 연구의 출발점으로 삼고 있는 것, 예컨대 원죄의 교의 등에 관한 선결문제들에는 전혀 발을 들여놓지 않았다. 특히 이러한 문제들에 대해서는 우리로서도 다만 그 경계지점에만 접근할 수 있을 뿐이다.

따라서 소크라테스는 죄의 범주에 이르지 못하였고 또 죄를 분명하게 규정하지는 못한 것이다. 그 이유는 무엇일까? 만일 죄가 무지라고 한다면 사실상 죄는 현실적으로 존재하지 않게 된다. 죄는 다만 의식의 문제일 뿐이기 때문이다. 사람이 올바른 것을 알지 못해서 부정不

正한 것을 행한 것이 죄라면, 이 경우에 죄는 [무지라는 의식에 있으므로] 현실적으로 존재하지 않는다. 만약 무지가 죄라면 올바른 것을 알면서 부정을 행한다든지 혹은 부정한 것을 알면서 그것을 행하는 경우는 없을 것이라고 생각할 수 있다. 사실 소크라테스는 그런 식으로 생각하였다. 그래서 죄에 관한 소크라테스적인 정의가 정당하다면 죄는 전혀 존재하지 않는다. 사실 이것은 기독교적으로 말하면 조금도 이상하게 생각할 수 없는 것으로, 좀 더 깊은 의미에 있어서는 아주 당연한 것이다. 이것은 기독교적인 관심에 있어서도 증명되어야 했던 그것이다.[117]

기독교가 이교도와 질적으로 구별되는 가장 결정적인 개념은 다름 아닌 죄에 관한 교의이다. 따라서 기독교가 이교도나 자연인이 죄가 무엇인지를 알지 못한다고 주장하는 것은 당연한 일이다. 그뿐만 아니라 기독교는 죄가 무엇인지를 분명하게 밝히기 위해서는 신의 계시가 필요하다고 생각한다. 즉 피상적인 고찰을 통해 믿고 있는 것처럼 속죄의 교리가 이교와 기독교 사이를 질적으로 구분해 주는 것은 아닌 것이다. 이러한 구분을 위해서는 훨씬 더 깊은 곳에서부터, 죄에 관하여, 죄에 대한 교의에서 시작하여야만 하는 것이다. 따라서 만일 기독교가 정당하다고 승인하지 않을 수 없는 죄에 관한 정의를 이교가 가지고 있다면, 이는 기독교에 대한 매우 위험한 항의가 될 것이다.

---

117 역주: 아마도 키르케고르가 이렇게 표현하고 있는 근거는 성경에서 그리스도가 "죄를 없애러 오신 분"(요한 3:5)이라고 한 것에 있는 듯하다.

그런데 소크라테스가 죄를 규정할 때, 그가 가지고 있지 못한 것은 무엇인가? 그것은 의지와 반항이다. 인간이 선을 행하는 것을 의식적으로 포기하고, 올바른 것이 무엇인지를 알면서 의식적으로 부정을 행한다는 사실을 파악할 수 있기에는 그리스의 지성은 너무나 행복했고, 너무 소박하였으며, 너무 미적이었고, 너무 풍자적이었고, 너무나 기지가 있었으며 너무나 죄에 물들어 있었다. 그리스 정신은 지성적인 최고의 무상명령[118]을 제시하였던 것이다.

하지만 우리는 소크라테스의 죄의 규정 속에 내포된 진리를 결코 무시해서는 안 된다. 오히려 우리 시대에는 그것을 더욱 분명하게 마음속에 각인할 필요가 있다. 왜냐하면 현대란 무섭게 팽창하고 있지만 그 속은 공허하고, 열매 없는 지식 속에서 방황하고 있으므로 지금 우리는 소크라테스의 시대와 마찬가지로, 아니 그 이상으로 소크라테스적인 것에 굶주릴 필요가 있기 때문이다. 최고의 것을 발견했다든가 통찰했다고 말하는 사람들의 단언을 들을 때마다, 이들이 어떤 의미로는 매우 정당하게 이를 추상적으로 표현하는 교묘한 솜씨를 볼 때마다 웃음과 눈물이 절로 난다. 이들의 모든 지식과 이해가 인간 생활에는 조금도 영향을 미치지 못하고, 또 그들의 생활 속에서 자신들이 이해한 것을 조금도 드러내지 못하고 오히려 그 반대인 것을 볼 때마다 웃어야 할지 울어야 할지를 알 수가 없다. 서글프기도 하고 우습

---

118 역주: 이 말은 칸트의 '정언명령'과 동일한 개념이다. 자신의 양심의 명령에 무조건적으로 따라야 하는 도덕률을 말하는 것이다. 칸트는 이를 '정언명령'이라고 불렀다.

기도 한 이런 모순을 바라볼 때 사람들은 무심코 다음과 같이 외치게 된다. "도대체 그들이 그것을 어떻게 이해하였단 말인가? 그들이 그것을 이해하고 있다는 것이 진실일 수가 있는가?" 이에 대해 저 그리스의 해학가이며 윤리가는 이렇게 대답한다. "오, 나의 벗이여! 그런 일은 결코 믿지 말게나, 그들은 그것을 이해하지 못하네. 왜냐하면 그들이 그것을 진정 이해하고 있다면, 그들의 삶이 그것을 표현했을 것이며, 그들은 자신들이 이해한 대로 행하였을 것이니까!"

그렇다면 그가 말하는 '이해'란 사람에 따라서 달라진다는 것인가? 그렇다. 그들은 분명 다르게 이해한다. 그리고 이것을 이해한 사람은 그것만으로 이미 아이러니의 모든 비밀을 이해하기 시작했다고 보아도 좋으리라. 아이러니가 문제 삼는 것은 다름 아닌 모순이다. 인간이 실제로 무엇을 모른다는 것을 우스꽝스러운 것으로 간주한다는 것은 매우 천박한 해학이지 아이러니라고 할 수가 없다. 예를 들어 지구가 멈추어 있다고 생각하는 사람이 있다고 가정해 보자. 그가 원래 그 이상의 지식을 가지고 있지 않았다고 한다면, 여기에는 보다 깊은 의미에 있어서 희극적인 것이 전혀 없다. 아마도 우리 시대 역시 물리학이 훨씬 앞선 어떤 시대에서 본다면 마찬가지로 보일 것이다. 이 경우 모순은 두 시대 사이에 있으므로 거기에는 더 깊은 의미에서의 일치점이 없다. 이와 같은 것은 모순에 있어서 본질적인 것이 아니며, 따라서 이는 본질적으로 희극적인 것도 아니다.

그런데 여기 올바른 말을 하고 있는 한 사람이 있다고 하자. 따라서 그는 그것에 대해서 당연히 이해를 하고 있을 것이다. 그런데 정작 행동을 함에 있어서는 전혀 올바른 행동을 하지 않는다고 한다면, 이 행동이 그가 올바르게 이해하지 못했음을 폭로하는 것이며 이것이 곧 무한히 희극적인 것이다. 진리를 위하여 생명을 바친 고귀한 희생에 대한 이야기를 듣거나 읽고서 눈물을 흘릴 정도로 감동한 사람이, 눈물뿐만이 아니라 땀을 흘리든 그 사람이 바로 다음 순간 갑자기 돌변하여 눈물이 채 마르기도 전에 자신의 알량한 재능을 쥐어짜서 허위로 승리를 얻기 위해서 전력을 다하고 있다면, 이야말로 무한히 희극적인 일이다.

목소리나 몸짓 하나에도 진리가 가득 배어 있는 어떤 연설가가 스스로도 깊이 감격하고 사람들도 깊이 감격시키면서 침착하고 단호한 눈초리로 진리를 전하며, 놀라울 만큼 분명한 발걸음으로 권력과 지옥의 모든 악과 맞설 수 있을 것 같은 모습을 보이다가 바로 그 순간에 옷자락이 땅에 끌리는 옷을 입은 채 지극히 사소한 번뇌에도 무서워 떨면서 비겁하게 슬금슬금 도망가고 있다고 한다면, 이야말로 무한히 희극적인 것이다.

어떤 사람이 세상이 얼마나 야비하고 추한 것인지, 그리고 그 외 다른 세상의 진리들을 이해할 수 있으면서도 그다음 순간 이를 재인식하지 않는다면, 다시 말해서 세상의 부질없음을 이해하고 있으면서 동시에 세상 사람들 속에 끼어 들어가 세상으로부터 존경을 받고 명예도 얻으면서 세상을 시인하고 있다면, 이야말로 무한히 희극적인 것이다.

그런데 나는 또 다음과 같은 사람을 만난 적이 있다. 그 사람은 그리스도가 비천한 종의 모습으로 이곳저곳을 다니며, 얼마나 가난하였으며 또 얼마나 경멸받았고, 조롱당하고 침 뱉음을 당했는지를 완전히 이해하였다고 말하였다. 그런데 그런 그가 세속적인 의미에서 살기 좋은 곳으로 슬며시 도망가서 거기서 참으로 마음 편하게 지내고 있었고, 만약 이쪽저쪽에서 조그만 풍파라도 다가올라치면 마치 목숨이라도 달린 듯이 벌벌 떨면서 그것을 일일이 피하려고 애를 썼고, 또 자기는 모든 사람으로부터 무조건 신뢰받고 존경받는다는 사실에 대해서 마냥 행복을 느끼며, 더할 나위 없이 만족하고, 그런 나머지 감격하여 그것에 대해 신에게 감사하는 것을 본 적이 있다. 이를 보면서 나는 몇 번인가 마음속으로 나 자신에게 물었다. "소크라테스, 소크라테스, 소크라테스! 이 사람은 스스로 이해하고 있다고 말하지만, 이 사람이 그것을 이해하였다고 말하는 것이 대체 있을 수 있는 것인가요?" 이것이 내가 이야기했던 방법이다. 그리고 나는 소크라테스가 옳았으면 좋겠다고 생각했다.[119] 왜냐하면 나에게는 기독교가 너무 엄격하다고 생각되며, 그런 사람까지 위선자로 만든다는 것은 나의 경험과도 일치하지 않았기 때문이다. 그렇다! 나는 소크라테스를 이해할 수 있다. 소크라테스는 그런 사람들을 어릿광대나 익살꾼으로 만들고 다시 이것을 웃음거리로 삼았다. 그래서 내가 그런 사람들을 위해서 희극의 식탁을 마련하고 시중을 든다 하더라도 내가 이를 잘 해내기만 한

---

119 역주: 이 말은 모순적인 행위를 보이는 사람들이 '위선자'여서가 아니라, 진정으로 이해하지 못했기 때문, 즉 무지하기 때문이라는 소크라테스의 말이 옳았으면 하는 바람이다. 다시 말해 이런 사람들은 우스꽝스러운 사람들이지 나쁜 사람들은 아니라는 말이다.

다면 소크라테스는 내게 불만이 없을 것이며 오히려 박수갈채를 보내
줄 것이다.

소크라테스, 소크라테스, 소크라테스! 그렇다. 우리가 그의 이름을
세 번이나 부르는 것은 당연한 것이다.[120] 그것이 무언가에 도움이 된
다면 열 번을 부른다고 해도 지나친 것이 아니다. 사람들은 세상이 하
나의 공화국, 새로운 사회 질서와 새로운 종교를 필요로 한다고 말한
다. 그런데 지식의 과잉으로 인해 혼란에 빠진 세계가 필요로 하는 것
은 한 사람의 소크라테스라는 점을 아무도 알아차리지 못하고 있다.
그런데 만일 누군가 이러한 것에 생각이 미쳤다면, 그리고 더 많은 사
람이 이를 느끼고 있다면 아마도 그때는 소크라테스가 그다지 필요하
지 않을지도 모른다. 착각에 빠져 있는 사람이 가장 필요로 하는 것은
가장 생각해 내기 어려운 법이다. 이는 당연한 일이다. 만일 그렇지
않다면 착각하고 있다고 말할 수가 없을 것이기 때문이다.

따라서 우리 시대에는 그런 비틀린 윤리의 교정[121]이 절실히 필요하
다고 말할 수 있다. 어쩌면 이것이 우리 시대가 필요로 하는 유일한
것인지도 모른다. 이것은 확실히 우리 시대가 가장 적게 생각하는 바
로 그것이다. 소크라테스보다 앞서 나가기보다는 소크라테스적인 것

---

120 역주: 동일한 이름을 세 번씩 부르면서 그렇게 하는 것이 당연하다는 것은 무엇을 의미하는 것일
  까? 라틴어에는 최상급이 없다. 따라서 최상급의 표현을 사용할 때는 그 용어나 이름을 세 번씩
  반복한다. 가령 라틴어 성가에서 "상투스, 상투스, 상투스!"라고 세 번 반복하는 표현이 있는데,
  이는 '가장 거룩한'의 의미가 된다. 마찬가지로 여기서는 소크라테스의 이름을 가장 존중한다는
  표현이 될 것이다.
121 역주: 물론 여기서 비틀린 윤리는 앞에서 말한 '다섯 가지의 아이러니'한 삶을 말하며, 이를 교정
  한다는 것은 모순을 제거하고 앎과 행동이 일치되는 '지행합일'의 삶으로 교정하는 것을 말한다.

으로 돌아가, '이해'라는 말이 경우에 따라서 뜻이 확연히 달라진다는 점을 배우는 것이 우리에게는 매우 필요하다. 그런데 소크라테스적인 것으로 되돌아가는 것은 결론이 아니다. 이해와 이해 사이의 구별을 없애 버려서 결국 인간을 심각한 비참 속으로 떨어뜨렸다는 것이 결론이다. 따라서 일상생활의 윤리관으로서의 소크라테스적인 것으로 돌아가는 일이 중요한 것이다.

[이해에 관한] 소크라테스적인 정의는 다음과 같이 규정될 수 있다. 만일 누군가가 올바른 일을 하지 않았을 경우에 그는 무엇이 올바른 것인지를 이해하지 못한 것이다. 그가 그것을 이해했다고 한다면 그는 단지 그렇게 믿을 뿐이며 착각에 빠진 것일 뿐이다. 그가 되풀이하여 "젠장, 이해했다면 이해한 거야"라고 단언한다면, 그럴수록 그는 이해로부터 점점 더 멀어질 뿐이다. 그러고 보면 그의 정의는 확실히 올바르다. 누군가 올바른 일을 했다면 그는 물론 죄를 범한 것이 아니다. 만일 그가 올바른 일을 하지 않았다면 그는 그것을 이해하지 못한 것이다. 만일 그가 그것을 진실로 이해했다면 이해가 그를 올바른 일을 하도록 동기를 부여하였을 것이며, 곧바로 그는 이해와 일치되는 행위를 하게 될 것이며, 그는 이해와 일치되는 인물이 될 것이다. 따라서 죄는 무지인 것이다.

그런데 이러한 정의에서 결함은 어디에 있는 것일까? 그것은 어떤 것을 이해하였다는 것으로부터 이를 행동으로 옮기는 과정에 있어야 할 변증법적 규정이 결여되어 있다는 데 존재한다. 소크라테스적인 관점도 어느 정도 이 결함을 인지하고 있으며 어떻게든 이를 보완

하고자 하고 있다. 이해로부터 행위로 나아가는 이행의 과정에서 기독교적인 것이 시작된다. 기독교적인 관점은 이행의 과정이 진행됨에 따라 죄가 의지 안에 존재하고 있음을 파악하고, 나아가 반항의 개념에까지 도달하게 된다. 그리고 '결말을 맺기 위해서' 마지막으로 원죄原罪의 교의가 첨가되는 것이다.

특히 '결말을 맺기 위하여'라고 한 것은 사변철학의 한계를 극복하기 위한 것이다. 개념적으로 이해한다는 사변철학의 비밀은 마치 실에 매듭을 짓지 않고 바느질을 하는 것처럼, 끝을 맺는 일이 없이 나아간다는 것이다. 따라서 사변철학은 신기하게도 무한히 바느질을 해갈 수가 있다. 즉 한없이 실을 끌어당길 수 있다. 이에 반해 기독교는 역설이라는 방법을 통해 끝을 맺는다.[122] 개개인의 현실적인 인간이 문제가 되지 않는 순수한 개념의 세계에 있어서는 이행은 필연적인 것이며 —실제로 체계[123] 안에서는 모든 것이 필연적으로 발생한다— 이해로부터 행위로 나아가는 이행에는 아무런 어려움이 없다. 이것이

---

122 역주: 이러한 설명을 이해하기 위해 아리스토텔레스의 '제일 원인'에 대한 논의는 좋은 예가 될 것이다. 세계가 존재하는 원인을 알기 위해서 인과의 관계를 무한히 역행하다 보면, 끊임없이 과거로 거슬러 올라가게 될 것이다. 그런데 현실의 세계에서 '무한'이란 것이 불가능하므로 언젠가는 멈추어야 할 것인데, 그것이 바로 자신이 존재하기 위해서 더 이상 다른 원인을 가정하지 않는 '우주의 제일 원인'이며, 이것이 곧 세계의 존재원인이 되는 것이다. 이와 유사하게 키르케고르는 '죄의 발생'을 사변적으로 고찰하면 무한히 나아갈 수밖에 없을 것이므로 끝을 맺기 위해 출발점을 가정하여야 할 것인데, 기독교에서는 이것을 '원죄'로 가정하는 것이다. 물론 원죄의 교의를 '역설'이라고 할 수 있는 것은 '의롭게 되기 위해 오히려 죄가 있어야 했다'는 점 때문이다.

123 역주: 여기서 '체계'란 헤겔 철학의 체계를 말한다. 헤겔은 인류의 역사를 포함하여 세계의 총체적인 역사를 하나의 체계로 이해하고자 하였는데, 여기서 모든 발생은 일종의 필연적인 법칙에 의해서 일어난다. 이러한 체계 안에서는 개개인의 의지에 의한 '자유로운 선택'이 상실되고 만다. 키르케고르는 이 점을 강하게 비판하였다.

그리스적인 입장이다. (하지만 이는 소크라테스적인 입장은 아니다. 왜냐하면 그러기에는 소크라테스가 너무나 윤리적이기 때문이다.) 그 본질에 있어서 이와 동일한 것이 근대철학의 비밀이다. 왜냐하면 그 비밀은 "나는 사유한다. 고로 나는 존재한다"[124]라는 것에 있기 때문이다. 즉 생각하는 것이 곧 존재하는 것이기 때문이다. 반면 기독교는 다음과 같이 말하고 있다. "네가 믿는 그대로 될 것이다."[125] 즉 네가 믿는 대로 존재하게 된다. 믿음이 존재이다.

이렇게 하여 근대철학이라는 것도 이교적인 것(그리스적인 것) 그 이상도 그 이하도 아님을 알 수 있다. 그런데 이는 결코 최악의 것은 아니다. 소크라테스와 유사한 것은 그리 나쁜 것이 아니다. 그런데 이런 것이 기독교적인 것이라고 스스로 생각하고 사람들을 현혹시키는 것[126]이 참으로 비-소크라테스적인 것이다. 이에 비해 개개인이 문제가 되는 현실의 세계에서는 이해의 상태에서 행위의 상태로 이행하는 과정은 그토록 빠르게Cito citissime[127] 진행되지는 않으며 오랜 시간을 요

---

124 역주: 데카르트의 유명한 말 '코기토 에르고 숨(Cogito ergo sum)'을 말한다. 사실 이 명제의 숨은 의미는 다양한 해석을 가능하게 한다. 첫째, '인간은 정신적인 존재이므로 인간으로 존재한다는 것은 사유하면서 존재한다는 것이다.' 둘째, '나는 사유함을 통해서만 나의 자아를 가질 수가 있다.' 셋째, '나는 사유함을 통해서만 내 행위의 주인이 될 수 있다.' 그런데 키르케고르는 여기서 두 번째의 의미를 염두에 두고 있다.

125 역주: 이 말은 성서에서 그리스도가 치유를 하기 위해 온 사람들에게 한 말이다. 『신약성경』「마태복음」에서 그리스도는 백부장에게 "가라, 네 믿는 대로 될 것이다"라고 하였고(마태 8:13), 맹인에게는 "네 믿음대로 되어라"라고 말하였다(마태 9:29).

126 역주: 이러한 사람들은 당시 덴마크의 기독교계를 지배하던 헤겔주의자들이다.

127 역주: 여기서 "그토록 빠르게" 진행된다는 표현은 일종의 풍자 혹은 비유이다. '체계' 안에서 혹은 '사유' 안에서는 인식에서 행위로 나아가는 게 거의 동시적이라고 할 수 있다. 가령 '나는 사유한다. 고로 나는 존재한다'는 명제에서 사유에서 존재로의 이행은 동시적이거나 혹은 논리적인 선

하는 것이다.

정신의 생활 속에는 정지상태라는 것이 존재하지 않는다. 여기서는 본래 상태라는 것은 존재하지 않으며 모든 것이 활동 중에 있다. 그러므로 만일 인간이 올바른 것을 인식하는 그 순간에 실천을 하지 않는다면 인식은 식어 버린다. 그러면 그다음은 의지가 인식된 것을 어떻게 고려하는지가 문제가 된다. 의지는 변증법적인 것이며, 그 안에는 인간의 온갖 저급한 성질의 것들도 포함되어 있다. 이때 인식된 저급한 부분이 마음에 들지 않는다면 어떻게 될까? 의지가 바로 나서서 인식이 이해한 것과는 반대되는 행위를 하게 될까? 그렇지는 않다. 그런 심각한 대립은 아주 드물게만 일어난다. 오히려 의지는 한동안 그대로 내버려 둔다. 이렇게 하여 잠정적으로 보류된 기간이 발생한다. '좋아, 내일까지 두고 보기로 하자' 하는 식으로 보류된다. 그러는 동안에 인식은 점점 흐려져서 마침내 저급한 부분이 승리를 하게 된다. 실제로 선은 이해되는 순간 즉시 실행에 옮겨져야 하지만(순수한 관념의 세계에서는 사유에서 존재로의 이행이 수월하여 모든 것이 즉시 일어난다), 저급한 것은 강력하게 이러한 실행을 늦추려고 하는 것이다. 그러는 동안 의지는 별로 저항하지 않은 채 이러한 연장을 묵인하고 있다. 이렇게 하여 인식과 의지는 전보다도 서로를 더 잘 이해할 수 있게 되며 마침내는 서로 완전히 공명하게 된다. 이렇게 하여 인식이 의지의 편으로 옮겨 가서 의지가 원하는 대로 하는 것이 옳다는 것을 인정하기에 이

후만이 문제가 된다.

르는 것이다.

대다수의 사람들이 이러한 방식으로 살고 있다. 윤리적이고 종교적인 인식이 그들 안의 저급한 부분이 원하지 않는 선택과 결론으로 이끌어 가려고 하므로 서서히 인식을 흐리게 하려고 노력하는 것이다. 대신 그들은 심미적이고 형이상학적인 인식을 확장하여 간다. 이런 인식은 윤리적인 관점에서 보자면 기분전환에 지나지 않는다.

그럼에도 불구하고 앞에서 말한 것은 여전히 소크라테스적인 것 이상으로 나아가지는 못하고 있다. 아마 소크라테스는 나음과 같이 말할 것이다. "만약 그런 일이 일어난다면 거기서도 그러한 사람이 올바른 것을 이해하지 못했다는 점이 나타나고 있다." 다시 말해 그리스의 정신은 인간이 올바른 것을 이해하면서도 부정한 행동을 한다는 것을 인정할 만한 용기가 없었던 것이다. 그들은 스스로 위로하면서 다음과 같이 말할 것이다. "누군가 올바르지 않은 일을 행한다면, 그는 올바른 일을 이해하지 못한 것이다."

확실히 옳은 말이다. 그리고 어떤 사람도 그것 이상으로 나아갈 수는 없다. 인간은 죄 안에 있기 때문에 자신의 능력만으로는 죄가 무엇인지를 말할 수가 없다. 인간이 죄에 관하여 무엇을 말할지라도 그것은 결국 죄에 대한 변명이고 중죄를 경감하고자 하는 것일 뿐이다. 그러므로 기독교는 이와는 다른 방법, 즉 오직 신의 계시만이 죄가 무엇인지를 밝혀 줄 수 있다는 사실에서 출발한다. 즉 죄란 인간이 올바른 것을 이해하지 못했다는 것이 아니라, 올바른 것을 이해하고자 하지 않았다는 것 혹은 그것을 원하지 않았다는 것에 있다는 것이다.

이해할 수 없다는 것과 이해하려 하지 않는다는 것의 차이에 대해서 소크라테스는 아무런 설명을 하지 않았다. 반면에 그는 이해한다는 것을 두 가지로 구분하였다는 점에 있어서 모든 아이러니스트들의 대선배이다. 그는 올바른 일을 행하지 않는 자는 아직 올바른 것을 이해하지 못한 자라고 설명하고 있다. 그런데 기독교는 한 발짝 더 근원으로 거슬러 올라간다. 즉 그가 올바른 것을 이해하지 못한 것은 그가 올바른 것을 이해하는 것 자체를 원하지 않았기 때문이며, 이는 또한 그가 올바른 일을 행하는 것을 원하지 않았기 때문이라고 기독교는 말하고 있다.[128] 기독교는 또 이렇게 말한다. 인간은 올바른 일을 이해하고 있음에도 불구하고 잘못된 일을 행한다(이것이 '반항'의 본래 의미이다). 혹은 정당한 일을 이해하고 있음에도 불구하고 그 일을 행하는 데게을리한다고 말한다. 간단히 말해 죄에 대한 기독교의 가르침은 인간에 대한 지적인 힐책이며 비난이다. 그것은 신이 고발자로서 인간에 대하여 제기하는 고소장이다.

그런데 누군가 이런 기독교적인 것을 개념적으로 이해할 수 있을까? 결코 불가능하다. 기독교적인 것이란 실로 이런 것이다. 그렇기 때문에 [개념적으로 이해하고자 한다면] 그것은 좌절을 야기한다. 기독교

---

128 역주: 『신약성경』에는 "구하라 그러면 구할 것이요, 찾으라 그러면 찾을 것이요 …"(누가 11:5)라는 구절이 나온다. 현실적으로 우리가 소망하는 것과 갈망하는 것은 뜻한다고 모두 얻을 수 있는 것이 아니다. 하지만 최소한 '올바른 일'을 행하고자, 그리고 '의로운 사람'이 되고자 갈망한다면 우리는 올바른 일을 행할 수 있고, 의로운 사람이 될 수 있을 것이다. 문제는 우리가 이를 진정으로 뜻하는가 아닌가에 달려 있다. 다시 말해서 도덕적인 일에 관한 한 모든 것은 우리들의 의지에 달려 있고, 신은 올바른 일을 행하고자 하고 의로운 사람이 되고자 진정으로 원하는 사람에게 반드시 힘이 되어 주실 것임을 말하고 있는 것이다.

적인 것은 믿어야만 한다. 인간이 이해할 수 있는 것은 인간의 영역에 있는 것들뿐이다. 신적인 것에 대한 인간의 관계는 신앙뿐이다. 그렇다면 기독교는 이 이해 불가능한 것에 대해서 어떻게 설명할까? 그 방법은 역시 이해 불가능한 방법, 즉 '계시되었다'는 것이 그 설명방법이다.[129] 기독교적으로 이해하면 죄는 인식 안에 있지 않고 의지 안에 있다. 그리고 의지의 이런 타락은 개체(개별자)의 의식을 초월한다.[130] 이것은 너무나 당연하다. 그렇지 않다면 죄가 어떻게 해서 시작되었는가 하는 문제에서 오직 각 개인에게만 초점이 맞춰졌을 것이기 때문이다.

이렇게 하여 여기서도 좌절의 표시가 나타난다. 죄가 무엇이며 죄가 얼마만큼 깊이 박혀 있는가를 인간에게 보여 주기 위해서는 신의 계시가 필요하다는 점에 좌절의 가능성이 존재하는 것이다. 자연인과 이교도는 이런 식으로 생각을 한다. "내가 천상과 지상에 있는 모

---

129 역주: '계시되었다'라고 말한다는 것은 사실 설명하는 것이라고 보기는 어렵다. 하지만 여기에는 보다 고차적인 의미의 설명이 포함되어 있다. 아우구스티누스는 "나는 이해하기 위해서 믿고자 한다"라고 말한 바 있는데, 이는 세상에는 이성적으로 이해할 수 있는 것과 신앙적으로 이해할 수 있는 것이 있음을 말하는 것이다. 즉 단순히 합리적이고 논리적으로 따져서 충분히 납득할 수 있는 것이 있다면, 신앙을 가진 뒤에야 비로소 납득할 수 있는 것이 있음을 의미하는 것이다. 오직 정의감만 있는 젊은이는 배우자의 부정한 행위를 용서하는 어른들의 행동을 이해할 수가 없다. 이는 오직 사랑이 무엇인지를 깨달은 이후라야만 납득할 수 있는 것이기 때문이다. 신앙에 관한 일도 이와 마찬가지다.
130 역주: '의지의 타락이 개별자의 의식을 초월한다'는 것은 곧 '원죄의식'을 말하는 것이다. 인간에게 어떻게 하여 '올바른 일을 하고자 원하지 않는 의지의 타락'이 시작되는가 하는 점은 각 개인의 삶의 과정 중에서 밝힐 수 있는 것이 아니라, '인류'라는 종의 차원에서 밝혀져야 함을 말하고 있다. 왜냐하면 이러한 의지의 타락은 어떤 의미에서 인간으로 탄생하는 그 순간 이미 '존재 혹은 본성에 기입된 병'과 같이 나타나기 때문이다.

든 사물을 이해하지 못한다는 것은 사실이다. 만약 계시가 있다면 그
것은 천상의 사물에 관하여 우리에게 설명해 주기 위해서일 것이다.
그런데 죄에 관하여 우리에게 설명하기 위해 계시가 필요하다는 것은
참으로 불합리하다. 나는 나 자신이 완전한 인간이라고 생각하지 않
는다. 절대로 그렇게 생각하지 않는다. 오히려 완전한 것과는 거리가
멀다. 그럼에도 불구하고 나는 내가 완전하지 않다는 것을 알고 있을
뿐만 아니라, 오히려 내가 완전함에서 얼마나 멀리 있는가를 인정하
려고 한다. 그런데도 내가 죄가 무엇인가를 모르고 있는 것일까?" 기
독교가 대답한다. "그렇다! 너는 자신이 완전성에서 얼마나 떨어져 있
는지, 죄가 무엇인지 바로 그런 것을 전혀 모르고 있다."

이러한 의미에서 기독교적인 관점에서 볼 때 참으로 죄는 무지이
다. 그것은 죄가 무엇인가에 대한 무지이다. 따라서 앞에서 논의되었
던 죄에 대한 정의는 다음과 같이 보충되어야 한다. 죄란 신의 계시에
의해 어디에 죄가 존재하는지 인간에게 밝혀진 뒤에, 인간이 신 앞에
서 절망하여 자기 자신으로 있으려 하지 않는 것, 또는 자기 자신으로
있으려 하는 것이다.[131]

---

131 역주: 이 마지막 결론을 쉽게 이해할 수 있는 방식으로 풀어서 설명해 보자. 죄를 이해하기 위해
서는 신의 계시가 죄가 어디에서 기인하는지를 밝혀 주어야 한다. 죄란 인간의 존재의 뿌리에 혹
은 본성 깊숙이 박혀 있는 것이며, 이는 신앙으로서만 이해할 수 있는 것이다. 인간의 본성 깊이
박혀 있는 죄의 뿌리는 나 자신의 힘만으로는 해결 불가능한 것이기 때문에 이와 정면으로 마주
하는 사람은 '절망'할 수밖에 없다. 절망한 사람이 진정 구원을 원한다면 방법은 한 가지밖에 없
을 것이다. 신의 은총에 도움을 구해야 하는 것이다. 하지만 인간의 오만함은 이를 거부한다. 신
의 도움을 거부한 인간의 절망은 두 가지 방식으로 나타나는데 하나는 '절망하여 자기 자신이고
자 하는 것' 즉 기존의 죄 있는 자기 자신을 고집하는 것이다. 많은 경우 이는 "이것이 인간의 본
모습이다. 모든 인간이 이렇게 살고 있다"라는 식의 자기변명으로 합리화하는 것이며 죄로부터

3. 죄는 소극적인 것이 아니라 적극적인 것이다

죄가 소극적인 것이 아니라 적극적인 것이라고 하는 이 사실을 옹호하기 위하여 정통파 교의신학과 일반적인 정교는 끊임없이 싸워 왔다. 바로 이 때문에 정교는 죄를 단순히 소극적인 어떤 것, 나약함, 감성, 유한성, 무지 등으로 만들어 버리는 죄에 대한 모든 정의를 범신론적[132]이라고 배척해 왔다.

정통파는 이곳이 바로 싸워야 할 곳이라는 점을, 그리고 앞서 말한 것을 기억한다면 여기서 최후의 결말을 지어야 한다는 점과 여기서 최후의 저항을 하여야 한다는 점을 정확히 꿰뚫어 볼 수 있었다. 그리고 정교는 만일 죄가 소극적인 것으로 규정된다면 기독교 전체가 중심을 잃게 된다는 점을 정확하게 내다보고 있었다. 그리하여 정통파는 타락한 인간에게 죄가 무엇인지를 가르쳐 주기 위해서 신의 계시

벗어나고자 하지 않는 것을 말한다. 이는 '소극적인 반항'이라고 할 수 있다. 두 번째는 '절망하여 자기 자신이고자 하지 않는 것'인데 이는 보다 '적극적인 반항'이라고 할 수 있는 것이다. 즉 '죄 있는 인간'이라는 자기 자신을 부정하고 스스로 세계의 질서를 재정립하여 '이것은 죄가 아니다'라는 식으로 규정해 버리고자 하는 것을 말한다. 죄라는 개념을 없애기 위해서 세계의 질서를 바꾸고자 하는 '입법자'가 됨으로써 원래의 인간의 존재론적인 위치를 부정해 버리는 것이다. 이 후자는 악마 루시퍼가 했던 것과 본질상 같은 방식이다. 루시퍼의 핵심은 신에게 "나는 당신이 규정한 이 질서를 받아들일 수가 없다. 이제는 내가 입법자가 될 것이다. 나는 당신과 동일한 존재가 될 것이다"라고 생각한 것에 있다.

132 역주: '죄에 대한 규정'을 나약함, 무지 등의 소극적인 것으로 규정할 때 '범신론적'이 되는 이유는 이러한 소극적인 규정은 '명령하는 인격신'의 개념을 없애 버리기 때문이다. '죄란 진리(신의 명령)에 대한 반항'을 의미하는데, 명령에 대한 반항이란 개념에서는 명령하는 신이 '인격적인 신'이어야 한다. 그런데 '모든 것에 내재해 있는 신' 혹은 '총체가 곧 신'이라는 범신론적인 규정하에서는 명령을 내리는 인격신의 개념이 없고, 다만 신(총체)에게 보다 근접해 있는가 아닌가 하는 것만이 문제가 되기 때문에 죄의 의미를 '소극적'으로 규정할 수밖에 없는 것이다.

가 있어야만 한다는 것과 계시는 교의이기 때문에 당연히 믿을 수밖에 없다는 것을 확실히 하였다. 말할 필요도 없이 역설과 신앙과 교의라는 이 세 가지 규정은 동맹을 맺고 단결하여 모든 이교적인 지혜에 대항하는 가장 안전한 발판이고 견고한 요새이다. 이것이 죄에 대한 정교의 견해이다.

그런데 소위 사변적인 교의학[133]은, 철학과 의심스러운 관계를 맺고 있는 것으로, 이상한 오해를 통해서 '죄는 적극적이다'라는 규정을 개념적으로 파악할 수 있다고 생각한다. 그런데 죄가 개념적으로 파악될 수 있는 것이라면 죄는 일종의 소극적인 것이다. 개념적으로 파악한다는 것의 비밀은 개념적으로 파악한다는 일 그 자체가 그것이 조정하고 있는 모든 것보다도 한층 높은 곳에 위치한다는 사실에 있다.

개념은 적극적인 것을 정립한다. 그런데 적극적인 것을 개념적으로 파악한다는 것은 이것을 소극적인 것이 되게 하는 것이다. 사변적인 교의신학도 이 점을 어느 정도는 알고 있었지만 동요가 일고 있는 지점에 입에 발린 단언을 하는 특별한 부대를 보내는 것으로 —물론 이러한 방식은 전혀 철학적인 학문에 적합하지 않다— 사태를 해결하려는 것 외에 다른 방법을 알지 못하였다. 그들은 더욱 엄숙하게 점점 더 많은 맹세와 저주의 말을 가지고 죄가 적극적인 것임을 단언하며 죄가 단순히 소극적인 것이라는 것은 범신론이며 합리주의이고 이는 교의

---

133 역주: 여기서 '사변적 교의학'이란 당시 덴마크 프로테스탄트의 주류적인 신학자들의 교의학을 말하는데, 이들은 헤겔의 사상을 교의학에 적용한 신학자들이다.

학이 부정하고 혐오하는 그것이라고 주장한다. 그런 다음 이들은 죄가 적극적이라는 사실을 개념적으로 파악하는 일로 나아간다. 이는 결국 죄란 어느 정도까지는 적극적이나, 즉 개념적으로 파악할 수 있는 정도까지는 적극적이나 그 이상은 아니라고 말하는 것과 같은 것이다.

사변의 이런 모순은 사물의 경우에도 마찬가지이긴 하지만 또 다른 점에서도 나타난다. 죄가 어떻게 규정되는가 하는 점은 회개의 규정에 있어서 정확히 밝혀진다. 사변에 따르면 죄란 '부정의 부정'을 의미하는 것이다.[134] 따라서 죄란 부정이라는 것, 즉 소극적인 것이 된다. 언젠가 공평한 사상가가 나와서 분명하게 밝혀 주었으면 하는 생각이지만 수학적인 공식을 생각나게 하는 —논리와 문법에서는 이중의 부정은 긍정을 의미한다— 순수하게 논리적인 것이 현실의 세계, 질적인 차이를 가지는 세계에서도 타당한 것일까? 일반적으로 질質의 변증법은 이와는 다른 것이 아닐까? 이행易行은 여기서 다른 역할을 하는 것이 아닐까?

영원의 상 아래서는, 혹은 영원한 양상의 입장에서 본다면 중간적인 것, 계기적인 것은 전혀 존재하지 않는다. 그러므로 여기에는 모든 것이 있는 것이기에 어떠한 이행도 생각할 수 없다. 따라서 이러한 추상적인 것의 정립은 곧 그대로 지양止揚[135]하는 것과 같다. 그러나 현

---

134 역주: 죄가 '부정의 부정'을 의미한다는 것은 '부정하여야 할 사태'를 부정해 버리는 것, 즉 잘못된 것을 부정하지 않고 묵인해 버리는 것을 말한다. 이는 소극적 의미의 죄를 말하는 것이다. '아니오'라고 말해야 할 곳에서 이를 부정해 버리는 모든 행위는 일종의 '묵인' '방조' '공모'의 행위로서 소극적 의미의 죄를 범하는 것이다.

135 역주: '지양'이란 변증법에서 중요하게 사용되는 개념인데, 그 자체로는 부정하면서도 도리어 한

실을 이렇게 생각한다는 것은 정신착란에 지나지 않을 것이다.[136] 완전히 추상적이 되면 미-완료태 다음에는 완료태가 온다고 말할 수 있다. 그런데 현실의 세계에서 아직 완료되지 않은 일(미-완료태)이 그대로 아무런 과정도 이행도 없이 완료된다(완료태)고 추론한다면 이는 거의 미친 짓이다. 죄의 적극성도 이처럼 순수사유에 의해 정립된다고 한다면 그 또한 미친 짓이다. 죄의 적극성을 진지하게 문제 삼을 수 있기에는 이 순수사유는 너무나 경박한 것이다.

그러나 이 모든 문제가 지금 내가 문제로 삼고 있는 것은 아니다. 나는 어디까지나 죄는 적극적인 것이라고 하는 기독교적인 입장을 고려하고자 한다. 그것도 개념적으로 파악될 수 있는 것으로서가 아니라, 믿지 않으면 안 된다는 역설로서 고려하고 있는 것이다. 이는 정당한 일이라고 생각한다. 만일 죄를 개념적으로 파악하려고 하는 모든 시도가 결국 자기모순에 빠진다는 사실을 명백히 할 수만 있다면, 나의 생각은 정당하게 자기 위치를 획득할 수가 있을 것이다. 다시 말해서 죄에 대한 문제가 정당한 방향을 취하게 되면 그때에는 죄란 믿을 것인가 말 것인가 하는 신앙의 문제에 위임될 것이다. 오직 개념적으로 파악하지 않으면 직성이 풀리지 않고, 오직 개념적으로 파악할

층 높은 단계에서 이를 긍정적인 것으로 여겨서 용인하는 것을 말한다.

136 역주: 가끔 신학자들도 이러한 오류를 범하고 있다. 가령 예수를 배신한 유다의 행위를 이해함에 있어서 모든 것이 신의 섭리에 의해 계획되어 있다고 생각하고 유다의 죄를 '신의 뜻'이라는 하나의 영원한 상 아래서 무마시켜 버리는 것이다. 이렇게 모든 것을 '신의 섭리'로 이해하고자 한다는 것은 인간의 적극적인 의지에 의한 죄의 행위를 외면하는 것이 되고 만다. 현실의 모든 일을 이렇게 고려한다는 것은 매우 경박한 행위이고 거의 미친 짓이라고 저자는 말하고 있는 것이다.

수 있는 것만을 존중하는 사람은 이러한 나의 생각이 매우 하찮은 것이라 생각한다는 것을 나도 알고 있다. 그리고 이는 개념적으로 파악할 수 없을 정도로 신적인 것은 결코 아니다.

그런데 그것은 기독교 전체가 믿어야만 하는 것일 뿐, 개념적으로 파악되는 것은 아니다. 만약 믿지 못하는 사람이 이 때문에 분노하게 된다면, 그리하여 개념적으로 파악하고자 한다면 이것이 도움이 될 것인가? 개념적으로 파악될 수 없는 것을 개념적으로 파악한다는 것이 무슨 공적이 되는 것일까? 그것은 오히려 파렴치한 일이거나 분별이 없는 일이 아닌가. 어떤 왕이 철저하게 신분을 속이고 보통 사람처럼 대우받기를 원할 때, 이 경우에도 왕에게 어울리는 정중한 태도로 충성을 다하는 일이 올바른 일일까? 이는 오히려 왕의 뜻을 거역하며 자신의 의견만을 고집하는 일이며, 복종이라기보다는 자신의 주장을 내세우는 것이 아닐까? 왕이 그런 것을 원치 않음에도 불구하고 왕에게 신하로서의 도리를 깍듯이 하여 경의를 표하는 일이 왕의 마음에 들 수 있을까? 그 사람이 왕의 의지에 거역하는 재능을 많이 가지고 있으면 있을수록 왕의 마음에 들지 않을 것이다.

기독교적인 것을 개념적으로 파악할 수 있다고 주장하는 자를 사람들이 칭송하든 찬양하든 그것은 그들의 자유이다. 다만 나는 '다른 사람들'이 앞다투어 기독교적인 것을 개념적으로 파악하고자 하는 이러한 사변의 시대에 기독교적인 것은 개념적으로 파악될 수 있는 것도 아니며, 그렇게 되어야 하는 것이 아님을 고백하는 것이다. 이는 실로 자기절제라는 적잖은 노력을 요하는 윤리적인 과제이다. 이는 확실히 우리 시대가 기독교계에 요구하는 것이다. 이는 기독교계에 대해서 약간의 소크라테스적인 무지의 지혜를 요구하는 것이다. 소크라테스의 무지는 신을 두려워하고 신에게 봉사하는 한 방법이었다. 이는 "신을 두려워하는 것이 지혜의 시작"[137]이라는 유대교의 정신을 그리스적으로 표현한 것임을 잊어서는 안 될 것이다. 하지만 일찍이 이러한 사실을 바르게 알고 있었던 사람이나 깨달았던 사람이 몇이나 있었을까?

소크라테스는 신에 대한 경외 때문에 '무지한 자'를 자처하였음을 우리는 결코 잊어서는 안 된다. 그는 이교도로서는 가능한 한 온 힘을 다하여 신과 인간 사이의 경계선 위에 서서 심판자로서 파수를 보았던 것이다. 철학적 방법으로, 혹은 시를 통하여 교묘하게 신과 인간 사이의 질적인 차이를 없애 버리려는 것을 경계하면서 감시를 했던 것이다. 보라! 바로 이 때문에 소크라테스는 무지한 자였던 것이다. 그리고 바로 이러한 이유로 신은 그를 최고로 지혜로운 자로 인정하였던 것이다.[138] 그런데 기독교는 기독교가 오직 믿음을 통해서만 존

---

137 역주: "지혜의 근원은 주님을 경외함이니…"(시편 113:10). 소크라테스적인 무지를 '신을 두려워하는 것이 지혜의 시작'이라는 성서적 정신과 연관 짓는 것은 참으로 현명한 것이라 할 수 있다. 하지만 '경외의 감정'을 단지 '소크라테스적 무지'와 동일시한다는 데는 약간의 범주적인 혼동이 있을 수 있다. 소크라테스적인 무지는 진정으로 아는 자는 아는 것을 행한다는 '지행합일의 정신'을 함의하고 있는 반면 '신에 대한 경외의 감정'은 신성에 비추어 볼 때 인간성의 보잘것없음을 깨닫게 되는 일종의 영적인 겸손함을 내포하고 있다. 즉 소크라테스의 지혜가 순수하게 인간적인 지평에 있는 것이라면, 구약의 지혜는 영적인 지평에 있는 것이라고 할 수 있을 것이다. 물론 키르케고르가 이를 모를 리가 없었다. 그래서 그는 이어지는 단락에서 신과 인간 사이의 질적인 차이에 대해서 언급하고 있는 것이다. 이후 키르케고르의 해석은 '소크라테스적인 무지에 대한 키르케고르식의 해석'이라고 할 수 있다.
138 역주: 플라톤의 『소크라테스의 변명』에는 소크라테스가 델포이 사원에서 신탁을 받는 내용이 나

재할 수 있는 종교라는 것을 가르친다. 따라서 소크라테스적인 무지, 즉 하나님을 경외하는 무지야말로 사변으로부터 신앙을 지키는 유일한 방법이다. 이 무지는 이교도에서보다도 더욱 전율할 방식으로 하나님과 인간 사이의 질적인 차이라는 심연, 결코 철학적 체계 안에서 혹은 시적인 방식으로 하나로 귀결될 수 없으며 역설과 신앙 속에서 언제까지라도 존속해야 할 이 심오한 차이를 보존하기 위해 파수를 보는 것이다.

이를 위해서 나는 오직 한 측면에서 죄가 적극적인 것이라는 사실을 명백히 할 수 있을 뿐이다. 1부에서 절망에 대해 말하면서 절망은 계속 상승하는 것임을 지적한 바 있다. 한편으로는 절망에서 자기의식의 강도가 강해지는 것이며, 다른 한편으로는 수동적인 괴로움에서 의식적인 행위에 이르기까지 절망의 강도가 강해지는 것으로 상승을 표현하였다. 이 두 가지 표현은 절망이 외부에서 오는 것이 아니라 내부로부터 발생한다는 것을 말해 주고 있다. 이 강도가 강해짐에 따라서 절망은 점점 적극적인 것으로 성립되는 것이다. 앞서 말한 죄의 정의에 따르면 죄를 형성하는 것은 신의 관념에 의해 무한히 그 정도가 강해진 자기의식과 또 하나의 행위로서 죄에 대한 최대한의 의식이다. 바로 여기에 죄가 적극적인 것이라는 사실이 나타나며, 죄가 신

온다. 소크라테스가 지혜를 구하기 위해 델포이 사원의 신녀(神女)에게 가서 아테네에서 가장 지혜로운 자가 누구인지를 묻자, 신녀는 '소크라테스 자신이 아테네에서 가장 현명한 사람'이라는 신의 말을 전해 준다. 그리고 그 이유를 묻자, 모두가 지혜가 없음에도 지혜를 알고 있다고 생각하였지만, 소크라테스만이 자신은 지혜를 알지 못하고 있다고 생각하였기 때문이라고 이유를 말해 주었다.

앞에서 일어난다는 것이 바로 죄의 적극성인 것이다.

죄가 적극적인 것이라는 규정은 전혀 다른 의미에서 좌절의 가능성 즉 역설을 그 안에 내포하고 있다. 왜냐하면 역설은 속죄의 교의에 함축되어 있는 결론이기 때문이다. 기독교는 먼저 죄를 인간의 이성이 결코 파악할 수 없는 것으로, 확고하게 적극적인 것으로 정립한다. 그런 다음 이와 동일하게, 인간의 이성이 결코 개념적으로는 이해할 수 없는 적극적인 방식으로 죄의 사함을 보증하는 것이다. 역설에 대해서 이야기하는 어떤 사변가가 만일 양쪽 끝을 조금씩 잘라 낸다면[139] 일은 쉽게 진행되어 다양한 요설로서 어떠한 역설이라도 피해 갈 수 있을 것이다. 즉 사변으로 죄를 결코 적극적인 것으로 만들지 않을 것이다. 하지만 그렇다고 해서 죄를 철저하게 잊게 하지는 못한다.

역설을 최초로 고안한 기독교는 여기서도 가능한 한 역설적이다. 기독교는 스스로 자신에게 거역하려고 노력한다. 먼저 죄를 확고하게 적극적인 것으로 정립함으로써, 이를 없앤다는 것을 불가능하게 만든다. 그런 다음 다시 속죄를 통하여 마치 죄를 바닷속에라도 던져 버린

---

139 역주: 사변가가 "양쪽 끝을 조금만 잘라 낸다면"하는 표현은 매우 시적이며 절묘한 표현이다. 그리고 이렇게 되면 "죄를 적극적인 것으로 만들지 않을 것"이라는 지적도 날카로운 통찰이다. 이러한 예의 가장 대표적인 경우는 '범죄의 행위'에 대한 '정신분석가'나 '범죄 심리학자'들의 분석이라고 할 수 있다. 왜냐하면 범죄 행위의 근본적인 원인이 범죄자가 지닌 죄성(罪性)이며(처음), 최종적인 결과는 반항으로서의 절망에 빠지는 것(끝)이지만, 범죄 심리학자들은 이 두 가지를 살짝 잘라내고 범죄자가 자라 온 환경과 그의 무의식 속에 있는 트라우마 등을 행위의 원인으로 고려하고 나아가 그 결과도 (진리에 대한) 반항이 아닌 '자괴감' 등 소극적인 것으로 분석하기 때문이다. 이 경우 죄인이 오히려 고차적인 '사회적 환경의 피해자'처럼 고려하게 되며 소극적인 것만이 남게 되는 것이다.

것처럼 흔적도 없이 깨끗하게 없애는 것이다.[140]

• 부록 •

그렇다면 어떤 의미에서는 죄가 아주 희귀한 것이 아닌가? (윤리)

앞에서 절망의 정도가 강해질수록 그 절망은 세상에서 더욱 드물게 나타나는 것임을 말한 바 있다. 그런데 죄란 절망의 정도가 질적으로 한층 더 강해진 것을 의미한다. 그렇다면 죄라는 것은 세상에서 아주 드물게 나타나는 것이어야만 한다. 그럼에도 기독교는 모든 것을 죄 아래에 둔다. 어떻게 이럴 수가 있는가! 실로 기묘한 난제이다. 우리는 기독교적인 것을 가능한 한 엄격하게 기술하려고 노력하였다. 그럼에도 지금 이렇게 이상한 결론이 도출되어 버렸다. 죄는 이교도에서는 전혀 발견될 수가 없고, 오직 유대교와 기독교에서만 발견될 수 있는데, 그 또한 아주 드물게 발견된다는 기묘한 결론이 나온 것이다.

물론 이러한 사실은 특정한 의미에 있어서는 완전히 타당한 것이다. 인간이 신의 계시를 통해 죄가 무엇인가를 안 이후에 신 앞에서 절망하여 자기 자신으로 있으려 하지 않는 것, 또는 절망하여 자기 자신이고자 하는 것, 이것이 죄이다. 사실 이와 같은 규정이 자신에게 적합하게 보이고, 스스로 분명히 인식할 만큼 정신적으로(영적으로) 발

---

140 역주: 이는 키르케고르가 『구약성경』의 「미가서」에서 영감을 받은 표현인 듯하다. "당신께서 저희의 모든 죄악을 바다 깊은 곳으로 던져 주십시오"(미가 7:19).

전을 이룬 사람이 매우 드물다는 것은 분명하다. 하지만 그로부터 어떤 결론이 도출될 것인가? 특히 이 점에 유념해 볼 필요가 있다. 왜냐하면 여기에는 독창적이고 변증법적인 전회가 있기 때문이다. 한 인간이 보다 강한 의미에서 절망해 있지 않다고 해서 그가 절망해 있지 않다고 말할 수는 없다. 오히려 이미 말한 바 있듯이 이와는 반대로 거의 모든 인간이 절망해 있는 것이다. 단지 그 강도가 약할 뿐이다. 그리고 좀 더 높은 정도로 절망해 있다고 해서 그것이 특별히 무슨 공로가 되는 것도 아니다. 심미적인 측면에서 보자면 이는 보다 우월하다는 것이다. 심미적인 측면에서는 힘에 대해서만 착안하기 때문이다. 반면 윤리적인 측면에서 보자면 강한 절망은 낮은 절망에 비해 그만큼 구원으로부터 멀리 떨어져 있는 것이다.

죄에 대해서도 마찬가지다. 대부분의 인간 생활은 변증법적인 것과 무관하게 영위되고 있어서 선(신앙)으로부터는 대단히 멀리 떨어져 있고, 너무나 무-정신적인 것이어서 죄라고 부를 수도 없을 정도이다. 아니, 절망이라고도 할 수 없을 정도이다. 보잘것없는 일에만 열중하며 어리석은 사람들을 흉내 내기에 열중하고 있는, 거의 생활이라고도 할 수 없는 그런 생활, 너무나 정신을 상실하고 있어서 죄라고 말할 수도 없고, 성서에서 말하는 "입에서 토해 낼"[141] 만한 가치밖에 없는

---

141 역주: 이는 「요한 묵시록」에 나오는 구절이다. "네가 이렇게 미지근하여 뜨겁지도 차지도 않으니, 나는 너를 입에서 뱉어 버리겠다"(묵시 3:16). 여기서 미지근한 상태란 '심미적으로 열정적인 것을 상실한 상태'를 의미하기보다는 '윤리적으로 선악에 대한 분명한 결단이 없는 어중간한 상태'를 말하는 것으로 보는 것이 키르케고르의 해석이다. 실제로 그럴 수는 없겠지만 한 인간이 죽을 때까지 선악에 대한 진지한 숙고와 결단을 경험해 보지 않고, 마치 루소가 말하는 '자연인'처럼 평

그런 생활, 이런 생활의 어디에서 본질적인 의미로서의 죄의식(기독교가 바라고 있는 것은 다름 아닌 바로 이것이다)을 발견할 수가 있겠는가?

그런데 문제는 이것으로 끝나는 것이 아니다. 여기서 또 다른 방식으로 죄의 변증법이 사람을 붙들고 있기 때문이다. 도대체 어떻게 해서 한 인간의 생활이 그토록 무-정신적인 것이 되는가? 단단한 땅이 없고 가는 곳마다 습지나 늪지밖에 없어서 지렛대를 설치할 수도 없을 정도로 ―기독교의 고양력高揚力은 지렛대의 역할과 비슷하다― 기독교가 그와의 관계에 끼어드는 일은 도저히 생각조차 할 수 없을 만큼 그렇게 정신을 상실하게 되는 일이 어떻게 해서 발생하는가? 그런 일은 외부에서 인간에게 덮쳐 오는 것일까? 아니, 그렇지 않다. 그것은 인간 자신의 책임이다. 인간은 누구도 무-정신적으로 태어나지 않았다. 아무리 많은 사람들이 죽음을 앞두고 인생의 마지막 단 하나의 수확물로서 무-정신성을 가진 채 죽어 간다고 하더라도 그것은 인생의 책임은 아니다.

그럼에도 불구하고 가급적이면 솔직하게 다음의 사실은 말해져야 한다. 소위 기독교계라는 것은(여기서는 수백만의 사람들이 누구나 거리낌 없이 기독교이며, 따라서 사람의 머릿수만큼의 기독교인이 있는 것이다) 의미가 통하지 않는 잘못 사용된 용어, 부주의한 탈자, 보충해야 할 것이

생을 그렇게 살 수도 있을 것이다. 하지만 사회적 삶에서 이러한 중용의 삶을 기대한다는 것은 거의 불가능하다. 많은 사람들이 선과 악, 정의와 불의 등과 무관하게 조용히 살고자 하지만, 어느 순간 이러한 결단의 순간이 찾아온다. 사회가 구조적으로 악을 포함하고 있기 때문이다. 여기서 결단이야말로 자신의 실존을 한 단계 상승시키는 계기가 된다. 이것이 윤리적 변증법이다. 악으로 인한 고뇌와 마주하면서만이 인간은 선으로 한 단계 상승할 수가 있는 것이다.

많은 잡동사니의 기독교판본이다. 심지어 기독교계에서는 이러한 기독교적인 것이 남용되고 있다. 이는 기독교의 세속화이며, 기독교를 무의미한 것으로 만든다. 아마도 작은 나라에서는 한 세대에 시인은 기껏해야 세 명 정도밖에 나오지 않을 것이다. 그러나 목사의 수는 너무 많아서 모두 임용할 수 없는 지경이다. 사람들은 시인에 관해서는 그것이 천직天職인지 아닌지를, 즉 소명의식을 문제 삼는다. 하지만 대부분의 사람들은 목사가 되기 위해서는 시험에 통과하기만 하면 된다고 생각한다.

그런데 사실상 참된 목사는 참된 시인보다 훨씬 드문 법이다. 천직이라는 것은 본래 신적인 것에 속한다. 그런데도 기독교인들은 '시인이 되는 것은 매우 어려운 것이며, 그것은 천직'이라고 말하면서 시인을 직업으로 삼는 일은 대단히 의미 있는 것으로 생각한다. 반면 목사가 된다는 것은 많은 기독교인들의 눈에는 특별히 숭고한 일이 아니고, 별다른 신비도 없으며 솔직히 말해서 다만 생활을 영위하기 위한 한 방편이라고 생각하고 있다. 천직이란 본래 공직을 의미한다. 따라서 소명에 연관된 것이라고 할 수 있다. 그런데 이 작은 나라에서는 '공직을 가지고 있다'라든가 '공직이 하나 비어 있는데 메우지 않으면 안 되겠다'라는 따위의 말을 하고 있는 것이다.

아아, 실로 기독교계에 있어서 천직이라는 말은 기독교적인 것 전체의 운명을 나타내는 표어와도 같은 말이다. 문제는 기독교적인 것이 말해지지 않았다는 것에 있는 것이 아니며, 더욱이 필요한 만큼의 목사가 없다는 점에 있지도 않다. 불행한 것은 기독교적인 것이 말해지고 있지만 대부분의 사람들이 아무 생각 없이 이에 대해 이야기하고 있다는 것이며, 또한 목사를 상인이나 변호사 혹은 수의사 등과 같은 일상적인 직업과 다르지 않다고 생각하는 것에 있다. 그렇기 때문에 가장 고귀하고 가장 성스러운 것이 아무런 영향력을 발휘하지 못하고 있는 것이다. 어찌 된 연유인지 가장 고귀하고 성스러운 것들이 일상이 되고 습관이 되어 버렸다. 그래서 놀라운 사실은, 목사들이 자신들의 개별적인 행위가 용서받을 수 없는 것이라고 생각하는 대신에, 기독교를 변호할 필요가 있다고 생각하게 된 것이다.

목사란 누가 뭐라 해도 신앙인이어야만 한다. 신앙인이란 결국 사랑하는 자이다. 사람들 가운데 가장 열정적으로 사랑하는 사람이라고 하더라도 신앙인에 비하면 그 열정은 풋내기에 지나지 않는다. 지금 사랑하고 있는 사람이 있다고 하자. 그는 낮이나 밤이나 매일 자신의 사랑에 대해 이야기할 것이다. 그런데 그가 사랑하는 일은 대단한 일이라는 것을 세 가지 이유를 들어 증명해 보이려 한다고 가정해 보자. 과연 이러한 일이 가능하다고 생각할 수 있겠는가? 이러한 일은 입에 담기조차 불길한 혐오스러운 일이라고 당신들은 생각하지 않는가? 그런데 만일 목사가 기도하는 것이 유익한 것이라는 사실을 세 가지 이유를 들어 설명하려고 한다면, 거의 이와 같은 것이 될 것이다. 즉 이는 목사의 기도 가치가 매우 하락했기 때문에 세 가지 이유를 들어서 평판을 조금이나마 회복하려고 한다는 것을 의미하는 것이 된다. 혹은 이와 동일한 맥락이지만 보다 풍자적인 관점에서, 만일 기도가 모든 오성을 초월하는 깨끗한 축복임을 세 가지 이유를 들어서 증명하고자 한다면 이 역시 마찬가지일 것이다.

오오, 분별없는 안티 클리막스여! 어떤 것이 일체의 오성을 초월한 다는 것을 단지 세 가지 이유로써 증명하다니. 세 가지 이유라는 것이 무엇인가에 도움이 되는 것이라면 이는 일체의 오성을 초월하지 않는 것이어야 하며, 기도의 축복이 결코 일체의 오성을 초월하는 것은 아 니라는 것을 오성으로 하여금 확실히 깨닫게 하지 않으면 안 된다. '이 유'란 어쨌든 오성의 영역 안에 있는 것이기 때문이다. 일체의 오성을 초월하는 것을 믿고 있는 사람에게는 '세 가지 이유'라는 것은 세 개의 병이나 세 마리의 사슴과 다름없으며, 그 이상의 의미를 가진 것이 아 니다.

이와 마찬가지로 그대들은 사랑하는 사람이 자신의 사랑을 변호하 는 일 따위를 하리라고 생각하는가? 사랑하는 사람에게 그의 사랑이 무조건적이고 절대적인 것이 아니라, 그것을 변호하지 않으면 안 되 는 부정적인 면을 지니고 있다는 것을 그가 용인하리라고 생각하는 가? 다시 말해 사랑하고 있는 자가 자신은 사랑하고 있지 않음을 용인 할 수 있거나, 용인하고자 한다고 생각하는가? 사랑하는 사람이 스스 로 사랑하고 있지 않다는 것을 폭로하는 짓을 그가 할 것인가? 만약 누군가 사랑하는 자에게 그러한 변호를 하도록 제안하고자 한다면 그 는 이러한 제안이 미친 짓이라고 생각하지 않겠는가? 만약 그가 사랑 하는 사람이면서 한편으로 관찰자의 마음을 가지고 있다면 이런 제안 을 하는 사람에 대해서, 이 사람은 아직 사랑을 경험해 보지 못한 사람 이거나 혹은 자신에게 사랑을 변호하게 하여 자신의 사랑을 배반하고 또 부인하도록 유혹하고 있다는 의심을 품지 않을 수 없을 것이다.

진정으로 사랑하고 있는 사람이 세 가지의 이유를 들어 자신의 사랑을 증명하거나 변호하려고 하지 않는다는 것은 너무나 당연한 일이다. 왜냐하면 사랑이란 일체의 이유나 변호를 초월해 있는 것이기 때문이다. 그는 사랑하고 있는 사람이다. 증명을 하거나 변호를 하고자 하는 것은 사랑하고 있지 않는 자의 행위이다. 이런 사람은 다만 스스로 사랑하고 있다고 생각하고 있을 뿐이다. 불행인지 다행인지 그는 너무나 어리석게도 (자신의 사랑을 증명하거나 변호하면서) 자신이 사랑하고 있지 않다는 것을 자기 스스로 폭로하고 있는 것이다.

그런데 이는 신앙심이 두터운 목사들이 기독교에 관해서 말하는 바와 정확히 일치한다. 그들은 사람들이 사변적으로 이해하지 못할 때, 변호를 하거나 기초를 만들어 확고하게 하며, 이를 사변적으로 파악하고자 한다. 그리고 이런 것을 설교라고 한다. 이런 설교를 하거나 듣는 것만으로도 대단한 일인 것처럼 생각한다. 이렇게 하여(이러한 것이 그 증거이다) 기독교는 그 스스로의 본질로부터 멀어지고 대부분의 사람들이 엄밀한 기독교적인 관점에서 보자면 너무나 정신을 상실하고 있기 때문에 죄라고도 불릴 수 없는 것이다.

제2장
죄의 계속

모든 죄의 상태는 그 하나하나가 새로운 죄다. 혹은 —2장 1절에서 보다 자세하게 설명하겠지만— 보다 정확하게 표현하자면 모든 죄의 상태는 새로운 죄이며, 죄 그 자체이다. 이 사실은 죄인에게 있어서는 아마 과장된 것처럼 들릴 것이다. 그는 기껏해야 그때그때 새로 범한 죄만을 새로운 죄로 인정할 것이다. 하지만 그의 죄의 감정서를 기록하는 영원永遠은 죄 안에 머물러 있는 모든 상태를 새로운 죄로서 장부에 기록할 것이 틀림없다.

영원은 오직 두 개의 법규만을 가지고 있다. 신앙에 의하지 않는 모든 일은 죄이다.[142] 회개하지 않는 모든 죄는 그 하나하나가 모두 새로

---

142 역주: '신앙에 의하지 않는 모든 일은 죄이다'라는 진술은 사도 바울이 「로마서」에서 한 말이다. "그대가 자기의 것으로 지니고 있는 신념을 하나님 앞에서도 그대로 지니십시오. 자기가 옳다고 여기는 일을 하면서 자신을 단죄하지 않는 사람은 행복합니다. 그러나 의심을 하면서 먹는 사람은 이미 단죄를 받았습니다. 그것이 믿음에서 우러나온 행위가 아니기 때문입니다. 믿음에서 우러나오지 않는 행위는 다 죄입니다"(로마 14:22~23). 이 말은 두 가지로 해석 가능하다. 하나는 여기서 '모든 일'이라는 것은 '선택'을 요구하는 중요한 모든 일을 말하는 것으로서, 분명하게 옳다고 확신하는 신념이 없는 선택은 곧 '옳지 않은 일'이라는 의미이며, 다른 하나는 세속적인 관점

운 죄이며 죄가 회개되지 않고 있는 순간순간이 새로운 죄이다. 그런데 자기 자신에 대해 일관된 연속성을 가지고 있는 사람이 몇이나 될까? 사람들은 대부분 오직 보통 이상의 결단을 내릴 때에만 순간적으로 자기 자신에 대한 의식을 가지게 된다. 하지만 이때 이들은 자신들의 일상생활은 전혀 고려하지 않는다. 이렇게 이들도 일주일에 한 번쯤, 그것도 한 시간 정도 의식이 된다.[143] 물론 이 경우도 정신이라고 하기에는 너무 조야하다. 하지만 본질적으로 연속성인 영원은 인간에게 영속성을 요구하고, 따라서 인간이 정신을 가지고 자기 자신을 자각하고 신앙을 가질 것을 요구하고 있다.

그런데 이와는 반대로 죄인은 완전히 죄의 지배하에 있으므로 죄의 전체적인 성격을 의식하지 못하며, 자신이 파멸의 길을 헤매고 있다는 것을 알지 못한다. 다만 그는 하나하나의 새로운 죄를 범할 때마다 이 새로운 죄에 대해서만 헤아릴 뿐이며 새로운 멸망의 길을 밟고 있다고 여길 뿐 이전의 죄에 이끌려 이 멸망의 길을 한 발짝씩 나아가고 있다는 것을 전혀 모르고 있다. 그에게 죄는 매우 자연스러운 것이다. 그에게 죄는 제2의 천성이 되어 버렸기 때문에 죄로 점철된 그의 일상을 완전히 정상적이라고 생각하고 있다. 그리고 오직 순간순간 죄로

에서 살아가는 삶 그 자체가 신앙인의 입장에서 보면 곧 '죄 중에 있는' 그런 삶이라는 것을 의미한다.

143 역주: '일주일에 한 시간 정도만 정신이 된다'라는 표현은 주일날 예배나 미사를 보는 시간에만 정신이 된다고 하는 것이다. 즉 다시 말해 자신이 누구인지 진지하게 고민하면서 '하나님의 아들'로서 내가 어떻게 살아야 하는지를 참으로 의식하게 되는 시간이 '예배'나 '미사'시간뿐임을 말하고 있는 것이다.

인해 파멸의 길을 내디딜 때에만 잠시 멈추어 설 뿐이다. 그는 파멸의 늪에 빠져 눈이 어두워져 있기 때문에 신 앞에서 영원자의 영속성을 가지는 일도 없고 또 자신이 죄의 연속성 안에서 살아가고 있다는 사실을 보지 못하는 것이다.

그런데 죄의 연속성이라고 말하지만 사실상 죄는 비연속적인 것이 아닐까? 여기서 다시 논의되는 것은 죄란 소극적인 것에 불과하다는 그 사유이다. 즉 죄란 마치 훔친 물건에 대해서 자기 권리를 주장할 수 없는 것처럼, 자신에 대한 권리를 취득할 수 없는 소극적이고 무력한 자기주장의 시도이며 절망적인 반항 안에서 자기를 구성하지 못하고 무력한 갈등으로 번뇌하는 것일 뿐이 아닌가. 이것이 바로 사변적인 입장에서 이해하고 있는 죄에 관한 사유이다. 그러나 기독교적인 입장에서 죄란 어떤 사람도 개념적으로 파악할 수 없는 역설적인 것이기 때문에 믿지 않으면 안 되는 것이다. 즉 죄는 적극성이며 끊임없이 증대해 가는 '정립'의 연속성을 자기 안에서 전개하는 것이다.

이런 연속성은 부채나 부채의 양이 증가하는 법칙과는 다르다. 왜냐하면 부채는 갚지 않는다고 해서 늘어나지는 않으며, 새롭게 부채를 질 때마다 늘어나는 것이지만, 죄란 인간이 그곳에서 벗어나지 않는 순간마다 증대하기 때문이다. 따라서 죄인이 새로운 죄에 의해서만 죄가 증대된다고 생각하는 것은 잘못된 생각이다. 오히려 기독교적으로 이해하자면 죄 안에 머물러 있는 상태가 바로 죄의 증대이며 새로운 죄가 되는 것이다. '죄를 범하는 것은 인간적인 것이지만 죄에 머무는 것은 악마적인 것이다'라는 격언이 있다. 물론 이 말은 기독교적인 의미에서는 좀 다르게 이해되어야 한다. 왜냐하면 이 말은 단지 새로운 죄에 대해서만 주목할 뿐 죄와 죄 사이에서 죄가 지속되고 있다는 사실을 간과하고 있기 때문이다. 이런 비약적인 고찰방법은 기관차가 증기를 폭폭 내뿜을 때에만 움직이고 있다고 생각하는 것만큼이나 어리석은 고찰이다. 우리가 주목해야 할 것은 기관차가 증기를 내뿜으며 그에 따라 움직이는 것이 아니라, 증기를 뿜고 기관차가 전진하는 일이 동시에 계속하여 진행된다는 점이다. 죄의 경우도 마찬가지다. 죄 안에 미물리 있다는 사대는 보다 깊은 의미에서 본 죄이며, 개개의 죄는 연속되는 죄가 아니라 죄가 계속되고 있음의 표현이다. 개개의 새로운 죄 안에서는 본죄의 운동을 보다 쉽게 파악할 수 있다.

죄 안에 머물러 있다는 상태는 개개의 죄들보다 더욱 악한 것이다. 그것은 죄 자체이기 때문이다. 이렇게 이해한다면 죄 안에 머물러 있다거나 죄 안에서 머뭇거리는 상태는 죄의 계속이며 새로운 죄라고 할 수 있다. 일반적으로 사람들은 이를 좀 다르게 이해하고 있다. 즉 사람들은 하나의 죄가 또 다른 새로운 죄를 만들어 낸다고 생각하는 것이다. 하지만 여기에는 보다 깊은 죄의 근거가 있다. 죄 안에 머물러 있다는 그 상태가 곧 새로운 죄라는 것이다.

셰익스피어가 맥베스로 하여금 다음과 같이 말하게 한 것은 과연 인간의 심리를 꿰뚫고 있는 거장다운 말이다. "죄로 인하여 생긴 일은 오직 죄에 의해서만 힘과 강함을 얻는다"(3막 2장). 이 말이 의미하는 것은 죄는 그 자신의 내부에서 일관된 것이며 악이 그 자신 속에서 이처럼 일관된 것이기 때문에 죄가 그 안에서 힘을 가지게 된다는 것이다. 만일 개개의 죄에만 주목한다면 결코 이러한 통찰에 이를 수 없을 것이다. 말할 필요도 없이 대다수의 사람들은 너무나 빈약한 자기 자신에 대한 의식을 가지고 살아가기 때문에 일관성이 무엇인가에 대한 관념을 가지지 못하고 있다. 결국 이들은 정신으로서 존재하고 있지는 않는 것이다. 그들의 생활은 어린아이 같은 평범하고 단순한 가운데 혹은 무의미한 수다나 우둔함 속에서 사소한 사건들로 이루어져 있다. 그들은 무언가 좋은 일을 하는가 하면, 다음에는 잘못을 저지른다. 그리고 처음부터 다시 시작한다. 그들은 오후 내내, 혹은 3주쯤 절망해 있다가 이윽고 다시 활기를 되찾는다. 그러고는 또다시 하루쯤 절망해 있다.

그들은 이른바 인생이라는 유희에 가담하여 놀고 있으므로 한 가지 일에 일체를 거는 진정한 승부를 경험하는 일이 없다. 그렇기 때문에 자기 자신 안에 있는 무한한 일관성의 개념에 도달하는 일도 결코 없다. 그리하여 그들에게는 언제나 개개의 일, 개개의 선생, 개개의 죄만이 문제가 되는 것이다. 정신의 규정하에 있는 실존은 비록 그것이 자신의 한 개인적인 책임에 관련된 것일지라도 본질적으로 자신의 내부에 일관된 것을 가지고 있으며, 이는 보다 높은 것 안에 —적어도 이념 안에— 일관된 것을 가지고 있다. 그런데 이러한 사람은 일관되지 않은 것에 대한 무한한 두려움을 가지고 있다. 왜냐하면 그는 자신의 생명이 달려 있는 전체로부터 분리될지도 모른다는 만일의 결과에 대한 무한한 두려움을 가지고 있기 때문이다.

만일 조금이라도 일관된 것이 상실된다면 그에게는 엄청난 상실이다. 왜냐하면 그는 일관성 자체를 잃게 되기 때문이다. 일관성을 상실하는 순간 모든 것을 조화 속에 잘 통합하고 있던 신비스러운 마법의 힘이 풀려 용수철은 느슨해지고 전체가 혼돈 속에 빠지며 힘은 그 안에서 반란을 일으켜 서로 싸우게 되기 때문이다. 더욱 비참한 것은 자아 안에서 이제 자기 자신과의 어떠한 일치도 발견할 수 없고 아무런 진보도 추진력도 발견할 수가 없다는 점이다. 일관성을 가지고 있었던 때에는 강철 같은 강함에도 불구하고 지극히 부드러우며, 그 힘에도 불구하고 매우 유연하였던 기계가 지금은 완전히 기능을 상실하고 만 것이다. 우수하고 위대한 기계였던 만큼 그 혼란은 더욱 전율할 만한 것이다. 이처럼 선善의 일관성 안에서 평화롭게 생활하고 있던 신앙인은 아무리 사소한 죄일지라도 무한히 두려워하는 것이다. 왜냐하면 작은 죄일지라도 많은 것을 상실하지 않으면 안 되기 때문이다. 직접적인 사람들, 어린이 같은 사람들은 상실할 전체라는 것을 가지고 있지 않으며, 단지 단편적인 것만을 얻거나 잃을 뿐이다.

신앙인에 대하여 말했던 것을 똑같이 그 반대인 악마적인 것에 대해서도 말할 수 있다. 단, 이번에는 죄 자체의 일관성에 관해서이다. 악마적인 사람의 상황은 알코올 중독자의 경우와 유사하다. 만약 그가 하루라도 술을 마시지 않고 있게 되면 전혀 취하지 않는 상태에서 찾아들 무기력과 그 무기력 때문에 야기될 결과를 두려워하는 것이다. 악마적인 것도 바로 이와 같다. 만약 누군가가 선한 사람을 유혹하려고 그의 면전에 죄를 여러 가지 매력적인 형태로 나타내 보인다면 그는 이렇게 말할 것이다. "제발 나를 유혹하지 말아 줘!" 이와 똑같은 예를 악마적인 것에서도 볼 수 있다. 만약 참으로 선한 어떤 사람이 악마적인 사람에게 숭고한 선의 축복에 대해서 제시하고 있다면 그 역시 이렇게 말할 것이다. "제발 나에게 아무 이야기도 하지 말아 줘, 제발 나를 나약하게 하지 말아 줘!" 하면서 애원할 것이다. 악마적인 것 역시도 일관적이며 악의 일관성[144] 안에 있으므로 그 역시 전체를 상실하게 되기 때문이다.

한순간만이라도 악의 일관성 바깥으로 나가는 일이 있거나 단 한순간이라도 위생상 부주의하거나 한눈을 판다면, 단 한순간이라도 전체나 일부분이 다르게 보이거나 이해가 될 수 있다면 악마적인 것은 스스로 말하는 바와 같이 다시는 그 자신이 될 수가 없을 것이다. 하지만 그는 절망하여 선을 버렸고, 선은 무슨 짓을 해도 그를 도울 수가 없는 것이다. 그럼에도 그는 선이 그의 마음을 혼란하게 하여 그의 마음을 약하게 하고 전속력으로 진행하고 있는 그의 악의 일관성으로부터 이탈하게 할 수가 있다는 사실을 두려워하는 것이다. 오직 죄를 계

---

144 역주: 설명의 효과를 위해서 저자는 '악의 일관성'이라는 말을 사용하기는 하지만, 엄밀히 말해서 '악의 일관성'이라는 말은 그 자체 모순된 것이다. 왜냐하면 '악의 고유함'은 일관성의 파괴를 의미하기 때문이다. 만일 악의 고유함이 있다면 그것은 '질서의 파괴' '조화의 파괴' '삶의 파괴'라는 형식이기 때문에 악은 마치 존재의 파괴처럼 나타난다. 따라서 '악의 일관성'이라는 말이 의미가 있다면 그것은 '일관되게 질서와 조화와 선을 파괴하는 행위'가 될 것이다. 다시 말해서 일관되게 일관성을 파괴하는 것이 악의 속성이다. 반면 '선과 질서 그리고 조화' 등을 파괴하기 위해서 어떤 철학적인 이론을 수립하고자 하는 사람이 있다면, 이러한 이론을 체계적으로 수립하고자 한다는 차원에서 '악의 일관성'이라고 할 수는 있을 것이다. 하지만 이 경우도 엄밀히 말해서 '철학적 체계' 그 자체가 '악'은 아닐 것이며, 다만 악의 수단이 될 뿐이므로 '악의 일관성'이란 말은 유비적으로만 말해질 수 있을 것이다.

속 지음으로써만 그는 그 자신이고 동시에 그 자신임을 느낄 수가 있다. 또 오직 그 안에서만 살아 있음을 느낀다. 이것이 무엇을 의미하는 것일까? 그것은 죄의 상태 속에 있다는 것은 그가 빠져 있는 깊은 바닥에 그를 잡아매고 있다는 것이며, 이것이 '무신적無神的 상태'를 지속적으로 강화시켜 간다는 것을 의미한다. 그를 돕고 있는 것은 개개의 새로운 죄가 아니다. 새로운 죄란 다만 그가 죄 속에 머물고 있는 상태의 외적인 표현에 지나지 않는다. (실로 그러하다면 이 얼마나 무서운 상태이겠는가!) 죄 속에 머물러 있는 상태야말로 본래의 죄이다.

그렇기 때문에 지금 우리가 문제 삼고 있는 '죄의 계속'인 경우는 개개의 새로운 죄가 아닌 죄 안에 머물러 있는 상태라는 것을 염두에 두지 않으면 안 된다. 그런데 이 상태에서 개개의 새로운 죄는 죄의 강도를 한층 심화시키게 되고, 이윽고 죄의 상태 안에 머물러 있음을 의식하면서 죄의 상태 안에 (의도적으로) 머물러 있고자 하는 지경에 이른다. 이렇게 강화된 죄의 운동은 다른 곳에서와 마찬가지로 (즉 선의 경우와 마찬가지로) 내면으로 향하여 점차 강렬한 의식 속으로 들어가게 되는 것이다.[145]

---

145 역주: 평범한 사람이 이러한 상태에 도달한다는 것은 거의 불가능할 것이다. 왜냐하면 인간에게는 양심이라는 것이 있어서 언젠가는 자신이 죄 속에 있음을 자각하면서 죄의식을 느낄 수밖에 없기 때문이다. 하지만 이론상으로 가능하며, 어쩌면 아주 드물겠지만 우리가 '악마 같은 사람'이라고 생각하는 사람이 이러한 부류일 것이다. 이들에게는 양심이 거의 소멸되거나 왜곡되어 있어서 선과 악의 가치에 대한 구분이 상실되었기 때문이다. 자신이 죄 속에 머물고 있다는 것을 의식하고, 자신의 모든 행위의 동기가 이러한 죄의 계속이며, 이를 의도적으로 고수한다는 것은 곧 악마의 속성 외에 다른 것이 아니다. 즉 그는 스스로 '악마의 자녀'라고 자처하게 되는 것이다.

1. 자신의 죄에 대하여 절망하는 죄

죄란 절망이다. 그리고 그 정도가 강해진 것이 자신의 죄에 절망하게 되는 새로운 죄이다. 이것이 강화된 성질의 것이라는 점은 쉽게 이해할 수 있다. 이전에 100달러를 훔친 사람이 이제는 1,000달러를 훔치는 경우, 이는 새로운 죄를 짓는 것이 아니다. 이는 동일한 죄를 반복하는 것으로, 새로운 죄라고 할 수가 없다. 자신의 죄에 대해서 절망한다는 것은 개개의 죄를 문제 삼고 있는 것이 아니다. 죄를 짓고 있는 상태 그 자체가 죄이며, 이 죄가 새로운 의식의 내부에서 그 정도를 강화해 간다.

자신의 죄에 절망한다는 것은 죄가 자신에게 있어서 일관된 것이 되거나 되려고 하는 것의 표현이다. 이 죄는 선과 관련된 것은 어떠한 것도 원치 않으며 다른 사람의 말에 귀 기울이면서 마음이 약해지는 것을 원치 않는다. 이 죄는 오직 자신의 목소리에만 귀 기울이고자 하며 자기 자신만을 문제 삼고 있으며 자기 안에 틀어박혀 있으려 한다. 이뿐만 아니라, 한층 더 높은 울타리를 치고 그 안에 틀어박혀서 선으로부터의 일체의 습격이나 추적에 대해서 자신을 지키려고 한다. 이미 자신의 등 뒤에 있는 교량은 부서져 버렸기 때문에 선으로 향하는 통로도 선에서 자신으로 오는 통로도 차단되어 있음을 그는 의식하고 있다. 그리하여 마음이 약해지는 순간에 스스로 선을 바라고 있다고 해도 이미 선에 대한 의지를 갖는 것은 불가능한 것임을 알고 있다.

죄란 그 자체가 선으로부터의 이탈이다. 죄에 관해 절망한다는 것은 보다 심각한 선으로부터의 단절이다. 당연한 말이지만 이 죄는 자기 속에서 악마적인 것의 마지막 힘까지 쥐어짜서 신을 모멸하는 냉혹함이나 완고함을 만들어 낸다. 이렇게 하여 시종일관 회개라든가 은총이라든가 하는 것을 단지 공허하고 무의미한 것으로 만들 뿐만 아니라 이를 말하는 사람을 적으로 간주하고 마치 선한 사람이 유혹에 대항해 자신을 보호하듯이 이들에 대해서 강력하게 저항하지 않으면 안 된다고 생각하는 것이다. 이런 의미에서 『파우스트』에서 악마 메피스토펠레스가 "설망하는 악마만큼 비참한 것은 없다"[146]라고 한 말은 아주 적절하다. 왜냐하면 여기서 절망한다는 것은 회개나 은총의 말을 듣고 싶을 정도로 악마가 약해져 있다는 것을 의미하기 때문이다. 우리는 죄에서부터 죄에 대한 절망에 이르기까지의 강도의 상승에 대해서 다음과 같이 말할 수 있다. 즉 죄는 선과의 절교이며, 죄에 대한 절망은 회개와의 절교이다.

죄에 대해 절망한다는 것은 한층 더 깊이 침잠함으로써 자신을 지탱하고자 하는 시도이다. 열기구를 타고 하늘로 올라가는 사람이 무거운 물건을 내던지면서 상승하는 것처럼 자기 죄에 절망하는 자는 모든 종류의 선을 확고하게 내던짐으로써 가라앉는다. 왜냐하면 선의 무게는 끌어올리는 것이기 때문이다. 그는 가라앉고 있지만 자신은

---

146 역주: 괴테의 『파우스트』 제1부 「숲과 동굴」의 끝 장면에 나오는 말이다. 죄인이 '자신의 죄에 대해서 절망하는 것'과 악마가 '절망하는 것'은 동일한 의미가 아니다. 죄인이 자기 죄에 대해 절망한다는 것은 '더 이상 선으로 나아가는 희망이 없음'을 말하는 것이지만, 악마가 절망한다는 것은 '회개나 은총을 바랄 만큼 나약해져 있음'을 의미하는 것이다. 즉 이 둘은 반대의 의미를 가지고 있다.

상승하고 있다고 착각한다. 왜냐하면 몸이 점점 가벼워지는 것은 사실이기 때문이다.[147] 죄 그 자체가 절망의 투쟁이다. 그러나 싸움에 지쳐 기진했을 때에는 죄를 새롭게 강화함으로써 악마적인 힘으로 더욱 자신 속에 들어박히는데, 이것이 자기 죄에 대한 절망이다. 이것은 (죄의) 전진이며 악마적인 것에 있어서의 상승이다. 물론 죄 속으로 깊이 가라앉는 것이다. 이는 회개나 은총에 관해서는 조금도 귀를 기울이지 않겠다고 최종적으로 결심함으로써 하나의 (악마적인) 힘이 죄를 더욱 지지하고 죄에다 이득을 주고자 하는 시도이다. 이런 사람은 자신은 생명의 양식이 되는 그 어떤 것을 조금도 가지고 있지 않으며 자아에 대한 관념조차도 가지고 있지 않음을 잘 의식하고 있다.

셰익스피어가 맥베스로 하여금 (2막 2장에서) 다음과 같이 절규하게 하였을 때, 이는 인간의 영혼을 깊이 이해한 최상의 표현이라고 할 수 있다. "(그가 국왕을 살해한 후, 그리고 자신의 죄에 대해 절망한 이후) 지금 이 순간부터 인생에는 아무런 진실도 없다. 모든 것이 허무이다. 명예도 은총도 죽어 버렸다." 참으로 거장다운 필치는 '명예와 은총'이라는 마지막 두 마디에 약동하고 있다. 죄 때문에, 자기 죄에 대해서 절망한 때문에 맥베스는 모든 은총과의 관계를 상실하였고, 동시에 자기 자신과의 모든 관계마저도 상실하고 말았다. 그의 이기적인 자아는 명

---

147 역주: 여기서 '몸이 점점 가벼워진다'는 표현은 죄로 인한 양심의 가책이나 갈등 등이 없어진다는 것으로 이해할 수 있을 것이다. 가령 갱단이나 폭력조직에 가담하는 사람은 처음 죄의 길로 접어들 때는 죄로 인해서 심한 갈등을 겪지만, 보다 확고하게 죄를 짓는 일을 일상으로 하게 되면 더 이상 갈등 따위는 하지 않는 것과 같은 이치이다.

예욕에 있어서 절정에 달한다. 그는 이제 제왕이 된 것이다. 그럼에도 불구하고 그는 자신의 죄에 대해 절망하고, 회개의 가능성이나 은총의 현실성에도 절망하고 있기 때문에 그는 자기 자신마저도 상실하고 있는 것이다. 그는 자기 자신에게도 자기를 주장할 수가 없다. 그는 은총을 붙들 수 없는 것처럼 명예욕을 향유할 자기 자신을 가질 수도 없다.

자신의 죄에 대한 절망이 실생활에서 나타나는 경우 —어쨌든 사람들이 그렇게 부르고 있는 무언가가 현실 안에 나타난다— 사람들은 죄에 관한 이 절망을 대부분 잘못 평가하고 있다. 왜냐하면 일반적으로 사람들은 경박한 것, 분별없는 것, 쓸데없는 잡담 따위만을 문제 삼고 있기 때문에 심각한 이야기만 나오면 심각한 얼굴을 하고서는 공손하게 모자를 벗어 버리기 때문이다.[148] 자신의 죄에 대해 절망하고 있는 사람은 자기 자신 또는 자아의 의의에 관하여 혼란하고 불투명한 의식밖에 가지고 있지 않든가, 그렇지 않으면 위선자이다. 혹은 모든 절망한 사람이 그러하듯 교활함과 궤변의 도움을 빌려 자신을 선한 자로 가장하며, 그렇게 하여 자신은 깊은 본성을 가지고 있고, 또 그 때문에 자신은 자기 죄에 관하여 신경을 많이 쓰고 있는 사람처럼 보인다고 생각하게 되는 것이다.

---

148 역주: 여기서 '공손하게 모자를 벗어 버린다'는 것은 상대방에 대해서 낮춤을 의미한다. 다시 말해서 대화자와 동등한 위치에 자신을 두는 것이 아니라 스스로 대화자의 청자 혹은 제자처럼 낮추어 자신의 주관을 배제한다는 의미를 담고 있다. 이러한 경우 상대방이 무슨 말을 하더라도 정당하게 평가할 수가 없게 된다.

예를 들어 예전에 죄에 빠져 있었던 사람이 그 후 오랫동안 죄의 유혹에 저항하여 그 죄로부터 벗어났으나 다시금 그 죄의 포로가 되었다고 하자. 이 경우 그가 지니고 있는 우울함은 반드시 죄로 인한 것이라고는 할 수가 없다. 여기에는 다른 여러 가지 이유가 있을 수 있다. 그가 우울한 것은 (신이나 운명의) 섭리에 대한 분노일 수도 있다. 그는 자신이 죄의 포로가 된 것은 운명의 탓이라고 생각한다. 지금까지 오랫동안 유혹에 싸워 이겨 왔는데, 지금 자신이 이런 꼴을 하고 있는 것이 운명의 장난이라 생각하고, 너무 가혹한 것이 아닌가 하며 분노하는 것이다. 어쨌든 이러한 비탄을 자신이 의로운 인간임을 말해 주는 징표로 간주한다는 것은 너무나 유치한 수다쟁이가 하는 짓과 같다. 모든 격정은 사실상 양의적인 것이다. 격정적인 사람이 어떤 일에 대해서 자신이 말하고자 한 것과는 전혀 반대되는 말을 했음을 나중에 깨닫고 미칠 듯이 못 견디어 하는 것을 종종 볼 수 있다. 이런 사람은 보다 열정적으로 자신이 저지른 죄 때문에 자신이 얼마나 괴로워하고 있는지, 얼마나 깊은 절망의 늪에 빠져 있는지를 사람들에게 말할 것이다. "이제는 결코 이런 나 자신을 용서할 수가 없다!" 그리고 그는 다음과 같이 생각할 것이다. 즉 그는 이런 모든 고뇌들이 자기 안에 많은 선을 가지고 있으며, 자신이 깊은 본성의 소유자라는 것을 나타내고 있는 것이라고… 하지만 이러한 생각은 자신을 기만하는 것이다. 나는 의도적으로 "이제는 결코 이런 나 자신을 용서할 수가 없다!"라는 말을 삽입하였다. 이 말은 사람들이 이런 경우에 처하게 될 때 자주 하게 되는 말이기 때문이다. 그리고 우리는 바로 이 말을 실

마리로 삼아 변증법적으로 올바른 길을 발견할 수가 있을 것이다.

이제 결코 자신을 용서할 수가 없다! 그런데 지금 신이 그를 용서하려고 하신다면 그도 자신을 용서해야만 하는 겸손함을 가져야 하지 않을까? '그런 죄를 범하다니, 이제 결코 나 자신을 용서할 수가 없어' 하는 식으로 그가 점점 더 격정적으로 된다는 것은 의로움이나 선함과는 정반대로 오히려 (오만한) 자신의 정체를 폭로하는 것이 된다. 왜냐하면 이런 식으로 말한다는 것은 신에게 간절히 용서를 비는 참회와는 완전히 반대되는 행위이기 때문이다. 즉 죄로 인하여 그의 설명은 '선하다'는 것의 규정과는 아득히 멀어졌으며, 오히려 한층 더 강화된 성격의 죄를 가지게 되는 것이다. 그는 이러한 격정적인 말을 통해서 보다 깊은 죄의 구렁 속에 빠져든다는 사실을 알지 못하고 있다.

이런 사람의 실상을 말하자면 다음과 같다. 그가 유혹에 저항하여 이겨 내었을 때, 그의 눈에는 사실 이상으로 자신이 훌륭한 인간이 된 것처럼 보인 것이다. 그래서 그는 이런 자기 자신을 자랑하기에 이르렀다. 이런 자랑하는 기분에서 볼 때, 죄에 빠져 있었던 과거는 완전히 지나가 버린 것으로 보인다. 그런데 다시 죄를 짓게 됨으로써 갑자기 과거가 현실이 된 것이다. 그의 교만함은 이러한 과거에 대한 회상을 참아 내지 못한다. 그래서 앞서 말한 것과 같은 깊은 자신에 대한 비판이 나타나게 되는 것이다. 그런데 이런 자신에 대한 비판은 자신을 신으로부터 분리시킨다는 점에서 위장된 자기애이며 교만함에 지나지 않는다.

그가 과거에 그토록 오랫동안 유혹에 저항할 수 있도록 자신을 도와준 것은 신이었으며, 자신이 유혹에 대해 저항할 수 있었던 일이 이미 자신을 초월하는 일이었으므로 겸손하게 신에게 감사하며 나약한 자신의 원래 모습을 기억하고, 겸손하게 새롭게 출발하려고 하지 않는 것이 곧 그의 교만인 것이다. 다른 모든 경우와 마찬가지로 이런 경우에도 옛 신앙서가 설명해 주는 바는 매우 깊이가 있고 훌륭한 길잡이가 된다. 옛 신앙서는 "신은 신앙인이 좌절하여 유혹에 빠지는 일을 가끔 모른 체 내버려 두는데, 그 이유는 신앙인으로 하여금 겸손을 배우게 하여 더욱더 굳건하게 '선 안에서' 존재하도록 하려는 배려이다"라고 가르치고 있다. 선의 상당한 진보와 죄를 다시 범하게 되는 것을 대조해 보는 것은 사람의 마음을 매우 겸손하게 한다. 이러한 모습이 바로 자기 자신이라는 생각은 큰 고통이며, 보다 선한 사람일수록 자신이 범한 죄 때문에 더욱 고뇌하게 된다. 그렇기 때문에 그가 올바른 방향으로 전환하지 않는다면 그만큼 위험도 커진다. 어쩌면 그는 고통스러움 때문에 어두운 우수의 밑바닥으로 가라앉고 말지 모른다.

어리석은 목회자는 이러한 고뇌를 마치 신앙인의 선함에서 기인하는 것인 양 그의 영혼의 깊이와 선이 그에게 미치는 힘의 위대함을 찬미할 것이다. 그리고 그의 아내는 죄로 인해서 그토록 비탄에 잠길 수 있는 진실하고 거룩한 자신의 남편과 평범한 자신을 비교해 보면서 겸손해지는 것을 느낄 수 있을 것이다. 분명 그의 말은 점점 더 사람들을 미혹시킬 것이다. 아마 그는 더 이상 "이제 결코 나 자신을 용서할 수 없어!"라고 말하지는 않을 것이다. 이렇게 말한다면 과거에는 자신을 용서한 일이 있는 것이 되며, 그렇다면 이는 신을 모독하는 일이 되기 때문이다. 그래서 그는 아마도 "신은 결코 자신을 용서하지 않을 것이다!"라고 말할 것이다. 아! 하지만 이 역시 단순한 '자기기만'에 지나지 않는다. 그의 슬픔, 그의 한탄, 그의 절망은 자기중심적이다. 이는 죄에 대한 불안 같은 것이다. 이런 불안은 죄 없는 자신을 자랑하고자 하는 자기사랑과 다르지 않기 때문에 오히려 인간을 죄 속으로 끌어들인다.[149] 그리고 위로와 도움을 주기 위한 말들이야말로 그가 가장 필요로 하지 않는 것이다. 그래서 자신에게 도움을 주고자 하는 목회자의 온갖 처방이, 온갖 거대한 사상들이 오히려 그의 병을 점점 더 악화시키는 것이다.

2. 죄의 용서에 대해 절망하는 죄[150] (좌절)

여기서 자아의식의 강화는 그리스도를 아는 것이며, 그리스도 앞에 직접 대면하는 것에서 주어진다. 다시 말해 '그리스도에 관계된 자아'에서 발생한다. 처음에 (1부 1장에서) 영원한 자기를 가지고 있다는 사

---

149 역주: '의로움'은 자랑하는 순간 변질된다. 즉 어떤 사랑도 자랑하는 순간에는 이미 사랑이 아닌 것이다. 그렇기 때문에 의로운 사람으로 떠받들리는 사람에게는 '불안'이 도사리고 있다. 그가 다시 죄를 범하게 되면서 의로움을 상실할까 하는 불안함이다. 이러한 불안이 그로 하여금 '위선'을 낳게 하기 때문에 불안은 오히려 인간을 죄 속으로 빠지게 하는 것이다. 신앙인의 입장에서 모든 의로움은 신으로부터 온다고 하는 생각이야말로 그에게 불안을 없애주는 처방일 것이다.

150 '자신의 죄에 관하여 절망하는 것'과 '죄의 용서에 대해 절망하는 것' 사이의 차이에 주목하여 주기 바란다.

실에 대한 무지가 나타나고, 그다음에는 어떤 영원한 것이 그 안에 포함되어 있는 자아에 대한 지식이 나타났다. 다시 (2부로 옮아갈 즈음에) 이상의 구별에도 불구하고 자기란 아직은 인간적인 자아에 대한 관념 밖에는 가지고 있지 않다는 것, 다시 말해서 자신의 척도는 인간이라는 사실이 나타났다. 이와 대립하는 것은 신에 관여한 자아이다. 그리고 이것이 죄를 규정하기 위한 기초를 형성하였다.

이번에는 그리스도 앞에 선 자기가 문제가 된다. 물론 이 자기는 절망하여 자기 자신이고자 하지 않는 자아이거나, 절망하여 자기 자신으로 있고자 하는 자아이다. 왜냐하면 죄의 용서에 대한 절망은 절망의 두 가지 형식, 즉 나약함의 절망이거나 반항의 절망 가운데 어느 하나로 환원되기 때문이다. 다시 말해서 좌절[151]하여 믿을 만한 용기를 가질 수 없는 절망이거나 좌절하여 믿으려고 하지 않는 반항의 절망 중 어느 하나가 될 것이기 때문이다. 그런데 여기서는 나약함과 반항의 역할이 바뀌어 있다. 여기서는 인간이 자기 자신으로 있으려 하는가, 하지 않는가가 문제가 아니라, 인간이 죄인으로서, 즉 그의 불완전성에서 자기 자신으로 있으려 하는가, 하지 않는가가 문제가 된다. 앞의 경우에는 사람이 절망하여서 자기 자신으로 있으려 하지 않는 나

---

151 역주: 국내의 어떤 번역서에는 '좌절'로, 또 다른 번역서에는 '분노'로 번역되어 있다. 참고로 불어 번역본에서는 'scandale'로 되어 있다. 문맥상 '좌절'이나 '분노' 어느 것으로 번역하여도 큰 무리는 없을 것이다. 정신적인 차원에서 보자면 '좌절'일 것이며, 심리적 혹은 심미적인 차원에서 보자면 '분노'가 될 것이다. 왜냐하면 죄의 용서에 대한 절망은 '나약함의 절망'과 '반항의 절망'으로 나타나는데, 전자는 '좌절'의 형식이 될 것이며, 후자는 '분노'의 형식이 될 것이기 때문이다. 따라서 이 책에서는 문맥에 따라 전자의 경우는 '좌절'로, 후자의 경우는 '분노'로 번역하고 있다.

약함이 문제였지만, 이제는 그것이 반항이 되었다. 인간이 현재 있는 그대로 죄인으로 있으려 하거나 죄의 용서에 관하여 아무것도 알려고 하지 않는 것은 다름 아닌 반항 때문이다. 앞의 경우에는 인간이 절망하여 자기 자신으로 있으려 하는 것이 반항이었지만, 여기서는 인간이 절망하여 죄인인 자신으로 있으려 하며 죄의 용서 따위는 없다고 생각하는 것이 나약함이다.

그리스도 앞에 직접 나서는 자기는 신의 무한한 낮춤에 의해 도가 강화된 자아, 신이 참으로 자신을 위해서 인간으로 탄생하였고 고통을 받다가 돌아가셨다는 사실로 인하여 자신이 짊어져야 할 무한한 무게에 의하여 도가 강화된 자아이다. 앞서 '신에 관한 관념이 증가하면 할수록 그만큼 자아도 증가한다'라고 말한 바 있는데, 여기서는 '그리스도에 대한 관념이 증가하면 할수록 그만큼 자아가 증가한다'라고 말할 수 있다. 자아란 자신이 척도로 삼고 있는 것과 동일한 성질의 것이 된다. 그리스도가 척도가 된다는 것은 자신의 자아가 얼마나 거대한 실재성을 가지고 있는지를 알게 해 주는 표상이며, 신의 측면에서 자아를 보증해 주는 것이다. 왜냐하면 신이 인간의 척도 내지 목표라는 것은 그리스도에게 있어서 비로소 참이 되기 때문이다. 그런데 자아의 강도가 상승할수록 죄의 강도도 그만큼 강화된다.

죄의 강화는 또 다른 측면에서 발견할 수가 있다. 죄는 절망이며 그 정도가 강화된 것이 죄에 대한 절망이었다. 그런데 이제 신이 죄의 용서를 통해 화해를 제안한다. 하지만 죄인은 '죄의 용서'에 대해 절망하고 있으므로 오히려 그의 절망이 더욱 심각하게 표현될 뿐이다. 다른 측면에서 그는 신과의 관계를 유지하고 있는데, 그것은 절망이 한층 더 신과의 관계를 멀어지게 한다는 것이다. 이로 인해 한층 더 죄 속에 빠져든다는 것이다. 죄인이 자신의 죄를 용서받는 것에 대해 절망해 있는 경우에는 대부분 그가 신에게 정면으로 대립하고 있는 것처럼 보인다. "아니, 죄의 용서 따위는 존재하지 않아. 그것은 불가능해"라고 말하는 것을 보자면 마치 신과 말싸움이라도 하는 것처럼 보인다. 그것은 마치 서로 맞잡고 싸움을 벌이고 있는 것처럼 보인다. 그런데 인간이 이러한 말을 입에 담을 수 있기 위해서는, 그리고 그와 같은 말을 들을 수 있기 위해서는 질적으로 한층 더 멀리 신으로부터 떨어져 있어야 한다.

인간이 신에게 가장 가까이 가려고 한다면 신으로부터 가장 멀리 떨어져 있어야 한다. 정신의 세계란 음향적으로 보면 이처럼 기묘한 구조로 되어 있고, 그 거리관계는 이처럼 기묘하게 되어 있다. 어떤 의미에서 한 사람이 신에게 대든다는 말을 듣기 위해서는 인간은 가능한 한 신으로부터 멀리 떨어져 있어야만 한다.[152] 신에게로 조금 더

152 역주: 사실 '신과 인간의 관계성'이라는 개념 자체가 일종의 유비적인 표현이다. 그리고 '가까이 가기 위해 우선 멀리 떨어져야 한다'는 표현은 인간적인 관계에 빗댄 이중적인 비유이자 변증법적으로 말하고 있는 것이다. 우선 멀고 가깝다는 표현 자체가 공간적인 것이어서 '관계성'에 대한 비유이다. 그리고 신은 어떤 의미에서 모든 이들과 가장 가깝고도 가장 멀다. 마치 태양 빛이나 공기가 모든 이에게 동일하게 내리쬐고 동일하게 공급되고 있음에도 이를 의식하는 사람과 전혀 의식하지 못하는 사람이 있는 것처럼 신의 존재에 대해 의식하는 것도 모든 것은 인간의 편에 달려 있다. 자유를 상실해 본 사람이 자연상태의 자유가 얼마나 소중한 것인지 알 수 있듯이, 신과 인간의 관계란 사실상 상실해 보지 않고서는 그것이 얼마나 가깝고 지속적인 것인지를 알 수가 없다. 그래서 신의 존재에 대해 의식하기 위해서 일부러 신으로부터 멀리 달아나 보지 않으면 안 된다고 말하고 있는 것이다. 여기서 키르케고르는 죄를 짓는다는 것과 신으로부터 멀어진다는 것을 동일한 의미로 사용하고 있다.

다가가기 위해서는 신으로부터 좀 더 멀리 떨어져 있어야만 한다. 설령 인간이 신에게 보다 가까이 갈 수 있다고 해도, 그는 신에게 그다지 가까이 갈 수는 없다. 신에게 가까이 있으며 신에게 다가갈 수가 없고, 신에게 다가서기 위해서는 신으로부터 멀리 떨어져 있어야 한다. 가까이 있다는 것은 결국 멀리 떨어져 있다는 것이다. 오, 신과 맞서고 있는 인간의 무력함이여! 어떤 사람이 지극히 높은 지위에 있는 사람에게 지나치게 가까이 다가간다면 그는 필시 벌을 받아 멀리 추방당하고 말 것이나. 이처럼 인간이 신에게 가까이 가기 위해서는, 그는 먼저 신으로부터 멀리 떨어져 나가지 않으면 안 되는 것이다.

세상 사람들에게 있어서는 죄의 용서에 대하여 절망하는 이 죄가 대부분 잘못 이해되고 있다. 특히 이들에게는 윤리적인 것이 제거되어 있다. 건전한 윤리적인 말을 듣기 힘들게, 아니 거의 들을 수 없게 된 이후로 더욱 그러하다. 인간이 죄의 용서에 대해 절망하는 것이 미학적으로, 형이상학적으로 보다 깊은 본성의 징표로서 존경받고 있는 것이다.[153] 하지만 이는 마치 어린아이의 경우 장난꾸러기가 보다 깊은 본성의 징표라고 하는 것과 같다. 신과 인간의 관계에 있어서 "너는 무엇을 해야만 한다"라는 유일한 통제의 원리가 제거되어 버린 이래로 얼마나 많은 혼란이 종교적인 것 안으로 들어왔는지 거의 믿을

---

153 역주: 여기서 '죄의 용서에 대해 절망하는 것'이란 표현은 더 이상 신의 존재를 인간의 윤리·도덕적 삶과 연결시키려 하지 않는 모든 사상을 지칭한다고 볼 수 있다. 가령 근대 이후 신을 대신하는 형이상학적인 용어로는 스피노자의 자연(범신론), 헤겔의 절대정신, 니체의 '권력에의 의지' 등을 들 수 있는데, 이들에게 신이란 인간의 죄를 심판하는 '인격적인 신'은 아닌 것이다.

수 없을 정도이다. "너는 무엇을 행해야 한다"라는 이 말이 종교에 관한 모든 규정 속에 반드시 포함되어야만 한다. 그럼에도 불구하고 인간은 신의 관념을, 혹은 신에 대한 관념을 뻔뻔하게도 자신의 자존심의 한 요소로서, 자신의 무게를 과시하는 데 사용하려 한 것이다.

마치 정치에 있어서 야당에 소속됨으로써 자신을 무게 있게 하고, 정부에 반대하기 위해서 정부가 존속하기를 바라는 것처럼, 신에게 대항함으로써 자기 자신을 위대한 사람으로 생각하려는 오직 그 이유로 신에 대한 관념을 제거하려 하지 않는 것이다. 예전에는 신을 모독하는 경건치 못한 반역성에 대해 전율을 품고 보아 왔지만, 이제는 이것이 천재적이며 보다 깊은 본성의 징표로 생각되고 있는 것이다. 예전에는 '너는 믿어야만 한다'라고 간결하게, 그리고 장중하게 말하였지만, 이제는 '믿을 수 없다'는 말이 천재적이며 보다 깊은 본성의 징표가 되어 버렸다. 예전에는 '네 죄의 용서를 믿어야 한다'라고 말하였다. 그리고 이 말에 대한 유일한 해석을 "만일 네가 그것을 행할 수 없다면 불행을 초래할 것이다. 왜냐하면 사람은 해야 할 일을 할 수 있기 때문이다"라고 하였다. 그런데 이제는 죄가 용서됨을 믿을 수 없다는 것이 천재적이며 보다 깊은 본성의 징표가 되었다. 이것이 기독교계[154]가 가져온 멋진 결과이다! 차라리 인간이 기독교에 대해서 아무것도 듣지 못하였다면 사람들은 결코 이러한 생각을 떠올리지 않았을

---

154 역주: 여기서 '기독교계'라고 말하고 있는 것은 당시 국교화된 덴마크의 기독교를 염두에 두고 있다. 이들은 헤겔 철학에 영향을 받은 이들로서 '믿음'보다는 '이성과 합리성'에 기초한 기독교계였다.

것이다. 사실상 이교도는 이와 같은 생각을 한 적이 없었다.

기독교적인 관념이 이렇게 비-기독교적으로 유포되어 있기 때문에, 극도로 건방진 일에 사용되거나 뻔뻔스러운 방법으로 악용되기도 한다. 이교의 세계에서는 신의 이름을 남용하지 않지만, 오히려 기독교계에서는 당연한 일인 듯 신의 이름을 남용하고 있는 것을 보면 놀라울 따름이다. 이교 세계에서는 신비스러운 것에 대해서 일종의 전율과 두려움을 가지고 매우 엄숙한 태도로 신의 이름을 부르는 데 비해, 기독교계에서는 '신의 이름'을 아무런 의미도 없이 일상의 대화 속에서 너무 가볍게 사용하고 있다. 가엾게도 너무나 분명하게 계시된 신은(고귀한 존재가 흔히 그러하듯 자신을 숨기지 않고 부주의하게, 그리고 무분별하게 자신을 드러낸 것이다) 모든 민중에게 매우 잘 알려진 존재가 되어 버렸다. 그리하여 사람들이 가끔 교회에 나가기만 해도 그것으로 신에게 대단한 호의를 보인 것이 되고, 목사에게 칭찬을 받는다. 목사는 교회에 참석한 사람들의 신에 대한 존경을 향해 신을 대신하여 감사를 표하며, 그것을 '신심信心이 깊다'라고 칭찬하는 것이다. 그리고 교회에 참석하지 않으면서 신에게 경의를 표하지 않는 사람들에 대해서는 약간은 냉소적인 얼굴을 하게 된다.

죄의 용서에 대해 절망하는 죄가 곧 분노이다. 따라서 그리스도가 죄를 용서하려 했다고 하여 그에 대해 분노한 것은 유대인으로서는 아주 당연한 것이었다.[155] 한 인간이, 그것도 신앙인이 아닌 사람이(그

---

155 역주: 「마가복음」 2장 7절에는 죄를 용서하는 그리스도에 대해 신성모독이라며 분노하는 유대인

가 신앙인이라면 그리스도가 신이었다는 사실을 믿고 있을 것이다) 죄를 용서받는 일에 대해서 분노하지 않기 위해서는 특별히 고도한 무無-정신성(이는 기독교계에서 흔히 볼 수 있는 것이다)이 필요하다.[156] 또한 (자신도 역시) 죄를 용서받을 수 있다는 사실에 대해 분노하지 않기 위해서도 같은 정도의 특별한 무-정신성이 필요하다. 요컨대 죄의 용서란 인간적인 오성으로는 도저히 이해할 수 없는 것이다. 따라서 나는 "죄의 용서를 믿을 수 없다"라고 말하는 태도를 천재적인 것이라 칭찬할 수가 없다. 왜냐하면 그것은 '믿어야만 하는 것'이기 때문이다.

물론 이교도의 세계에는 이런 죄가 존재하지 않는다. 설령 이교도의 세계에서 죄에 관한 참된 관념을 가질 수 있었다고 해도(이교도들에게는 신의 관념이 결여되어 있었기 때문에 죄에 대한 관념을 가질 수가 없었다) 이교도는 자신의 죄에 대해서 절망하는 것 이상으로 나아가지는 못했

들의 모습이 나온다. "이자가 어떻게 저런 말을 할 수 있단 말인가? 하나님을 모독하는군. 하나님 한 분 외에 누가 죄를 용서할 수 있단 말인가?" 하지만 이러한 분노는 그리스도가 신이 아니라는 사실을 전제한 분노이다. 그런데 만일 유대인들이 그리스도를 '인간이 된 신'이라고 믿었다면 죄를 사하는 그의 모습에 분노하지 않았을까? 키르케고르는 이에 대해서는 분석하지 않고 있다. 아마도 이러한 질문은 무의미한 것인지도 모른다. 왜냐하면 유대인들은 '죄에 대한 용서'를 믿을 수가 없었기 때문에 역설적으로 죄를 용서하는 그리스도를 '인간이 된 신'이라고 받아들일 수 없었다. 그런데 왜 유대인들은 '죄의 사함'을 수용할 수 없었던 것일까? 그것은 '선민의식'이라는 그들의 모든 기득권이 율법에 있었고, 죄의 사함은 곧 율법의 무용함을 가져올 것이기 때문이었다.

156 역주: 비-신앙인들 중에서 죄의 용서에 분노하지 않는 '무-정신성'의 사람으로는 불교의 승려들을 들 수가 있다. 일반적으로 죄의 용서에 대해 분노하는 이유를 들라면 '정의감'이라고 할 수 있을 것이다. 하지만 원초적으로 '무아(無我)'를 추구하는 승려들에게 있어서는 아예 세상을 판단하는 자아가 비워져 있기 때문에 '정의감'마저도 초월해 있을 수 있으며, 따라서 분노할 일도 없을 것이다. 반면 기독교의 세계에서 분노하는 인간을 흔히 볼 수 있는 이유는 신비주의적 정신을 가진 이들에게 있어서 그의 모든 행위의 기준이 '신의 뜻'이기 때문에 죄에 대한 모든 판단은 오직 신의 몫이라고 보기 때문이다.

을 것이다. 나아가 (이것은 인간적인 오성과 사유에 있어서 최대한의 양보이 겠지만) 어쨌든 이교도가 일반적인 의미에서 세상에 관해 절망하거나 혹은 자기 자신에 대해서 절망하는 것이 아니라, 자신의 죄에 대해서 절망하는 곳에까지 이르렀다면 이는 크게 칭찬을 받아야만 할 일이 다.[157] 여기까지 도달하기 위해서는, 인간적으로 말해, 깊은 마음과 자 기 자신에 대한 윤리적인 성찰이 필요하다. 인간으로서는 그 이상 진 보할 수가 없으며 여기까지 도달한 인간도 퍽 드물다. 하지만 기독교 적으로 보자면 모든 것이 달라진다. 왜냐하면 그대는 '그대의 죄에 대 한 용서'를 믿어야 하기 때문이다.

그런데 죄에 대한 용서에 관하여 기독교계는 어떤 상태에 있는가? 확실히 기독교계는 죄의 용서에 대해 절망해 있다. 이 말은 기독교계 가 절망해 있음이 현저하게 드러나지 않을 정도로 기독교계가 퇴보하 고 있다는 의미로 이해되어야 한다. 심지어 사람들은 죄를 의식조차 하지 못하고 있다. 그들은 단지 이교도들이 알고 있는 죄밖에 알지 못 한다. 그리고 이교도적인 안일함 속에서 안락하고 행복하게 살고 있 다. 하지만 사람들은 기독교계의 내부에 살고 있기 때문에 이교도보

---

157 독자들은 여기서 죄에 대한 절망이 신앙의 면에서 변증법적으로 다루어지고 있음을 알게 될 것 이다. 이 같은 변증법적인 것이 (이 책에서 절망은 단순히 병으로 취급되고 있지만) 존재한다는 것을 결 코 잊어서는 안 된다. 절망이 신앙에 있어서 제1의 계기가 된다는 것은 실로 변증법적인 것이다. 이와 반대로 절망이 신앙이나 신과의 관계로부터 멀어지는 방향으로 나아가는 좌절의 경우, 죄에 대한 절망은 새로운 죄이다. 정신생활에 있어서 모든 것은 변증법적이다. 따라서 좌절 역시 지양 된 가능성으로서는 신앙의 한 계기가 된다. 그러나 신앙으로부터 멀어져 가는 좌절은 죄이다. 우 리는 어떤 사람에 대해 그가 기독교 내에서 좌절할 수조차 없는 사람이라고 비난할 수 있다. 이 경우 우리는 좌절이 좋은 일이기나 한 것처럼 그렇게 말한다. 하지만 다른 면에서 보자면 좌절은 역시 죄이다.

다는 한 걸음 더 앞으로 나아가 있다. 다시 말해 이 평온함이 죄의 용서에 대한 의식이라고 마음대로 생각하고 있다. (실제로 기독교계에서는 그 이외의 것이 될 수 없는 것같이 보인다.) 그리고 목사들이 교인들에게 이런 생각을 강화시키고 있다.

기독교의 근본적인 불행은 사실 기독교의 교리에 있다. '신=인간'의 교리가(이것은 기독교적인 의미로 역설과 좌절의 가능성에 의해서 보호되고 있음에 주목하라) 끊임없이 설교의 대상이 되는 동안에 공허한 것이 되어 버렸다. 그 결과 신과 인간 사이의 질적인 차이가 (처음에는 귀족적으로 사변에 의해, 나중에는 대중적으로 큰길이나 골목길에서) 범신론적으로 나아가 버렸다.[158] 일찍이 지상의 어떠한 교리도 신과 인간을 기독교만큼 가깝게 결부시킨 이론은 사실상 없었다. 이는 인간이 만들어 낸 어떠한 교리도 그렇게 할 수 없는 것이며, 오직 하나님 자신만이 그렇게 할 수 있는 일이었다. 인간이 생각해 낸 것은 어떤 것이건 결국 모두가 꿈이며 믿을 수 없는 망상에 불과한 것이다. 그런데 신이 그와 같은 방법을 취한 다음에 마치 신과 인간이 결국 하나가 되어 버리기라도 한 것처럼 오해하는 전율할 만한 모독에 대해 기독교만큼 주의 깊게 경계를 한 사상도 없었다.[159] 사실상 이러한 모독에 대해서 분노의

---

158 역주: 여기서 '신=인간'의 교리가 처음에는 고상한 사변에 의해, 그 이후에는 대중적으로 골목길에서 '범신론적'으로 나아가 버렸다는 진술은 헤겔과 그의 후예들(포이어바흐)을 염두에 둔 것이다. 이는 오늘날 여전히 교회 안에서 범하는 오류라고 볼 수 있는데, 흔히 교회가 정치적인 노선을 따르면서 범하는 오류이다. 즉 신학을 논하며 신을 만났다고 착각하거나(우파교회의 경우) 이웃에게 자선을 베풀면서 신을 만났다고 착각하는 경우(좌파교회의 경우)라고 할 수 있다.

159 역주: '신이 인간이 된 사건(그리스도 사건)'이 가끔은 '인간이 신이 되는 사건'으로 탈바꿈하는 경우가 있다. 그 대표적인 예는 중세의 신비주의자 '엑카르트'였다. '엑카르트'는 깊은 명상을 한 다

도움을 받아 기독교만큼 자신을 보호하고자 했던 사상은 어디에도 없었다. 분노를 모르는 어리석은 연설가들, 경박한 사상가들에게 재난이 있으리라. 이들에게 배우고 이들을 칭찬해 온 모든 추종자들에게도 재난이 있으리라.

만일 인간의 삶에서 질서가 유지되어야 한다면 —신은 혼돈의 신이 아니므로 이것은 신이 바라는 일이다— 가장 먼저 인간 각자가 개체적이 되는 동시에 개체적인 인간임을 스스로 인지하는 데 주목하여야 한다. 처음에 인간은 아리스토텔레스가 동물의 특성이라고 본 군집(혹은 군중) 속에 몰입하는 것을 허용받았다고 하자. 그러면 그다음에는 이 군집이라는 추상물이 —이것은 보잘것없는 개체보다도 내용이 없는 무無 이하의 것이다— 무언가 상당한 것으로 보이게 되고, 마침내 이 추상물이 신이 된다.[160] 이렇게 되면 이 사상은 '신=인간'이라는 교리와 철학적으로 훌륭하게 일치하게 된다. 군중이 국왕을 위압하거나 언론이 정부의 관리를 위압한다는 것을 알고 있는 것처럼, 드디어 인간은 모든 인간이 모임으로써 신을 위압할 수 있다는 사실을 알게 된다. 그리고 이렇게 하여 '신=인간'의 교리, 즉 인간은 신과 똑같은 존

음 제자들에게 '내가 신이 되었다'라고 진술하였으며, 그의 사상은 이러한 내용을 중심으로 이루어져 있다. 그래서 그는 당시의 가톨릭교회로부터 '이단'으로 분류되었다. 아마도 오늘날 이러한 경향성은 전혀 다른 형태로 나타난다고 볼 수 있는데, '해방신학'을 모토로 하는 일군의 '좌파교회 공동체'에서 볼 수가 있다. 왜냐하면 이들은 인간과 신 사이의 영적인 교류나 친교를 부정하고 '세속적인 형제애'에 기초한 '물질적인 나눔이나 수혜'를 곧 구원의 방법으로 취하고 있기 때문이다.

160 역주: 이러한 이론은 '신神이란 곧 전 인류를 의미한다'라고 주장하는 일군의 종교철학의 입장을 지칭한다.

재라는 교리가 통용되는 것이다.

개체에 대한 인류의 우위라는 이러한 교설을 전파하는 데 협력한 철학자들은 '신=인간'이라는 이 교리가 천민賤民들에게까지도 전파되어 그들도 그렇게 여기는 지경에 이르면 혐오의 마음으로 등을 돌리게 될 것은 뻔한 일이라고 생각한다. 그런데도 철학자들은 이러한 일들이 자신들의 교설의 결과라는 것을 알지는 못한다. 그들의 교설이 귀족들에게 받아들여지던 때에도, 그리고 선택된 귀족들과 철학자들의 무리가 자신들을 신의 화신이라고 생각하던 때에도 지금보다 더욱 진실하였던 것은 아니라는 사실을 간과하고 있는 것이다.

결국 '신=인간'이라는 교리가 기독교를 뻔뻔스럽게 만들었다. 그 때문에 신이 너무나도 나약하게 보이기까지 하는 것이다. 마치 마음씨 좋은 사람이 너무나도 양보를 했기 때문에 오히려 배은망덕한 처사를 당하는 것과 같은 일이 신에게도 일어난 것이다. '신=인간'이라는 교리를 만들어 낸 것은 신이다. 그런데 지금 기독교계는 뻔뻔스럽게도 이를 역전시켜 신이 마치 친척이라도 되는 듯이 행동하고 있는 것이다. 그리하여 신이 하신 양보는 국왕이 자유로운 헌법을 용인한 최근의 사건[161]과 동일한 의미밖에 지니지 않게 된 것이다. 사람들은 누구나 자유헌법의 공표가 어떤 의미를 가지는지를 알고 있다. 즉 '국왕이 그렇게 할 수밖에 없었다'는 의미를 잘 알고 있다. 그래서 지금 신은 낭패를 보고 계신 것이다. 현자가 신을 향해 다음과 같이 말한다 하더

---

161 역주: 이 책을 쓴 당시의 덴마크는 국민이 국왕으로부터 '입헌제'를 쟁취한 때였다.

라도 당연한 것처럼 들린다.

"이것은 당신 자신의 책임입니다. 왜 당신은 인간 따위에게 그토록 깊이 관여했단 말입니까? 어떤 인간도 신과 인간 사이에 그러한 동일성이 있다고는 생각하지 못했을 것이며, 어떤 인간의 마음에도 그러한 생각이 떠오르지 않았을 것입니다. 이것을 알게 한 것은 바로 당신 자신이십니다. 그러니 지금 당신은 당신 자신이 뿌리신 씨를 거두고 있는 것입니다!"

그런데 기독교는 처음부터 자신을 보호하여 왔다. 기독교는 죄를 가르치는 것으로 시작한다. 죄의 범주는 개체성의 범주이다. 그러므로 죄는 사변적으로는 결코 사유될 수 없다. 즉 개체적인 인간을 사유할 수는 없다. 다만 인간이라는 개념을 사유할 수 있을 뿐이다. 사변이 개체에 대한 인류의 우위라는 교설에 빠져 버린 것은 바로 이 때문이다. 사변이 현실에 대한 개념의 무력함을 인정하도록 한다는 것은 무리이다. 우리는 개체적인 인간을 사유할 수 없는 것처럼 개체적인 죄인을 사유할 수 없다. 죄를 생각할 수는 있다.[162] (이때 죄는 소극적인 것이다.) 하지만 개체적인 죄인을 생각할 수는 없다. 그렇기 때문에 단지 죄를 생각하고자 할 때 이 죄는 엄숙한 문제가 될 수 없다. 엄숙한 것은 단지 일반적인 죄에 대해서가 아니라, 너와 내가 죄인이라는 것에서 주어지기 때문이다. 엄숙함의 중심은 개체적인 죄인에게 놓여 있다.

---

162 역주: 이 경우 죄란 한 개인의 개별적인 죄가 아니라 '죄라는 개념'에 대해 혹은 '죄 일반'에 대해서 생각하는 것을 말한다.

그러나 원래 사변적인 정신은 시종일관 존재하고 있는 '개체적인 인간'에 대해서 '단독의 인간'이라든가, '사유할 수 없는 무엇'이라든가 하는 따위의 생각에는 매우 조소적인 태도를 보인다. 그리고 그런 것을 문제 삼고자 하는 경우에 사변적인 정신은 개체적인 인간에 대해 틀림없이 다음과 같이 말할 것이다. "도대체 그런 문제로 인간이 시간을 낭비할 필요가 있을까? 개체 따위에 대해서는 잊어버리는 것이 좋다. 개체적인 인간이라는 것은 별문제가 되지 않는다. 오직 사유하라. 그러면 너는 전 인류가 될 것이다. 나는 생각한다, 고로 나는 존재한다Cogito ergo sum." 어쩌면 훌륭한 제안이다. 그러나 어쩌면 이것도 거짓말일지 모른다.[163] 개체적인 인간[164]에게 있어서 개체적인 것이야말로 최고의 것인지도 모른다. 하지만 사변적인 인간이 말하는 대로라고

---

[163] 역주: 여기서 키르케고르는 저 유명한 데카르트의 명제를 비판하고 있는 듯하다. 하지만 이는 데카르트를 공격하기보다는, 죄에 관한 합리주의자들의 사유를 상징적인 명제를 들어 비판하고 있다고 보아야 할 것이다. 사실상 '종교적 죄'에 관한 고찰은 합리주의적인 지평에서는 야기되지 않는다. (종교적인) 죄란 구체적인 현실 안에서 '양심의 문제'로 부각되기 때문이다. 데카르트의 문제는 만일 인간이 자신의 냉철한 주체적 사유에 의존하지 않고 기존의 지식이나 여타 권위에 의존하여 진리를 추구하게 된다면, '자아'라는 것은 주어지지 않는다는 것을 말하기 위해서였다. 반면 이러한 합리주의적 사유에 대한 비판은 근대철학과 현대철학의 중심이 되는 출발점이 '사유하는 주체'로서의 이성(정신)의 문제에서 '행동하는 개인'이라는 '개별자의 문제'로 옮아가고 있음을 보여 주고 있다.

[164] 역주: 국내의 다른 번역서 중에는 '개체적인 인간'을 '단독자'라고 번역하고, '개체성'을 '단독성'으로 번역하고 있는 책도 있다. 물론 개체적 인간을 단독자로, 그리고 개체성을 단독성으로 번역하여도 내용상 차이가 없다고 볼 수 있다. 다만 이는 한글 표현의 문제와 의미의 문제에 있어서 약간의 차이가 있다. 즉 개체적인 인간이라고 할 때 이 의미는 '보편적인 인간' 혹은 '인류'라는 말에 대립하는 '한 개인'이라는 의미가 부각되는 말이며, '단독자'라고 할 때는 다른 모든 사람들, 즉 가족이나 이웃 혹은 친구나 직장 상사 등 나와 관계된 모든 사람들과 무관하게 '개인으로서의 나'라는 의미가 부각되는 표현이다. 따라서 여기서는 문맥에 따라 개체적인 인간 혹은 단독자라고 번역하고 있다.

가정해 보자. 사변적인 인간은 논지를 일관하기 위하여 다시 다음과 같이 말하지 않으면 안 될 것이다.

"개체적인 죄인이라는 것은 아무런 문제가 되지 않는다. 그것은 개념 이하의 것이다. 그런 일로 시간을 낭비하는 것은 그만두는 게 좋다." 그렇다면 그다음은 어떻게 될까? 우리는 사변적인 사람의 권고대로 개체적인 인간 대신에 '인간'이라는 개념을 생각하고, 구체적인 죄 대신에 '(일반적인) 죄'를 생각해야 할까? 그렇다면 또 그다음은? 어쩌면 죄를 생각하는 것 자체가 '죄'가 되는 것이 아닐까? (나는 사유한다, 고로 나는 존재한다.) 멋진 제안이다![165] 하지만 이와 같이 죄를 생각하는 자체가 죄가 되며 그것도 순수한 죄가 되지 않을까 하고 걱정할 필요는 없다. 왜냐하면 죄는 사유될 수 없는 것이기 때문이다. 이것은 사변적인 사람도 인정하지 않을 수 없을 것이다. 죄란 개념으로부터의 이반離反이기 때문이다.

사변적인 것에 대한 논의는 이 정도로 해 두겠지만, 사실 중요한 난점은 다른 곳에 있다. 사변적인 사람은 죄를 논함에 있어서 윤리적인 것이 관련되어 있음에 주의를 기울이지 않는다. 윤리적인 것은 항상

---

165 역주: 여기서 키르케고르는 '나는 사유한다. 고로 나는 존재한다'라는 데카르트적 명제를 '나는 죄를 사유한다. 고로 나는 죄가 된다'라고 하면서 에둘러 비판하고 있다. 키르케고르가 실제로 데카르트의 명제를 이런 식으로 생각하였다면 물론 키르케고르는 데카르트를 오해하고 있고 소위 '오버'하는 것이 되겠다. 하지만 이는 실제로 키르케고르가 데카르트를 비판하고 있다기보다는 일종의 풍자적인 행동이라고 보아야 할 것이다. 데카르트의 명제가 '자아가 형성되기 위해 필요한 조건'에 대해 말하고 있음을 키르케고르가 몰랐을 리가 없었을 것이다. 다만 키르케고르는 '죄'라는 것은 사유되기 이전에 구체적인 현실에서 행위로 나타나는 것임을 강조하기 위해 이러한 풍자를 사용하고 있는 것이다.

사변적인 것과는 반대되는 것을 강조하고, 사변적인 것과는 반대의 방향으로 나아간다. 왜냐하면 윤리적인 것은 현실을 추상하지 않고 오히려 현실 속으로 깊이 파고들기 때문이다. 즉 윤리적인 것은 본질적으로 사변에 의해서 간과되고 무시되고 있는 개체성의 범주로부터 도움을 받아 작용하는 것이기 때문이다. 죄는 개체적인 규정이다. 자기 자신이 개체적인 인간이면서도 개체적인 죄는 아무런 문제도 되지 않는 것처럼 행동한다면 이것이야말로 불성실한 것이며 또 다른 죄인 것이다.

여기에서 기독교가 나타나 사변 앞에 십자가를 긋는다. 돛단배가 심한 역풍을 만나 거슬러 갈 수가 없는 것처럼, 사변도 이 곤란에 맞서서는 나아갈 수가 없다. 죄의 엄숙함은 그것이 '나'이든 '너'이든 한 단독자에게 있어서의 죄의 현실성에 있다. 사변의 입장에서는 당연히 개별자는 무시된다. 따라서 죄에 대해서 사변적으로 말한다는 것은 경박하지 않을 수가 없다. 죄에 대한 변증법은 사변의 변증법과는 정반대의 방향으로 나아간다.

여기서 기독교는 '죄'가 무엇인지를 가르치는 것에서 시작한다. 그리고 죄에 대해 가르치면서 한 개인에 대한 가르침을 시작하는 것이다. 분명 '신=인간'의 교리, 즉 신과 인간의 동일성에 관한 교리는 기독교가 가르치고 있는 것이다. 그러나 기독교는 오만하고 건방지게 강요하는 것을 매우 싫어한다. 하나님과 그리스도는 군주가 자유로운 헌법을 요구하는 국민이나 대중 혹은 공중의 태도에 대하여 자기를 보호하는 방법과는 다른 방법으로, 즉 개개인의 죄에 대한 교설로서 단호하게 자기를 보호한다. (국민이나 대중 등) 이 모든 추상물들은 하나님 앞에서는 전혀 존재하지 않는다. 오직 개체적인 인간만이, 오직 개체적인 죄인만이 그리스도를 통하여 하나님 앞에서 살고 있다. 그럼에도 불구하고 하나님은 전체를 잘 내다보시며, 참새를 돌보는 일까지 하신다.[166]

신은 참으로 질서의 벗이시다. 그리고 이를 위해서 신은 모든 곳, 모든 순간, 모든 사건 속에 현존하신다. 하나님은 편재자遍在者이시다. (이 이름은 신을 칭하는 용어로서 교과서[167]에 기록되어 있고, 때때로 사람들은 이러한 사실을 생각하기는 하나, 모든 순간에 지속적으로 이를 염두에 두고 있지는 않다.) 신의 개념은 인간의 개념과는 다르다. 개체는 개념 속에 나타날 수 없는 것이다. 신의 개념은 일체를 포괄하고 있다. 다른 의미로는 신은 어떤 개념도 가지고 있지 않다. 신은 편재자라는 호칭의 도움도 없이 현실 그 자체, 모든 개체를 파악하고 있다. 신에게 있어서는 개체가 개념 이하의 것이 아니다.

그러나 죄에 관한 교설, 나와 네가 죄인이라는 이 교설, 무리를 완전히 분산시켜 버리는 이 교설은 신과 인간 사이의 질적인 차이를 이제까지는 본 적이 없었던 방식으로 깊이 확립시킨다. 왜냐하면 이는 오직 신만이 행할 수 있는 것이기 때문이며, 죄란 곧 신 앞에 있다는 것

---

166 역주: "참새 두 마리가 한 닢에 팔리지 않느냐? 그러나 그 가운데 한 마리도 너의 아버지의 허락 없이는 땅에 떨어지지 않는다"(마태 10:29).
167 역주: 덴마크의 기독교 교리를 가르치는 교재로서 학교용 교재로 사용하고 있는 교과서를 말한다.

을, 신에게 불순종한다는 것을 의미하기 때문이다. 어떤 인간도 죄인이며 그것도 '신 앞에서' 죄인이라는 것만큼 신과 인간 사이의 구별을 확실히 보여 주는 것은 없다. 하지만 이러한 구별을 통하여 대립하는 것이 이중의 의미로 결합되어 있다. 즉 신과 인간은 대립하는 동시에 결부되어 있다. 대립한다는 것은 서로 떨어지지 않는다는 뜻이며, 어느 쪽도 상대방으로부터 떨어져 나가는 것이 허용되지 않는다. 그렇게 결합되어 있기 때문에 오히려 양자의 구별은 더욱 두드러진다. 이는 마치 두 가지 색을 함께 놓았을 때, 양쪽의 색이 한층 두드러져 보이는 보색대비와 같다. 상반된 것이 나란히 놓이게 되면 더욱 뚜렷하게 나타난다. 인간에 대해서 말할 수 있는 모든 것 가운데, 죄만이 '부정의 길'에 있어서나 '긍정의 길'[168]에 있어서나 신에 대해서 말할 수 없는 유일의 것이다. 가령 누군가 '신은 유한하지 않다'라고 말한다는 것은 '신은 무한자이다'라는 것을 부정의 방식으로 말하는 것이다. 반면 '신은 죄인이 아니다'라는 식으로 말한다는 것은 신을 모독하는 것이다.

죄인으로서의 인간은 무한한 질적 심연에 의해서 신으로부터 단절되어 있다. 신이 인간의 죄를 용서하는 경우에도 이러한 질적인 절대적 심연에 의해 신과 인간이 단절되어 있음은 말할 필요도 없다. 만일

---

168 역주: 여기서 '부정의 길(via negationis)'과 '긍정의 길(via eminentiae)'이라는 표현은 인간을 규정함에 있어서 '〜이 아니다' 혹은 '〜이다'라는 방식을 말하고 있다. 중세의 '부정신학'은 신은 초월자이기 때문에 신에 대해서 규정할 때에는 '〜이다'라는 긍정의 방식으로는 말할 수 없고 '〜이 아니다'라는 부정의 방식으로 말해야 한다고 하였다. 반면 '긍정신학'은 신의 창조물 중에서 가장 탁월한 것은 신의 모습을 반영해 주고 있기에 '긍정적으로 말할 수 있다'라고 보았다.

다른 경우라면 일종의 역적인 순응에 의해 신적인 것이 인간적인 것으로 옮겨질 수 있으나,[169] 죄의 용서라는 이 점에 있어서만은 인간은 영원히 신과 동등하게 될 수가 없다. 바로 이 점에 좌절의 가능성이 집중되어 있다. 그렇기 때문에 신과 인간 사이의 동등함에 대해서 가르칠 필요가 있다고 생각하게 된 것이다. 좌절은 개체적인 인간의 주체성을 규정하는 가장 결정적인 요소이다. 물론 좌절하는 사람을 생각하지 않고 좌절을 말한다는 것은 피리를 부는 사람을 생각하지 않고 피리 소리를 말하는 것만큼 불가능한 일은 아니다. 하지만 좌절은 연애 감정 이상으로 비현실적인 개념이므로 좌절하는 단독자가 그곳에 있을 때마다 비로소 현실적인 존재가 됨을 사유를 통해서라도 인정하지 않을 수 없다. 즉 좌절이라는 개념은 좌절하는 개별자가 있을 때에만 비로소 현실적인 것이 된다.

따라서 좌절은 개별자에 관계된다. 그리고 여기서부터 기독교가 시작된다. 즉 기독교는 각자를 개체로서, 개체적인 죄인으로서 고려하면서 출발하고 있다. 그리고 기독교는 하늘과 땅이 찾아낼 수 있는 모든 좌절의 가능성을 한곳에 집중시킨다. (신은 이것에만 마음을 두고 있다.) 이것이 기독교이다. 기독교는 각각의 개인에게 말한다. "너는 믿

---

169 역주: '신적인 것이 인간적인 것으로 옮겨지는 경우'의 결정적인 예로는 그리스도 탄생의 사건을 들 수 있다. 신이 인간으로 된 사건이 곧 그리스도 탄생이기 때문이다. 이 외에 '신비주의'의 경우 '신비가'의 영혼이 신의 현존에 완전히 휘어잡히는 경우가 있다. 이를 '절대적인 수동성'이란 용어로 표현하고 있는데, 이는 인간의 편에서 신적인 것으로 옮겨 간 것이 아니라, 신적인 것이 인간적인 것으로 옮겨 온 것이기 때문이다. 즉 인간과 신이 일치하는 사건은 어떤 경우에도 신의 편에서 우선권을 가지는 것이지, 인간의 편에서 우선권을 가진 것이 아니라고 보는 것이다.

어야 한다", 즉 "너는 좌절하든가, 믿든가 어느 한쪽이어야 한다"라고… 그 이상 아무 말도 없으며, 그 이상 아무것도 덧붙일 것이 없다. "이미 나는 다 말하였다"라고 천상에서 하나님이 말씀하신다. "영원의 세계에서 다시 말하기로 하자. 그때까지 너는 무엇이든 네가 원하는 것을 하면 된다. 그러나 심판은 아주 가까이 있다."

심판! 그렇다. 실제로 우리는 이미 다음과 같은 것을 배웠으며, 또 우리의 경험이 이를 가르쳐 주었다. 예를 들어 선박이나 군대 안에서 폭동이 일어난 경우, 너무나 많은 사람들이 유죄이기 때문에 처벌은 단념할 수밖에 없게 된다. 또 높은 영예를 획득한 교양 있는 민중이나 국민이 죄를 범한 경우, 그것은 범죄도 아닐 뿐만 아니라 복음서나 계시처럼 신뢰할 수 있는 언론에 의하면 그 심판은 신의 의지이다. 어째서 그런 것일까? 심판이라는 개념은 각 개인에게 적용되는 것이라는 데 그 원인이 있다. 심판이 집단적으로 이루어지는 일은 없기 때문이다. 많은 사람들을 집단적으로 학살할 수도 있고, 집단적으로 사람들에게 물을 퍼부을 수도 있고 또 집단적으로 그들의 기분을 상하게 할 수도 있다. 다시 말해 여러 가지 방법으로 사람들을 가축처럼 취급할 수가 있다. 하지만 사람들을 가축처럼 심판하는 것은 불가능하다. 우리는 가축을 심판할 수가 없기 때문이다. 설령 많은 사람들이 동시에 재판을 받는다 하더라도 그 재판이 엄숙하고 진실된 것이라면 각각의 개인들이 개별적으로 심판을 받는다.

그러므로 죄를 지은 자가 매우 많은 경우에는 인간의 힘으로 그들을 심판할 수 없다. 그래서 심판 자체가 포기되는 것이다. 이러한 경우 심판이 전혀 문제가 되지 않는다는 것을 알고 있다. 유죄자가 너무나 많아 그들을 하나하나의 개체로서 심판할 수가 없기 때문이다. 우리는 그들을 개체로서 파악할 수도 없고 또 그들을 개체로서 취급할 수도 없다. 그래서 심판은 포기되지 않을 수 없는 것이다.

문명이 발달한 오늘날에 있어서 신을 인간과 같은 모습을 하고 인간과 같은 감정을 가진 존재로 생각하는 인격적인 신에 대한 관념을 시대에 뒤떨어졌다고 고려하면서도, 심판자로서의 신을 많은 업무를 재빨리 처리하는 지방 재판소의 판사나 군법 회의의 판사와 같은 존재로 고려하는 것은 시대에 뒤떨어진 것이라고 여기지 않는다. 사람들은 영원의 세계에서도 이와 똑같을 것이라고 추론하는 것이다. 그리하여 사람들은 목사로 하여금 그런 방식으로 설교를 하도록 힘을 합하여 요청하고, 안전을 도모해야 한다고 말하는 것이다. 이들은 다음과 같이 말할 것이다.

"만일 일부러 다른 이론을 주장하는 사람이 있다면, 즉 어리석게도 공포와 전율 속에서 자신의 삶을 불안한 것으로, 책임이 가득 찬 것으로 만들고 또 다른 사람에게도 그렇게 주장하며 괴롭히는 사람이 있다면, 우리는 그를 미친 사람으로 간주하거나 필요하다면 때려 죽여서라도 우리의 안전을 도모해야 한다. 이 경우에 사람들의 수가 많기만 하다면 이러한 생각은 부정되지 않는다. 다수자가 부정을 행한다는 생각은 이제 이치에 맞지 않는 새로운 시대가 된 것이다. 다수자가 행하는 것은 신의 의지이다. 지금까지의 모든 인간, 국왕도 황제도 모두 이러한 지혜 앞에 머리를 숙여 왔다. 우리는 경험이 부족한 젊은이

가 아니므로 이것을 경험을 통해 알고 있으며, 우리가 하는 말은 무의
미한 말이 아니다. 이 지혜 덕분에 모든 피조물들은 지금까지 구원을
받아 온 것이다. 그러므로 머지않아 신도 이 지혜 앞에 머리를 숙이게
될 것이다. 요컨대 우리가 진정한 다수자가 되기만 하면 되는 것이다.
우리가 그렇게 되기만 한다면 영원의 심판에 대해서도 안전하게 될
것이다."

만일 이들이 영원에의 세계에서 비로소 개체가 된다면 물론 그들은
안전할 것이다. 하지만 그들은 신 앞에서 항상 개체였고, 지금도 역시
개체이다. 유리 상자 안에 앉아 있는 인간이라 하더라도 개개인을 속
속들이 간파하고 있는 신 앞에 있는 만큼은 부끄러움이 없을 것이다.
신은 인간의 구석구석을 꿰뚫어 보고 있다. 양심이 그 사실을 나타내
고 있다. 죄를 범할 때마다 양심의 도움으로 그것을 보고서로 작성하
게 되어 있고, 그것도 죄를 범한 그 자신이 직접 작성하게 되어 있다.
그러나 그 보고서는 비밀 잉크로 쓰여 있으므로 영원한 세계의 빛으
로 비출 때, 즉 영원이 양심을 음미할 때 비로소 명료하게 드러난다.
요컨대 누구든 영원의 세계로 나아갈 때는 그가 저질렀거나 등한시하
였던 사소한 일까지도 모두 기록한 상세한 보고서를 몸에 지니고 가
서 심판자에게 직접 제출해야만 하는 것이다. 그러므로 영원의 세계
에서 심판을 관장하는 일은 어린아이라도 할 수 있을 정도로 쉬운 일
이다. 그곳에서 제삼자가 할 수 있는 일은 아무것도 없다. 인간의 입
에서 나온 가장 사소한 말까지도 이미 조사가 모두 끝난 상태이기 때
문이다.

인생을 통해서 영원의 세계로 나아가는 여정에 있는 인간이 도상에서 죄를 범한다는 것은 마치 어느 살인자가 범행 현장에서 기차를 타고 탈출함으로써 그 속도에 의해 범행의 현장으로부터 벗어나는 것을 자신의 범죄로부터 벗어나는 것이라 생각하는 것과 같다. 하지만 불쌍하게도 그가 앉아 있는 의자 밑에는 그의 인상을 적은 서류와 다음 역에서 그를 체포하라는 지령이 기록된 서신이 함께 달리고 있는 것이다. 역에 도착하여 기차에서 내리면 그는 체포될 것이다. 말하자면 그는 자신의 행위에 관한 상세한 보고서를 봄에 지니고 있었던 것이다.

죄의 용서에 대하여 절망하는 것이 좌절이다. 좌절이란 강화된 죄이다. 흔히 사람들은 그런 것을 전혀 생각하지 않으며 일반적으로 좌절을 죄로 취급하지도 않는다. 그렇기 때문에 그런 죄에 대해서는 언급하지도 않고, 다만 개개의 죄에 관해서만 이야기하는 것이다. 더구나 사람들은 좌절을 강화된 죄로서 이해하지 않고 있다. 이들은 좌절을 기독교적으로 신앙 안에서 보고 있는 것이 아니라, 이교도적으로 덕 안에서 보고 있기 때문에 죄로 간주하지 않는 것이다.

3. 기독교를 적극적으로 폐기하고, 그것을 허위라고 말하는 죄

이것은 성령을 거역하는 죄이다. 이 단계에서 자아는 가장 절망적으로 강화되어 있다. 자아는 기독교 전체를 자신에게서 내던져 버릴 뿐만 아니라 그것을 거짓과 허위라고 생각한다. 이 같은 자아는 자기 자신에 대해서 얼마나 절망적인 관념을 가지게 되는 것일까!

죄를 인간과 신 사이의 싸움으로 파악하게 되면 죄의 강도가 명료하게 나타난다. 이 싸움에서는 전술이 바뀌고 죄의 강도는 강화되어 싸움의 방식이 방어에서 공격으로 나타나게 된다. 죄가 절망인 단계에서는 싸움이 도피적인 방식으로 이루어지며 그다음에는 자신의 죄에 대한 절망이 찾아든다. 이 단계에서도 싸움은 여전히 도피적인 방식으로 이루어진다. 즉 자신의 퇴각지점에 틀어박히거나 한 발 한 발 퇴각하면서 싸움을 회피하려 하는 것이다. 그러나 이제 전술이 바뀌게 된다. 죄는 끊임없이 자신 안에 깊이 파고든다. 그리하여 자신은 신에게서 점점 멀어져 가지만, 다른 의미로 죄는 점점 신에게 다가가게 되고 마침내 결정적으로 자기 자신이 되는 것이다.

죄의 용서에 대해 절망한다는 것은 신의 자비로운 손길에 대해서 거부할 준비가 된 일정한 태도를 말한다. 죄는 더 이상 단순한 도피가 아니며, 또 단순히 방어적인 것이 아니다. 이제 죄는 기독교가 허위이고 기만이라고 생각하며 던져 버리고자 하는 방식의 공세를 취하는 것이다. 앞선 모든 죄는 상대방이 강하다는 것을 인정하였다. 이제 죄는 공격을 시작한 것이다.

성령을 거역하는 죄는 좌절의 적극적인 형태이다. 기독교의 교리는 '신=인간', 즉 신과 인간 사이의 친근성을 가르치는 교리이다. 이 경우 주의하여야 할 것은 좌절의 가능성이 인간으로 하여금 지나치게 신에게 접근하는 일이 없도록 하여 신이 스스로를 보호하는 보증이라는 사실이다. 좌절의 가능성은 모든 기독교적인 것에 있어서 변증법적인 계기이다. 만일 이것이 상실된다면 기독교는 이교도와 다를 것이 없을뿐더러 매우 공상적인 것이 되어 버릴 것이다. 이렇게 된다면 이교도들은 틀림없이 기독교를 난센스라고 말할 것이다. 인간이 그토록 신에게 가까이 있고, 인간이 그리스도 안에서 그렇게도 신에게 가까이 다가갈 수 있으며 다가가는 것이 허락되었다는 것, 또 다가가야만 한다는 것을 말하는 기독교 교리는 그 이전에는 어떤 인간도 생각하지 못하였던 것이다. 그런데 만약 이 일이 아주 당연한 일로서 추호의 유보나 아무런 망설임도 없이 무관심하게 그대로 받아들여져야 하는 것이라면, 이교도들이 신을 만들어 낸 것을 인간적인 광기라고 부르듯이, 기독교는 광기에 찬 신을 창안해 낸 종교라 불리게 될 것이다. 왜냐하면 이런 교리는 오직 오성을 상실한 신만이 생각해 낼 수 있는 일이기 때문이다. 아직 합리적인 판단력을 가지고 있는 인간이라면 이렇게밖에는 달리 생각할 수 없을 것이다. 만약 인간이 그렇게 쉽게 가까이 다가갈 수 있는 인간의 모습을 한 신이라면 셰익스피어의 헨리왕과 좋은 짝이 될 수 있을 것이다.

신과 인간은 이 양자 사이에 무한한 질적 차이가 존재하는 두 종류의 특질이다. 이 차이를 간과한 모든 교리는 인간적으로 보자면 광기이고, 신의 편에서 보자면 신성모독이 되는 것이다. 이교에 있어서는 인간이 신을 인간으로 만들었지만(인간=신),[170] 기독교에서는 신이 스스로 자신을 인간으로 만든다(신=인간). 그런데 신은 이 자비심 깊은

---

170 역주: 여기서 인간 스스로가 '신을 인간으로 만든' 이교도의 예는 '이집트의 파라오(태양신의 아들)'와 중국의 '천자(하늘의 아들)'를 들 수 있을 것이다.

무한한 은총 안에 하나의 조건[171]을 제시한다. 그는 그렇게 하지 않을 수 없는 것이다. '신이 그렇게밖에 달리 어찌할 수 없었다'라는 이 사실이야말로 기독교의 비애인 것이다. 그분(그리스도)은 자신의 신분을 낮추어 종의 모습을 취하고 인간을 위해 번뇌하면서 죽을 수 있다. 그는 모든 사람에게 '나에게로 오라'고 부른다. 그는 생애의 매일매일을, 그리고 매 시간을, 아니 생명 그 자체마저도 인간을 위해 바칠 수 있다. 하지만 좌절의 가능성만큼은 신도 제거해 줄 수가 없는 것이다.

아아, 사랑의 유일한 행위여! 아아, 사랑의 깊은 비애여! 이는 신 자신조차 어떻게 할 수 없는 어려운 일이다. 이는 어떤 의미에서는 신이 그것을 원치 않았기 때문일 것이며, 어떤 의미에서는 신도 원할 수 없는 일이기 때문일 것이다. 신이 그것을 원한다고 해도 어떻게 할 수 없는 힘겨운 일이다. 아니, 어쩌면 신의 이 사랑의 행위가 오히려 인간을 극단적으로 비참한 상태에 떨어뜨릴지도 모르며, 죄보다 더 큰 인간 최대의 비참은 인간이 그리스도의 사랑에 좌절하여 좌절의 상태에 머물러 버리는 일이다. 그리고 이 좌절의 가능성만큼은 그리스도의 사랑으로도 어떻게 해 볼 수가 없다. "누구든지 나로 인하여 죄에 빠지지 않는 자는 복이 있나니"[172]라고 하신 말씀 이외에 그분은 다른

---

171 역주: 이 조건은 물론 '좌절의 가능성'이다. 즉 인간은 이러한 사실에 대해서 좌절하지 않고 손쉽게 긍정하거나 수용할 수가 없다는 것이다. 이러한 좌절의 가능성은 또한 '죄를 용서하는 신의 자비'에 대한 좌절의 가능성으로 이어진다. 이러한 좌절은 한마디로 '절망'이라고 할 수 있다. 이러한 절망의 가능성은 기독교가 매우 실존적인 종교라는 것을 의미한다. 즉 무한한 자비와 은총이 기다리고 있지만, 이러한 자비와 은총을 수용하기 위해서는 먼저 '고뇌'하고 '좌절'하는, 즉 자기 인생에 대한 처절하고 실존적인 몸부림이 전제된다는 점이다. 키르케고르는 다른 책에서 이러한 생에 대한 고민이 없이 '믿기만 하면 구원이 있다'는 태도를 '값싼 은총'이라고 비판하고 있다.

말을 할 수가 없는 것이다. 따라서 신의 그 측량할 수 없는 사랑 때문에 오히려 인간이 절대로 빠질 수 없는 비참한 상태에 빠져 버릴 수도 있는 것이다. 이 얼마나 헤아릴 수 없는 사랑의 모순인가! 그렇다고 해서 과감히 사랑을 포기하는 것은 사랑의 신으로서는 견딜 수가 없는 일이다. 그리스도는 그 사랑으로 말미암아 오히려 인간을 전례가 없을 정도로 비참하게 만들 수 있다.

이러한 모순을 인간적인 측면에서 이야기해 보자. 사랑을 위해 자신의 모든 것을 바치고 싶다는 충동을 느껴 본 적이 없는 사람, 그래서 한 번도 그 같은 일을 해 본 적이 없는 사람이 있다면 이 얼마나 가련한 인간일까! 그런데 만일 인간이 사랑 때문에, 다름 아닌 그의 사랑의 헌신 때문에 다른 사람을, 즉 그의 애인을 가장 큰 불행에 빠뜨릴지도 모른다는 사실을 깨닫게 된다면 어떻게 될까? 이럴 때에는 다음의 두 가지 경우를 생각해 볼 수 있다.

첫째, 그가 그 사실을 깨달았을 때, 그의 사랑은 긴장감을 잃고 힘찬 생명력도 중지되고 비애의 감정에 휩싸여 번민에 사로잡히게 될 것이다. 그리하여 결국 그는 사랑을 버리고 말 것이다. 그는 사랑의 행위를 지속할 용기를 갖지 못하고 주저앉아 버린 것이다. 사랑의 행위 때

---

172 역주: 이 말은 「마태복음」 11장 6절에서 그리스도가 한 말이다. 그리스도가 이 말을 한 경위는, 감옥에 갇힌 세례자 요한이 예수의 소문을 듣고, 사람들을 시켜서 예언서에 예언된 구세주가 '예수' 자신인지, 아니면 다른 구세주가 올 것인지를 묻게 하였고, 사람들이 이 말을 전하였을 때 그리스도가 그들에게 해 준 말이다. 즉 그리스도는 자신이 행한 행위들을 보고 자신을 알지 못한다면, 자신이 말한다고 해서 사람들을 믿게 할 수는 없다고 생각한 것이다. 너무 큰 사랑 앞에서 사람들은 의심을 하게 된다. 이것이 좌절의 의미이다.

문에 주저앉은 것이 아니라, 앞서 말한 (좌절의) 가능성의 중압 때문에 주저앉은 것이다.[173] 이는 마치 저울추가 저울대의 끝 쪽으로 가면 갈수록 더욱 무거워져서 그것을 들어올리려는 사람은 반대편의 끝을 잡지 않으면 안 되는 것처럼, 어떤 행위도 그것이 변증법적으로 되면, 곤란의 강도가 더해지는 것이다. 그리고 이것이 동정적이면서 변증법적인 것이 되면 그 곤란의 절정에 달하게 된다. 이렇게 사랑은 애인을 위해서 행해져야 한다[174]는 그 자체가 다른 의미로는 애인을 염려하는 것을 없애는 것이 되므로 (애인에 대한 염려로 인해) 사랑을 단념하지 않을 수 없게 되는 것이다.

둘째, 다른 하나의 경우는 사랑이 승리하는 것이다. 그는 사랑에 의하여 모험을 감행한다. 그러나 사랑의 희열(사랑은 언제나 기쁜 것이다, 특히 사랑으로 인해 모든 것을 바칠 때는) 가운데에는 깊은 비애가 도사리고 있다. 그의 사랑으로 인해 애인에게 엄청난 해를 야기할지도 모른다는 가능성을 생각하지 않을 수 없기 때문이다.[175] 보라, 그 때문에 그

---

173 역주: 여기서 우리는 4년간의 교제 끝에 약혼하였지만, 곧이어 알 수 없는 이유로 파혼을 하였던 키르케고르와 그의 연인 '레기네 올센'에 대한 관계성을 떠올려 볼 수 있다. 키르케고르의 사랑은 분명 그리스도가 보여 주었던 종교적인 사랑에 있었다. 하지만 그의 애인은 고작 '심미적 수준'의 사랑에 머물고 있었다. 만일 키르케고르가 그의 사랑을 지속하였다면, 그의 애인은 '좌절의 가능성'에 빠져 버릴 것이며, 그것은 오히려 그녀에게 크나큰 비참을 야기하게 될 것이다. 키르케고르는 그녀에게 이러한 번뇌와 비참을 야기하게 될 것을 알고서는 도저히 '결혼'이라는 것을 감행할 수가 없었던 것이다.

174 역주: '사랑이 애인을 위해서 행해져야 한다'는 말은 아직 심미적인 수준에 머물고 있는 자기 애인을 '종교적 사랑'의 수준으로 끌어올린다는 의미를 가지고 있다. 하지만 이는 애인으로 하여금 엄청난 고뇌를 야기하는 일이 되기에 '애인에 대한 염려'가 이러한 사랑을 단념하게 하는 것이다. 이러한 일은 키르케고르의 삶 안에서 실제로 일어났던 일이기도 하다.

175 역주: '그의 사랑이 오히려 애인에게 엄청난 해를 끼치게 될 수도 있다'는 사실은 그리스도가 자

는 눈물 없이는 그 사랑을 성취할 수도 희생을 바칠 수도 없었을 것이다. (물론 그로서는 기꺼이 희생을 바쳤을 것이다.) 무어라 말하기 힘든 이 내면성의 역사적 회화繪畵 위에 저 어두운 가능성이 감돌고 있지 않았다면 그의 행위는 진실한 사랑의 행위가 아니었을 것이다.

오오, 나의 벗이여! 그대는 도대체 인생에서 무엇을 하려 했다고 말하겠는가? 그대의 머리를 짜내어 보라! 그대를 감싸고 있는 모든 껍질을 벗어 버려라! 그대의 깊은 가슴속 감정들을 속속들이 드러내라! 그리고 그대가 읽고 있는 작가로부터 그대를 분리시키는 모는 장벽을 헐어 버려라! 그런 다음 셰익스피어를 읽어 보라. 그러면 그대는 그대의 갖가지 모순에 전율할 것이다. 그러나 본래 종교적인 갈등 앞에서는 셰익스피어조차도 두려움에 질린 것처럼 보인다. 이런 종교적인 모순은 원래 신들에 의해서만 표현될 수 있는 것이다. 인간의 어떤 말로도 이것을 표현할 수는 없다. 왜냐하면 이미 그리스인들이 적절하게 표현한 것처럼, 인간은 인간에게는 말하는 법을 배우고, 신들에게는 침묵하는 법을 배우기 때문이다.

신과 인간 사이에 무한한 질적 차이가 존재한다는 그 사실에 제거할 수 없는 좌절의 가능성이 존재한다. 사랑 때문에 신은 인간이 되었다. 신이 말씀하신다. "나를 보라, 여기에 인간의 참모습이 있다!" 하지만 그분은 덧붙여 말씀하신다. "하지만 명심하라, 이와 동시에 나

신을 따르고자 한 젊은이에게 "내가 마실 잔을 너도 마실 수 있겠느냐?"라고 묻는 것에서 극명하게 드러난다고 볼 수 있다.

는 신이라는 것을. 나에 대해 좌절하지 않는 자는 행복하리라!" 신은 인간으로서 비참한 종의 신분을 취한다. 어떤 인간도 자신은 제외되어 있다고 생각하지 않도록, 또 인간이 신에게 다가갈 수 있는 것은 인간적인 명성이나 인간들 사이의 신망을 통해서가 아니라는 것을 보여 주기 위해서 신은 비천한 인간이 무엇인지를 보여 주신 것이다. 아니, 신은 비천한 인간이 되었다. 신은 말씀하신다. "나를 보라. 그리고 인간이 무엇인지를 깨달아라. 하지만 명심하라. 나는 동시에 신이다. 나로 인해 좌절하지 않는 자는 행복하다." 또한 반대로 그는 다음과 같이 말할지도 모른다. "아버지와 나는 하나이다. 그러나 나는 가난하고 버림받아 인간의 손에 내맡겨진 고독하고 비천한 인간이다. 나에게 좌절하지 않는 자는 행복하리라. 이 비천한 내가 듣지 못하는 자를 듣게 하고, 보지 못하는 자를 보게 하며, 걷지 못하는 자를 걷게 하고, 병든 자를 깨끗하게 하며, 죽은 사람을 소생하게 하는 그자이다. 나에게 좌절하지 않는 자는 행복하리라."[176]

그러므로 신의 법정에서 책임감을 가지고 감히 나는 다음과 같이 말한다. "나에게 좌절하지 않는 자는 행복하리라." 이 말은 최후의 만찬 때의 말씀[177]과 같은 정도는 아니더라도 "각자 자신을 살피라"[178]라

---

176 역주: 원문을 직역하면 각각 '귀머거리', '장님', '앉은뱅이', '문둥병자'이나, 이것이 장애인 및 환자를 비하하는 표현임을 고려하여 의역하였다.

177 역주: 최후의 만찬 때의 말씀에서 핵심이 되는 부분은 "이는 죄를 용서해 주려고 많은 사람을 위하여 흘리는 내 계약의 피다"(마태 26:28)라는 부분일 것이다. 그리스도를 믿음으로써 그분의 죽음으로 인간의 죄가 사하여진다는 부분은 기독교의 가장 중요하고 핵심적인 교의이다. 그리고 분명 '좌절의 가능성'보다 훨씬 중요하고 무게가 있는 내용이다.

178 역주: 이 말은 사도 바울이 성찬례식 전에 고린도 사람들에게 한 말이다. "그러니 각 사람은 자신

는 말씀과 같은 정도로 그리스도의 가르침 안에 함께 포함되어 있는 것이다. 이는 그리스도 자신의 말로서 특히 기독교계에 있어서 한 사람 한 사람의 마음속에 아로새기고 늘 되풀이하여 분명하게 말해 주어야 한다. 이 말이 울려 퍼지지 않는 모든 곳에서, 아니면 적어도 기독교적인 내용을 기술하는 모든 곳에 이르기까지 이러한 사상에 의해 일관되지 않는 곳에서, 그런 기독교는 신을 모독하는 것이다.

그리스도는 호위하는 사람도 자신을 보필하는 종도 없이 스스로 천한 종의 모습으로 이 지상에 내려왔다. 그렇지만 좌절의 가능성(아아, 이것이 그리스도의 사랑 안에서 얼마나 그의 마음을 아프게 하였을까!)이 그리스도와 바로 그의 곁에 서 있던 자 사이에 절대적인 심연을 만들고 있다. 이런 좌절의 가능성은 예전부터 그리스도를 둘러싸고 있었고, 또 지금도 그를 둘러싸고 있는 것이다.

좌절하지 않는 자는 믿음을 가지고 예배를 드린다. 그런데 신앙의 표지인 예배는 예배받는 자와 예배드리는 자 사이에 무한한 질적 차이를 가진 심연이 입을 벌리고 있음을 표현해 주고 있다. 신앙에 있어서도 좌절의 가능성이 변증법적인 계기가 되기 때문이다. 그런데 우

을 돌이켜 보고 나서 이 빵을 먹고 이 잔을 마셔야 합니다"(고전 11:28). 여기서 자신을 돌이켜 본다는 말을 '좌절의 가능성'과 연관 지어 보자면, 그리스도의 사랑을 자신의 사랑으로 받아들이는 것에 있어서의 좌절의 가능성이 될 것이다. 그리고 이러한 좌절의 가능성에 대해서 자신을 살펴보라는 것이다. 교회의 반석이 된 베드로 사도도 처음에는 이러한 좌절의 가능성에 부딪쳤다. 그는 그리스도를 세 번씩이나 부정했기 때문이다. 따라서 모든 기독교 신앙인들은 각자가 자신의 현실적인 삶 안에서 그리스도의 사랑에 대해 좌절하고 있지 않는가 하는 것을 살펴보라는 것이다. 이는 지극히 개별적인 것이며, 누구도 대신해 줄 수 없는 것이라는 점을 키르케고르가 주장하고 있는 것이다.

리가 여기서 문제 삼고 있는 좌절은 적극적인 것이다. 이는 기독교가 허위이며 기만이라고 말하고, 그리스도에 대해서도 동일한 말을 하는 그러한 좌절이다. 이런 종류의 좌절을 해명하기 위해서는 좌절의 여러 형태들을 살펴보는 것이 도움이 된다. 좌절은 원리적으로 역설(패러독스)에 해당하는 것이다. 따라서 좌절은 기독교적인 것 일체의 규정하에서 (그런 규정은 모두 그리스도에 관계하고 그리스도를 염두에 두고 있기 때문에) 되풀이하여 나타난다.

좌절의 가장 낮은 형태, 즉 인간적으로 말해 천진한 형태는 그리스도에 관한 모든 문제를 결정하지 않은 채 남겨 두고 이렇게 판단하는 것이다. "나는 이 점에 관해서는 감히 어떤 판단도 내리지 않는다. 믿지도 않지만 판단하지도 않는다." 대부분의 사람들은 이것이 좌절의 한 형태라는 사실을 간과하고 있다. 솔직히 말해 사람들은 기독교적인 의미에서의 "너는 행하여야만 한다"라는 것을 잊고 있다. 그 때문에 그들은 그리스도에 대한 그런 무관심한 태도를 취하는 것이 좌절이라는 것을 깨닫지 못하는 것이다. 기독교가 당신에게 전해졌다는 사실은 그리스도에 관해 의견을 가져야 한다는 것을 의미한다. 그리스도가 존재했었고, 또 지금도 현존하신다는 이 사실은 전체 인생의 운명을 결정하는 중대사이다. 그렇기 때문에 그리스도가 당신에게 알려졌을 때, 당신이 그리스도에 대해 아무런 의견도 가지려고 하지 않는다는 사실이 곧 좌절을 의미한다.

하지만 현재 우리가 볼 수 있듯이 기독교가 아주 평범하게 전파되어 있는 현대의 사회에서는 앞서 말한 것들을 약간의 제한을 가지고 이해하여야만 한다. 기독교의 설교를 들은 사람은 많지만 그들은 '네가 하지 않으면 안 된다'는 것에 대해서는 들은 바가 없다고 말한다. 그런데 그것을 듣고 있으면서도 '나는 그것에 관하여 아무런 견해를 가질 수가 없다'라고 말하는 사람은 좌절하고 있는 사람인 것이다. 이런 사람들은 그리스도에 관하여 의견을 가질 것을 인간에게 요구하는 권리를 그리스도에게서 박탈해 버린 것이다. 설령 그가 "나는 분명 그리스도에 관해서는 아무 말도 하지 않았다. 옳다고도 그르다고도 하지 않았다"라고 변명한다고 해도 아무 소용이 없다. 우리는 다시 그에게 물을 수 있다. "당신은 그리스도에 관하여 자신이 의견을 가져야 할 것인지, 가지지 말아야 할 것인지에 대해서 아무런 견해를 갖고 있지 않다는 말인가?" 이 물음에 대해 그가 만약 "물론 그 의견은 가지고 있다"라고 대답한다면, 그는 자승자박에 빠지는 것이며, 만약 "그 의견을 가지고 있지 않다"라고 한다면, 그는 기독교에 의해 유죄판결을 받게 되는 것이다. 왜냐하면 그는 그리스도에 따라서 당연히 의견을 가져야 하기 때문이다. 누구라도 그리스도의 생애를 골동품처럼 장식으로 내버려 둔다면, 이러한 불손을 감행하는 것은 도저히 용서할 수 없는 일이다.

신이 인간으로 탄생하여 인간이 되신 것은 한가해서 그렇게 한 것이 아니다. 다시 말해 신이 따분함을 면하기 위해서(뻔뻔하게도 신의 존재를 따분함과 결부하는 자가 있다) 무언가 해 보고자 인간이 되신 것은 아니다. 또 모험을 해 보기 위해서 인간이 되신 것도 아니다. 만약 신이 인간이 되었다면 그 사실은 인간 세상에 있어서 중대한 사건임에 틀림이 없다. 그리고 이 중대한 사건에 대해서 인간이 의견을 가져야 함은 당연한 일이다. 국왕이 지방의 도시를 방문하였을 때, 관리가 정당한 사유 없이 문안을 게을리하였다면 국왕은 그것을 자신에 대한 모욕으로 간주할 것이다. 나아가 만약 국왕이 와 계신다는 사실을 무시하고 "국왕이 뭐냐! 국법이 도대체 어떻게 되어 있다는 것이냐!"라고 말하며 마치 야인처럼 모른 체한다면 국왕은 이를 어떻게 생각할 것인가? 신이 인간이 되려고 생각했을 때 한 인간(인간은 본래 신의 관리이다)이, "나는 그것에 관해서는 아무런 의견을 갖고 싶지 않아"라고 말한다면 이는 앞서 예를 든 관리의 경우와 마찬가지로 무례를 범한 것이다. 이런 말투는 마음속으로는 신을 업신여기면서도 그것을 점잖게 표현한 것으로, 결국 신을 무시하는 것이다.

좌절의 두 번째 형태는 부정적이면서도 수동적인 것이다. 이런 형태의 사람은 자신이 그리스도를 무시할 수 없다는 것을 잘 알고 있다. 그리하여 그는 그리스도의 문제를 그대로 내버려 둔 채 그 밖의 생활에 분주하게 열중할 수는 없는 사람이다. 그렇다고 해서 그는 그리스도를 믿을 수도 없다. 그는 끊임없이 하나의 사실, 즉 역설에 주목하고 있다. 그렇게 하는 한 그는 기독교를 존중하고 있으며, "너는 그리스도를 어떻게 생각하는가?"라는 이 질문이야말로 가장 결정적인 문제라는 것을 고백하고 있는 것이다. 이러한 형태의 좌절 속에 있는 사람은 그림자처럼 나날을 보내고, 그의 생명은 줄어들고 있다. 왜냐하면 그의 마음속 깊은 곳에서는 언제나 이 중대한 결정과 다투고 있기 때문이다. 그리하여 그는 마치 불행한 사랑에 번뇌하는 자가 (실연의 고통이 사랑의 실재성을 나타내고 있는 것처럼) 사랑의 실재성을 드러내 주고 있듯이, 기독교가 어떤 실재성을 가지고 있는지를 잘 드러내고 있는 것이다.

좌절의 마지막 형태는 우리가 지금 문제 삼고 있는 것으로서 적극적인 좌절이다. 그것은 기독교를 허위와 기만으로 취급하고 그리스도(그가 현존했던 사실, 또 그가 스스로 주장했던 대로의 존재였다는 사실)를 가현설假現設[179]적으로 또는 합리주의적으로 부정하는 것이다. 그 결과 그리스도는 현실성을 상실하고 가상적인 존재가 되는가 혹은 단지 개체적인 한 인간이 되어 버린다. 이리하여 그리스도에 대한 교의는 (가현설적으로) 현실임을 주장하려 하지 않는 시나 신화가 되든가, (합리주의적으로) 신성임을 부정하는 현실성이 되든가 한다. 역설로서의 그리스도에 대한 이런 부정의 견해 안에는 물론 죄나 죄에 대한 용서 등과 같은 모든 기독교적인 것에 대한 부정도 포함되어 있다. 좌절의 이런 형태는 성령에 거역하는 죄이다. 유대인들이 그리스도에 대해서 "그는 마귀의 힘을 빌려 마귀를 쫓아내는 자이다"[180]라고 말한 것처럼 이 형태의 좌절도 그리스도를 마귀를 부리는 자로 취급해 버리는 것이다. 이런 종류의 좌절은 죄가 극도로 강해진 것이다. 대부분의 사람들이 이 부분을 간과하고 있는 것은 이들이 기독교적으로 죄와 신앙을

---

179 역주: 그리스도에 대해서 '가현설'을 주장한다는 것은 실제로 천상에서 영적인 존재인 그리스도가 일종의 환영(가상현실)을 통해서 지상에 존재하는 것으로, 지상에 존재하였던 그의 존재는 단순히 '가상적 존재'일 뿐 진정한 그리스도의 존재는 아니었다고 주장하는 이론이다. 이러한 견해는 기독교에 있어서는 이단으로 간주되고 있다.

180 역주: 이 말은 「마태복음」 9장 34절에 나오는 말이다.

대립시키지 않기 때문이다. 이 대립이야말로 이 책 전체를 통하여 주장한 것이다.[181]

이 책의 서두에(1부 1장 1절) 아무런 절망도 존재하지 않는 상태를 나타내는 공식을 소개하였다. 자아가 자기 자신에 관계하면서 자기 자신이기를 원할 때, 자아는 자기를 정립한 힘 안에서 투명하게 자신의 기초를 마련한다.[182] 다시 말하면, 자주 언급하였던 바와 같이, 이 공식은 동시에 신앙의 정의定義이기도 한 것이다.

---

181 역주: 죄와 신앙을 대립시킨다는 것은 다시 말해 종교적 차원에서 '죄'란 '신앙'을 모르거나 거부하거나 혹은 부정하는 행위라는 것을 말한다. 이 책에서 지속적으로 주장해 온 이것을 간략하게 요약하면, 1) 기독교적 신앙(진리)을 전혀 접해 보지 못한 상태, 2) 신앙(진리)을 접하였고 이를 중요한 것으로 여기고 있지만, 자신의 것으로 수용하지 못하고 망설이고 있는 상태, 3) 신앙(진리)을 적극적으로 부정하거나 공격하는 상태의 세 가지 상태이다. 이러한 세 가지 상태가 모두 일종의 절망의 상태를 나타내며, 신앙의 입장에서 '죄의 상태'에 있는 것이며, 후자로 갈수록 죄의 강도가 강해지는 것이다.

182 역주: 이러한 표현을 보다 일반적인 표현으로 환원하면 다음과 같이 될 것이다. "'나는 누구인가'를 진정으로 질문하면서 진정한 자아를 형성하고자 할 때, 나 자신을 내신 신 안에서 전혀 가식이 없이 나 자신의 자아를 시작한다." 이러한 것이 기독교 신앙의 정의인 이유는 '신앙이란 곧 자신을 신의 자녀로서 정립해 가는 과정'을 의미하기 때문이다.

키르케고르 사상의 중요 개념들

❧

작성자: 이명곤

실존existence

실존은 본질essence에 대립하는 용어이다. 본질이란 '핵심적인 것', '규정된 것', '무엇what에 해당되는 것' 혹은 '사전적인 정의'에 해당하는 것이라고 할 수 있다. 따라서 본질은 다양한 개별자들로부터 공통된 것을 추상한 것을 의미하거나 다양한 개별자들에게 공히 '이상적인 모델'이 되는 것을 지칭하는 것이라 할 수 있다. 그렇기 때문에 본질은 항상 구체적인 한 개별자와는 거리가 있는 것이다. 반면, '실존'이란 구체적이고 실재하는 한 개별자의 '실제적인 상황', 즉 특정한 시간과 공간 속에서 그리고 다양한 관계성 중에 존재하는 개별자의 양태를 지칭하는 것이다. 그렇기 때문에 실존이란 항상 변화와 운동 중에 있는 것이며, 왔다 갔다 하는 것이며, 안정되지 않고 흔들리는 것이다. 바로 이러한 이유로 실존이란 본질적으로 규정이나 체계 구성이 불가능한 것이며 항상 진행형 중에 있는 것이라 할 수 있으며, '분명하고 확고한 본질의 개념'에는 대립하는 개념으로 나타나는 것이다. 그래서 사르트르는 "실존은 본질에 앞선다"라고 하였고, 가브리엘 마르셀은 실존으로 인간을 고찰한다는 것은 "문제를 안고 있는 인간l'homme problèmatique"으로 인간을 보는 것이라 한 것이다. 키르케고르는 점 더 적극적으로 '실존은 가능성이고 실현해야 할 과업(사명)'이라고 말하고 있다.

실존은 또한 '진실한 것', '의미를 가진 것', '소중한 것'이라는 의미를 내포하고 있는 것이다. 왜냐하면 나의 현재의 존재를 채우고 있는 것은 나에게 의미가 있는 것, 나에게 소중하고 가치가 있다고 생각하는 것이기 때문이며, 그런 한 이것이 현재의 진실한 나의 (내적인) 모습이라고 할 수 있는 것이기 때문이다. 이러한 실존은 항상 이상적인 존재로서의 '본질'과는 거리가 있으며, 그럼에도 또한 궁극적으로는 그 이상적인 모습(본질)을 지향하고 있다. 그래서 실존은 근본적으로 '실현 중에 있는 것' 또는 '변화의 과정 중에 있는 것'으로 나타나며 '가능성의 것le possible'으로 나타나는 것이다. 즉, 인간을 실존으로서 고찰할 때 인간은 '실현해야 할 과업'처럼 나타나는 것이다. 그런데 크리스천에게 있어서 인간의 실존이 실현해야 할 것은 '자아의 형성'이며 이는 또한 시간적인 것과 영원한 것의 일치, 유한한 것과 무한한 것의 일치, 다시 말해 '신과 인간의 일치'를 의미하는 것이다. 그래서 키르케고르는 이러한 실존의 진리를 마주할 때 인간은 '공포'를 느끼기도 하고 때로는 '전율'을 느끼기도 한다고 통찰하고 있다.

실존의 3단계

인간의 실존이 궁극적인 목적télos을 지향하는 것이라는 차원에서 실존은 본질적으로 상승하는 것처럼 나타나고 여기에는 3가지의 단계를 가진다. '실존의 3단계'는 '삶의 3단계'와 일치한다. 왜냐하면 각 실존의 단계에서는 각각에 해당하는 고유한 삶의 형태가 주어지기 때문이다. 이 세 가지 실존의 양태는 '심미적 실존', '윤리적 실존' 그리고 '종교적 실존'이다. 인생에 있어서 실존적인 것의 첫 단계는 심미적 실존인데, 심미적 실존이란 자신의 삶에서 의미가 있거나 가치 있는 것은 곧 심미적인 것 혹은 미학적인 것이다. 두 번째 단계는 윤리적 실존의 단계인데 여기서는 '올바름', '정의로움', '선과 악', '양심의 가책' 등이 그의 삶에 있어서 중요한 가치로 그리고 진정 의미 있는 것으로 나타나는 삶이다. 하지만 이러한 윤리적인 실존의 단계에서도 인간의 가장 깊은 실존의 문제(구원의 문제)는 해결되지 않는다. 왜냐하면 이는 오직 인간과 절대자 사이의 올바른 관계정립을 통해서만 가능하기 때문이다. 이러한 문제가 자각되고 부각되는 단계가 종교적인 실존의 단계이다. 물론 이러한 세 단계의 실존은 마치 서로 다른 3개의 실존이 하나에게 다른 곳으로 옮겨 가는 것처럼 나타나는 것이 아니라 편의상 그렇게 분석하는 것이며, 인간의 실존은 항상 하나의 실존이며, 3가지의 실존은 하나의 실존이 가지는 질적인 특성 혹은 다양한 양태일 뿐이다. 그렇기 때문에 윤리적 실존의 단계에서도 심미적 실존의 문제는 여전히 존속하며, 종교적 실존의 단계에서도 '심미적 윤리적 실존의 문제'는 여전히 존속하고 있다. 다만 종교적 실존에서는 앞선 두 가지 실존의 문제가 절대자 앞에선 단독자의 관점에서 문제가 부각된다. 예를 들어 윤리적 실존에서 문제가 되었던 범죄crime 행위가 절대자 앞에서 문제가 될 때는 '죄sin'의 문제로 등장하게 되는 것이다.

심미적 실존esthetic existence, l'existence esthétique

심미적 실존에서의 삶의 양태는 '심미적인 것' 혹은 '미학적인 것'을 중심으로 이루어지고 있으며, 자신에게 의미가 있거나 가치가 있는 것은 감각적 혹은 감성적인 것이다. 주로 감성적인 것에 있어서 매력이 있는 것 혹은 아름다운 것을 추구하면서 만족하는 삶의 양태를 말한다. 아직 윤리적인 삶에 대한 각성이 이루어지지 않은 단계로 '올바름', '선악의 개념', '정의감' 또는 '양심의 가책' 등이 형성되어 있지 않기 때문에 자신의 행위나 삶에 대한 책임성의 개념이 결여되어 있다. 그럼에도 단순히 생존을 위한 삶이나 생물학적인 차원의 삶보다는 훨씬 높은 것이며, 의미가 있고 온 마음을 다해 추구할 무엇이 있다는 차원에서 동물적인 것보다 훨씬 고상한 것이다. 그리고 키르케고르에게 있어서는 비록 겉으로는 윤리적 차원의 삶을 살아가는 것처럼 보일지라도, 즉 정의감을 말하고 선악에 대해서 논하고 있으며 이에 대한 체계적이고 탁월한 사상을 제시한다고 할지라도 이것이 자신의 개별적인 삶과 무관하거나 자신의 삶의 원리가 될 수 없다면 여전히 심미적 차원의 실존에 머물고 있다고 보고 있다. 왜냐하면 실존이란 한 개별자의 내밀한 존재의 양태, 자신의 개별적인 삶의 질적인 특성을 말하기 때문이다. 그래서 그는 완벽한 체계를 갖춘 헤겔의 '역사철학'을 여전히 심미적 단계에 머물고 있다고 비꼰 것이다.

윤리적 실존ethical existence, l'existence éthique

윤리적 실존의 단계에서는 한 개인이 자신의 인생에서 참된 자유의 개념이 등장하고 진정한 자기 존재를 외면하는 것을 멈추고 책임감 있는 존재가 되고자 하는 단계이다. 가령 예술가의 경우 다만 미적 경험에만 매료되지 않고 책임감을 가지면서 '좋은' 혹은 '훌륭한' 작품을 산출하고자 노력하게 된다. 윤리학자라면 다만 선과 악 혹은 정의나 권리 등에 대해서 '논하는 것이 아니라' 이것을 자신의 구체적이고 개별적인 삶 안으로 데려와 자신의 '삶의 고민으로 그리고 선택의 노력으로' 이루고자 하는 책임성 있는 삶을 가지고자 한다. 여기서 자유의 개념이 강하게 부각되는데 '훌륭한 것'이나 '윤리 도덕적인 것'을 자신의 삶으로서 '선택'하여야 하는 기로에 서 있기 때문이다. 이 선택은 오직 자신의 자유의지에 달린 문제이기 이러한 선택 앞에서 망설이는 자는 자유로움을 느낄 수 있고 또 자유롭지 못함을 느낄 수도 있다. 키르케고르는 이러한 선택의 어려움 혹은 자유에 대한 책임성의 무게에서 벗어나기 위해 사람들은 스스로 자유의 문제가 부각되지 않는 심미적 실존으로 퇴행하기도 한다고 분석하고 있다. 그리고 아무리 윤리적인 삶을 충실히 살고 있는 사람이라고 해도 여전히 실존의 공허를 체험할 수 있는데 그 이유는 인간의 자아란 본질적으로 '정신'이 되는 것에 있으며, 이는 무한, 영원, 절대 등과 같은 형이상학적 지평으로 열려 있음을 말하기 때문이다. 다시 말해 윤리적 실존만으로는 '구원'을 보장할 수가 없는 것이다.

종교적 실존religious existence, l'existence religieux

종교적 실존의 단계에서는 인간 실존이 가장 심오하고 근원적인 문제가 삶의 문제로 부각된다. 다시 말하면 인간이 충분히 정신적(영적)으로 되어 구원의 문제를 자각하는 단계이다. 이는 한 개별자와 절대자와의 올바른 관계를 정립하면서 진정한 정신spirit으로 거듭 태어나는 단계이다. 그렇기 때문에 진정한 종교적 삶이란 충실하게 교회에 가서 저녁기도를 드리거나 교회가 명하는 율법을 잘 따르는 삶을 의미하는 것이 아니라, 믿음을 통하여 나의 실존에 깊이 관여하시는 절대자(하나님)의 손길을 수용하는 것을 말하며, 진정으로 유한자와 무한자, 시간적인 존재와 영원한 존재와의 관계가 올바르게 정립되는 단계이다. 이러한 때에 인간은 비로소 '정신'으로서의 자아를 충만하게 정립하게 되는 것이다. 하지만 키르케고르는 여기서 인간의 자유가 가진 그 의미가 극에 달하며 이를 '선택하는 것은 광기'라고 말하기도 하고 또 이러한 자유 앞에서 느끼는 중압감을 표현하기 위해서 '공포와 전율'이라는 개념을 고안하기도 하였다. 이러한 '공포와 전율' 앞에서 굴복하여 자아정립을 회피하는 혹은 절대자를 외면하는 정신을 '죽음에 이르는 병, 즉 절망'이라고 표현하였다. 반면 믿음을 통하여 절대자와의 관계를 올바르게 정립하는 자는 진정한 해방(죄로부터의 해방)과 자유를 체험하고 신의 사랑을 체험하게 되며, 자신의 삶을 신적 사랑의 삶으로 이끌어 가게 된다고 말하고 있다.

아이러니 irony, l'ironie

키르케고르의 초기 사유에서 등장하는 개념으로 서로 유사하지만 구분되는 세 가지 개념들이 있다. 그것은 '아이러니', '역설(패러독스)' 그리고 '부조리'의 개념이다. 이 중 아이러니는 키르케고르의 박사 학위 논문의 제목에서 등장하는데 그것은 「소크라테스에게 끊임없이 나타난 아이러니 개념」 이었다. 아이러니의 사전적 의미는 '예상 밖의 결과가 빚은 모순이나 부조화', 혹은 '겉으로 드러난 것과 실제 사실 사이의 괴리'를 말하는 것이다. 따라서 어떤 사실을 강조하기 위해 '좋아서 죽겠다' '사고를 피하려 그렇게 노력했는데 사고로 죽었다'는 등의 '반어법'을 사용하는 것이 아이러니의 대표적인 경우이다. 소크라테스가 처한 상황 자체가 아이러니였던 이유는 소크라테스는 '자신은 아는 것이 아무것도 없다'고 생각하였지만, 바로 그 생각 때문에 그가 가장 현명한 자로 인정받았기 때문이었다. 이를 철학자들은 '무지無知의 지知'라는 말로 대변하고 있다. 반면 당시에 현자라고 하는 사람들은 하나 같이 모든 것을 잘 알고 있다고 확신하고 있었지만, 소크라테스가 산파술을 사용하여 계속 질문을 던지자 결국 스스로 '자신은 아무것도 알지 못하겠다'라고 고백한 상황이 또한 아이러니한 상황이었던 것이다. 소크라테스가 아이러니의 개념을 통해 당시 소피스트들을 비판하였다면, 키르케고르는 아이러니의 개념을 사용하여 헤겔의 사상을 비판 하였다. 헤겔의 역사철학에서는 인류의 전 역사가 '변증법의 원리에 의해' 이미 완결된 것으로 나타나고 있다. 즉 역사의 처음과 끝이 어떤 필연적인 법칙에 의해서 그렇게 될 수밖에 없는 것으로 나타나는 것이다. 이것이 필연적이라는 이유로 이는 너무나 확실한 것으로 나타나지만, 키르케고르는 바로 그런 이유로 이러한 역사철학은 인류나 역사(개별자의 역사)에 대해서 아무것도 말해 주는 것이 없다고 비판한 것이다. 그는 헤겔의 역사철학을 '이론만 아는 수영강사'에 비유하는데, 수영하는 법에 대해 이론적으로 장황하고 완벽하게 설명하지만 단 한 번도 수영을 직접 해 본적이 없는 사람, 그리하여 수영장에 들어가면 전혀 수영을 하지 못하는 사람이 곧 '아이러니한 사람'이라고 비판하였다. 이외에도 그는 청빈과 고행에 대해 감동적인 설교를 하는 목회자가 설교가 끝난 뒤 곧바로 호화로운 대저택으로 가서 안락의자에 앉아 휴식을 즐기는 상황을 '아이러니한 상황'이라고 규정하였다.

역설paradox

역설이란 이해할 수 없는 것에 맞서 이해하고자 하는 노력 혹은 이해하는 그 방법을 말한다. 역설은 이성의 영역을 초월하면서 두 개의 모순된 것을 연결하는 존재론적인 진리를 의미하기도 한다. 이 같은 역설이 인식론적인 방법론으로 요청되는 이유는 인간의 이성이 본질적으로 한계를 가지고 있으며, 따라서 어떤 특정한 진리에 대해서는 너무나 무력하기 때문이다. 그래서 모순되는 두 가지의 사실이나 사태를 연결하거나 일치시키는 일은 '역설'이나 '부조리한absurde' 방식으로 이루어질 수밖에 없다. 그리고 이 과정에서 제3자가 개입한다. 이제 삼자가 기독교에서는 '믿음'이다. 시간적인 존재와 영원한 존재, 한계를 가진 존재와 무한한 존재, 상대적인 존재와 절대적인 존재 즉, 신과 인간이 일치를 이룬다는 것은 논리적으로만 보자면 그 자체 모순으로 '말이 되지 않는', 즉 '부조리한 것'이다. 이를 가능하게 하는 것이 곧 믿음이라는 역설 혹은 부조리의 힘으로 가능한 것이다. 그래서 키르케고르에게 있어서 크리스처니즘은 본질적으로 역설의 종교로 나타난다.

이성의 이해력은 인과관계의 일련의 진리들의 과정을 거쳐서 결론에 도달한다. 반면 믿음은 이해할 수 있거나 증명할 수 있는 것에 기초하는 것이 아니기 때문에 만일 믿음도 하나의 방법을 요청한다고 한다면 그것은 오직 '역설'에 기초하는 것뿐이다. 왜냐하면 믿음의 내용 그 자체는 이성에 입장에서는 '말이 되지 않는 것(부조리한 것)'이기 때문이다. 역설은 영원한 진리와 인간의 실존 사이에 절대로 약분이 불가능한 관계를 산출한다. 다시 말해 역설은 영원한 진리와 인간의 실존이 함께(나란히) 놓일 때 나타나는 것이다. 인간은 자기 자신을 산출하는(자아를 형성하는) 과정에서 가장 반대되는 것을 일치시켜야만 하는 순간이 오는데, 이때 역설의 방법 외 다른 방법이 없다. 이런 의미에서 인간성의 진리란 본질적으로 역설의 진리로 나타난다. 인간은 한편으로 육적이며 다른 한편으로는 영적이다. 한편으로는 선하고 다른 한편으로 악하며, 한편으로는 세상에 집착하지만 다른 한편으로는 세상을 초월하고자한다. 한편으로는 자기 자신이고자 하면서 다른 한편으로는 자기 자신을 외면하거나 초월하고자 한다. 이러한 인간성의 역설적인 진리는 그 최종적인 목적인 '영원한 것(절대자, 신)과 유한한 것(실존, 인간)의 일치'에서 극에 달한다. 물론 영원성이나 신성의 관점 혹은 신의 관점에서 보자면 역설은 존재하지 않는다. 왜냐하면 여기서는 모든 것이 최종적인 것, 단순한 것, 하나인 것에 수렴되어 있기 때문이다. 다만 유한한 인간의 이해력의 관점에서 이를 고려할 때는 항상 역설로 나타나는 것이다. 역설은 '영원한 진리에 대한 실존하는 인간정신의 관계성'을 표현하는 개념이다.

부조리|absurd

말 그대로 '말이 되지 않는 것', '논리적 이해 불가능한 것' 등을 의미한다. '역설'과 함께 키르케고르의 사유에서 중심 되는 개념이기도 하다. 논리적으로만 보자면 '부조리'라는 이해력의 바깥에 있는 것이며, 진리의 반대편에 있는 것이겠지만, 믿음의 영역에서는 오직 부조리의 힘에 의해서만 진리에 도달할 수 있다. 예를 들어 인간이면서 동시에 신인 자, 실존적(시간적)이면서 동시에 영원한 자인 그리스도의 존재는 이성적으로는 도저히 이해나 설명이 불가능하다. 그렇기 때문에 이러한 진리는 인간의 이성의 관점에서는 '부조리의 범주'에 있는 것이다. 그런데 키르케고르는 이를 이해하거나 긍정할 수 있는 것은 또한 '오직 부조리의 힘에 의해서'라고 말하고 있다. 즉, '이해할 수 없는 것이기 때문에 믿을 수밖에 없는 것'이다. 이것이 곧 역설을 의미한다. 따라서 부조리는 역설의 방법으로 도달하게 되는 진리의 그 내용을 말하거나 이를 이루게 하는 힘(믿음의 힘)을 의미하는 것이다. 시간적인 세계를 살면서 영원한 것을 추구하는 크리스천의 진리는 이성의 관점에서는 (그 내용 자체가) '부조리한 것'일 수밖에 없는 것이다. 하지만 키르케고르에게는 이를 성취할 수 있는 것이 또한 '부조리의 힘'이다.

자아가 된다는 것은 곧 '정신spirit, l'esprit'을 가진다는 것이며, 육체와 영혼의 대립을 일치시키는 제 삼자가 정신이다. 대립하는 것을 일치시키는 정신의 이 힘이 곧 '부조리의 힘'이다. 마찬가지로 인간정신의 목적은 이 유한한 세계 안에 위치하고 있지 않으며, 초월적인 세계, 영원한 세계를 지향하고 있다. 소크라테스, 욥, 아브라함 등의 예를 통해서 키르케고르는 이러한 정신의 목적이 '부조리의 힘'의 의해 이루어지고 있다고 보고 있다. 희랍의 세계에서 '이성'을 의미하던 '로고스logos'가 크리스천들에게는 '존재론적인 힘' 즉, 모순되는 것을 일치시키는 내적인 힘인 '부조리의 힘'으로 자리 잡게 된 것이다.

믿음faith, la foi

키르케고르에게 믿음은 율법에 대한 신뢰를 의미하는 것이 아니라, 일종의 영원한 것에 대한 혹은 자신의 자아의 지반이 되는 신성한 존재에 대한 '존재론적인 신뢰'를 의미한다. 다시 말해 (인간의) 영원한 것과의 관계성을 의미하는 것이다. 따라서 믿음은 시간적인 존재에게 있어서 '영원한 것'으로의 '열림'을 의미한다. 이를 통해서 유한한 존재가 무한한 것으로, 육적인 존재가 영적인 것으로 성장해 가는 것이다. 그렇기 때문에 믿음은 외적인(현상적인) 확실성과는 대립하는 것이며, 피상적인 믿음(율법에 대한 맹신)과 구별되는 것으로 '내적인 것' 혹은

'심오함', '내면성' 등을 의미하는 것이다. 그렇기 때문에 기독교의 본질은 교의적인 내용을 이해하고 믿고 따르는 것에 있는 것이 아니라, —비록 이것이 사회적 차원에서 중요한 일이기는 하겠지만— 근본적으로 진리가 내면화되는 것에 있으며, 자신의 삶이 되어야 하는 것에 있다. 크리스천의 진리는 개념화된 체계 안에서는 결코 충분히 파악될 수 없으며 오직 진리가 삶 안에서 점진적으로 계시되면서만 이해할 수 있는 것이며, 한 개인이 이 진리를 자신의 삶 안에서 살아갈 때에만 충분히 이해할 수 있게 된다. 이를 가능하게 하는 것이 곧 믿음이다. 그래서 진리는 지성의 편 보다는 믿음의 편에 훨씬 더 가까이에 있다. 키르케고르는 실존의 의미에 대한 상실감을 느끼는 현대인의 감정은 자신의 자아를 기초하고 있는 그 지반에 대한 관계성의 부재, 다시 말해 믿음의 부재에서 기인된 것이라고 본다. 믿음은 애초에 실존으로서의 인간이 이루어야 할 '과업'에 대한 신뢰이자, '과업'에 대한 확신이라고 할 수 있다.

개별자 the individual, l'individu

키르케고르가 말하고 있는 '개별자'의 의미는 오늘 날 사람들이 '개인' 혹은 '개인주의'라고 할 때의 그 개인의 의미와는 다른 개념이다. 개인이 집단에 속하는 한 구성원을 의미한다면 개별자는 집단으로부터 분리된 '자기 세계를 가진 존재'라고 할 수 있다. 세계의 부분이면서 동시에 세계를 초월하는 인간은 삶과 함께 진리에 대한 앎과 더불어 성장하게 되는 의식을 가지고 있다. 이처럼 실존한다는 것은 '되어

264

지는 것'이자 '존재'가 된다는 것을 의미하며, 이는 본질적으로 한 개별자의 내밀한 사정에 속하는 것이다. 기독교적 관점에서 개별자가 된다는 것은 시간성을 통해 믿음의 힘으로 '영원성'을 획득하는 과정에서 주어지는 개별적인 실존을 가지는 것 혹은 개별적인 자기-세계를 가지는 것이라고 할 수 있다. 그래서 개별자를 '절대자 앞에선 단독자'라고 표현하기도 한다. 따라서 과업을 가진 실존적인 존재의 관점에서 집단(단체)을 초월하여 자기세계를 가진다는 것은 '보석과도 같은 것'이며, 개인이 수평적인 의미에서 다른 사람과 구분되는 자라고 한다면 개별자는 수직적인 의미에서 질적인 차이를 가진 '유일한 존재'를 의미한다. 기독교에서 진리가 진정으로 의미를 가지는 것은 바로 개별자에게 있어서다.

주관성subjectivity, la subjectivité

학문이나 과학의 진리는 객관적인 진리이지만, 종교적 진리 혹은 믿음의 진리는 본질적으로 주관적인 것이다. 수십 명이 동일한 이론을 발표하는 학회에서 모든 이들이 동일한 진리에 동일하게 공감을 표할 수 있겠지만, 수십 명이 동시에 동일한 죄를 고백하거나 동시에 동일한 사랑을 고백하면서 공감을 가지거나 교감을 가진다는 것은 불가능한 일이다. 죄나 사랑의 고백은 본질적으로 개별적인 것이며 주관적인 것이기 때문이다. 이는 기독교적인 의미에서 진리란 곧 개인의 내밀한 삶과 연결된 '진정성'을 전제하기 때문이다. 기독교적인 관점에서 진리란 무엇보다 먼저 인간과 신(하나님)과의 관계성을 정립하는 것을 의미하기에 본질적으로 주관적인 것에 속한다. 즉 진리란 한 개별자에 속하는 것이며 믿음의 영역에 속하는 것이다. 인간은 절대적으로 개별자인 신에 대한 실존적인 관계성을 통해서 '개별자'가 되어야 한다. 이는 다시 말해 '정신'으로 되어야 하는 것이다. 이성 혹은 지성은 객관성의 영역에 속하는 것이지만 정신은 본질적으로 주관적인 영역에 속한다. 오직 정신만이 한 개인으로 하여금 신(하나님)과의 올바른 관계를 정립하게 할 수 있다. 이것이 '주관성으로서의 진리'가 의미하는 것이다. 즉 학문의 진리란 객관성으로서의 진리를 말하지만 종교적 진리란 곧 주관성으로서의 진리를 말하는 것이다. 개별자의 개념은 한 인간으로 하여금 다른 모든 인간과 구별되는 '유일한 개체', 진리와의 관계성 중에 있는 절대적인 존재의 개념을 형성하고 있는데 이는 오직 주관성으로서의 진리만이 이를 가능하게 한다. 키르케고르의 '주관성으로서의 진리' 개념은 확실히 이후의 실존주의자들 특히 하이데거의 '진정성' 개념에 결정적인 영향을 준 개념이다.

불안과 자유 anxiety and liberty, l'angoisse et la liberté

키르케고르는 『불안의 개념』에서 "불안은 자유의 현기증이다"라고 말하고 있다. 즉 불안이란 인간이 자유를 자각하는 순간에 주어지는 일종의 책임성에 대한 무게감이라고 할 수 있다. 윤리적 실존에서 종교적 실존으로 도약하고자 하는 사람은 인생의 가장 막중한 선택의 기로에 서 있는 사람이다. 이는 영원한 구원과 저주가 좌우되는 무한한 가능성의 문턱에 서 있는 것이며, 이것이 오로지 자신의 자유에 의해 선택될 수밖에 없다는 막중한 책임성을 느끼게 된다. 그런데 이 같은 선택에 대해 어떠한 학문도, 어떤 교리도, 어떤 철학적 사상도 확신을 줄 수가 없으며, 오로지 인간은 자신의 양심과 믿음으로 선택을 해야 한다. 그래서 엄청난 현기증(중압감)을 느끼는 것이다. 따라서 불안은 일종의 양면적인 감정이다. 지금까지와는 전혀 다른 세계, 영원성의 세계로 진입하는 무한한 가능성으로의 도약이기에 한편으로는 '설렘의 감정'이기도 하겠지만, 나약한 인간으로서 이같은 삶을 감당한다는 것은 또한 엄청난 '두려움'으로 다가오는 것이다.

엄밀한 의미에서 불안은 '두려움'이나 '공포'와는 다른 감정이다. 왜냐하면 불안은 선택의 이후에 어떠한 일이 발생할 것인지에 대해서 전혀 예측할 수 없다는 '막연한 것에 대한 감정'이기 때문이다. 두려움이나 공포는 어떤 특정한 대상을 전제로 하는 것이다. 가령 사람들은 다가오는 죽음에 대한 두려움이나 공포를 가질 수가 있다. 하지만 다가올 것이 무엇인지 알 수 없는 막연한 것에 대해서는 공포를 느끼는 것이 아니라, 알 수 없기 때문에 '불안한' 것이다. 이처럼 '불안'이란 인간이 인간을 넘어서는 미지의 것, 무한한 것, 초월적인 것 등에서 가지게 되는 일종의 형이상학적 감정이다. 키르케고르는 "만일 인간이 천사였거나 혹은 동물이었다면 전혀 불안의 감정을 몰랐을 것"이라고 하면서 '불안'을 알 수 있는 인간존재란 보다 심오한 것의 징표하고 말하고 있다. 인간에게 있어서 진정한 자아를 가지는 것, 영원성과의 관계를 정립하는 것, 정신으로 되어지는 것, 진정한 신앙인이 되는 것은 동일한 사태의 다른 관점의 표현들이며 여기서 공통되는 것이 '불안의 감정'을 가지게 된다는 것이다. 그래서 그에게 있어서 믿음을 가진다는 것은 우선적으로 '안정을 구하는 것'이 아니라 오히려 '전율을 느끼는 것'으로 생각하고 있다. 그래서 그는 또한 "전혀 두려움이 없는 것은 진정한 신이 아니다"라고 말하고 있다.

새로운 삶의 지평으로 도약한다는 차원에서 '불안을 느낄 수 있다는 것'은 인간이 다른 동물과는 다른 심오한 존재, 즉 자유를 가진 존재라는 것의 분명한 징표이다. 반면 이 같은 불안을 회피하기 위해 '자기-자신을 형성하기를 외면하거나' 혹은 '일상의 삶에 완진히 몰입해버리거나' 혹은 '절망 속에 빠져버리거나' 할 수 있는 자유가 있다는 것은 인간이 다른 동불들 보다 훨씬 더 깊은 심연에 빠질 수 있는 최악의 존재일 수 있음을 말해 준다. 키르케고르는 이 같은 불안을 회피하기 위해 진리로부터 돌아서는 것 즉, 신과의 관계성을 부정하거나 거부하는 것 그 자체를 곧 기독교적인 '죄sin'의 의미라고 보고 있다. 죄의 개념은 오직 기독교와 더불어 나타난 것이다.

죄sin, le péché

키르케고르가 말하는 '죄'의 의미는 종교적 의미의 죄를 말하는 것으로 도덕적 잘못이나 사회적 범죄 행위의 죄와는 구별된다. 죄는 한 개인이 범한 잘못(도덕적인 타락이나 사회적 범법행위 등)을 가지고 신(절대자) 앞에 나설 때 느끼는 죄의식의 감정을 말한다. 따라서 죄의 개념은 종교를 가지지 않거나 절대자를 가정하지 않는 곳에서는 발생하지 않는 개념이다. 그렇기 때문에 죄의 개념이 가장 분명하고 날카롭게 나타나고 있는 곳은 기독교에서이다. 죄의 개념은 인간에게 고뇌와 불안을 야기하기도 하지만 이것이 또한 인간의 사명을 말해 주기도 하며, 인간이 다른 동물보다 우월하다는 징표를 나타내기도 한다. 왜냐하면 진정한 죄의 개념은 한 개별자로 하여금 '신(하나님)과의 관계성' 중에 있음을 자각하게 하는 것이기 때문이다. 어떤 잘못을 범하고 이것에 대한 양심의 가책은 누구나가 느낄 수 있겠지만, 양심의 가책이 절대자 앞에선 개별자로서 느끼게 된다는 것은 차원이 다른 것이다. 그것은 자신의 잘못이 자아와 절대자와의 그 관계성에 어떤 균열을 일으킨 것처럼 여겨지기 때문이다. 사회적인 죄는 어떤 의미에서 인간이 가진 근원적인 죄(절대자와의 단절)의 현상적인 표현에 지나지 않는 것이다. 따라서 내면에 있는 '죄성罪性'이 해결된 사람에게 있어서는 —그것이 우연적이거나 상황윤리 때문이 아니라면— 사회적인 죄를 범할 여지가 없게 되는 것이다. 이렇게 종교적인 실존을 가진 자에게 있어서는 이러저러한 잘못이나 죄의 행위가 문제가 아니라, 자신의 내면에 있는 죄성이 문제가 된다. 다시 말해 절대자와 자아의 관계성에 있어서 올바름과 어긋남만이 문제가 되는 것이다. 이렇게 해서 가장 근본적인(본래적인) 의미의 죄의 개념은 '절망에 빠진 상태' 인 것이다. 다시 말해 신과 자아와의 관계성에 대해 무감각하거나 이를 외면하거나 혹은 이른 적극적으로 부인하는 상태 그 자체인 것이다. 그래서 키르케고르는 절망에 빠지는 것을 '죽음에 이르는 병'이라고 부른 것이다. 왜냐하면 기독교인에게 있어서 육체적인 죽음이란 사실 사소한 것에 불과하고 진정한 죽음이란 오직 죄를 통해서만 주어질 수 있는 영적인 것이기 때문이다.

반복repetition, la répétition

사변적이고 논리적인 진리는 이성의 논의가 끝나자마자 바로 주어지지만, 윤리 도덕적이고 실천적인 진리는 단숨에 이루어지지 않는다. 키르케고르는 '윤리도덕적인 사람들이 평생을 노력하여 이룬 것을 학자들은 이성 안에서 단 3분 만에 이루어 버린다'라고 풍자적으로 비판하고 있는데, 그것은 '습관이 제2의 천성'이라는 말이 있듯이 온유함, 의로움, 자유 등과 같은 윤리적 특성은 끝임 없이 되풀이 하는 과정 속에서만 실제로 확고한 삶의 원리처럼 주어질 수 있기 때문이다. 기독교적 진리도 반복을 통해서만 확고하게 주어질 수 있는 것이다. 이는 죄의 경우나 믿음의 경우에 분명하게 드러나는 것이다. 과거의 실수로 치명적인 병에 걸린 사람은 병에 걸린 것은 자신의 잘못 때문이지만, 병이 지속한다고 해서 지속적으로 그 잘못을 되풀이 하는 것은 아니다. 반면 어떤 죄 중에 있는 사람은 그 죄에서 벗어나지 않는 한 지속적으로 죄의 행위를 되풀이 하는 것과 같다. 가령 범죄행위를 업으로 살아가는 갱단이나 조폭들은 스스로 그 삶에서 벗어나고자 의지하지 않는 한 그 업종에 계속하여 종사하고 있다. 이렇게 '벗어나고자 의지하지 않는 것' 그 자체가 어떤 면에서는 매 순간 스스로 범죄행위 안에 머물고자 하는 것과 같은 것이다. 즉 그들은 반복하여 죄를 짓는 것과 같은 것이다. 마찬가지로 신을 부정하는 사람은 매순간 '신의 환상이다', '신은 거짓개념이다'라고 말하지는 않겠지만 그가 그 같은 생각을 가지고 사는 동안 매 순간 반복하여 신을 부정하는 것과 같은 것이다.

믿음의 선택에 있어서도 반복이 중요하다. 믿음의 선택은 단번에 이루어지지 않는다. 믿음이 확고하게 나의 삶의 원리처럼 자리하기 위해서는 반복되는 신앙의 고백을 통해 믿음을 끊임없이 새롭게 갱신하는 일이 중요하다. 다시 말해, 기독교 신앙인이라는 나의 정체성 자체가 실제로 나의 삶의 원리로 주어지기 위해서는 끊임없는 반복을 통해서만 가능하다. 이는 또한 '자기-자신'을 구성하고 있는 그 힘과의 관계성을 항상 새롭게 갱신하지 않으면 스스로 자기를 잊어버리거나 상실해 버리는 '절망'에 빠지게 된다는 것을 의미하기도 한다. 믿음을 확고하게 형성한다는 것은 성직자가 중재할 수 없는 개인의 주관적인 열정의 문제이며, 주체적인 선택의 반복만이 있을 뿐이다.

절망despair, le désespoir

절망이란 희망에 반대되는 말이지만, 키르케고르가 이 말을 사용할 때는 '구원'에 반대되는 말로 이해할 수 있다. 그가 '절망이란 죽음에 이르는 병이다'라고 하였을 때, 이 죽음이란 영적인 죽음, 영원한 죽음을 말한다. 믿음을 가지고 살아가는 사람에게 있어서 '육체적인 죽음'이란 영원한 삶으로 나아가는 관문에 지나지 않는 것이기 때문에 육체적인 죽음은 정신의 삶이나 구원의 문제에 비하면 사소한 것이다. 반면 죽음의 문턱에서도 구원에 대한 희망이 없다는 것은 가장 큰 위험이고 가장 큰 어둠이다. 이 상태가 곧 절망의 상태이다. 인간은 본질적으로 정신이기 때문에 (정신으로 되어야 하기 때문에) 언젠가는 자신을 근원적으로 규정하고 있는 힘(즉, 절대자와의 관계성)을 향해 돌아서야하며, 자신과 이 절대자와의 관계성을 올바르게 정립해 가야만 한다. 하지만 여러 가지 이유로, 가령 무지에 의해, 심미적 쾌락에 의해, 사회적 유혹에 의해 혹은 책임성의 중압감 때문에 이를 외면하거나 부정하게 된다. 이러한 때에 '절망'이 그를 붙잡게 된다. 키르케고르는 절망을 세 가지 종류로 분류하고 있다. 그 하나가 자신이 정신으로 규정되어야 한다는 그 사실 자체에 대해 무감각하여 온통 세상의 일에 몰입되어 있는 상태의 절망이다. 그는 이를 '정신이라고 조차도 할 수도 없는 비-본래적인 절망'이라고 부른다. 그리고 두 번째는 '자기 자신을 외면하는 경우'의 절망이다. 다시 말해 자신이 정신이며, 정신적으로 규정되어야 하고, 영원성과의 관계를 맺어야 한다는 사실을 알고 있지만 이를 외면하는 경우이다. 대게의 경우 이는 자유가 가져올 '영혼의 현기증' 즉 너무 중대한 것을 스스로 선택하여야하는 부담감 때문이다. 마치 암에 거린 환자가 암이라는 병이 너무나 큰 것이어서 그것을 정면으로 바라보는 것을 차일피일 미루고 있는 것과 같은 상태이다. 키르케고르는 이를 소극적인 절망이라 하여 '여성적인 절망'으로 규정하고 있다.

마지막으로 보다 적극적인 절망은 영원한 것과의 관계성을 가져야한다는 이 인간의 운명 그 자체를 부정해 버리는 경우이다. 이는 절대자가 규정해 놓은 질서 그 자체를 부정하고 스스로 일종의 '작은 신'이되고자 하는 '반항' 혹은 '교만'을 의미하는 가장 적극적인 형태의 '절망'이다. 키르케고르는 이를 '절망하여 자기-자신이 되고자 하는 것'이 라고 규정하고 있다. 이러한 절망의 대표적인 사례가 '신의 종으로 규 정된 천사 루시퍼'가 스스로 이를 부정하면서 신과 동등한 존재가 되 고자 한 경우이다. 인간의 경우도 신을 존재한다고 긍정하기는 하지 만, 신을 증오한다거나, 신 따위는 겁나지 않다거나 혹은 신은 존재하 기는 하지만 인간이나 인간이 사는 세계와는 무관한 존재라고 교설을 떠벌이는 이들이 모두 적극적인 절망에 빠진 사람들이다. 키르케고르 는 이를 보다 적극적인 것이라 하여 '남성적인 절망'으로 규정하고 있 다. 이와 같은 세 가지 절망은 나 자신(자아)을 올바르게 형성해 갈 수 없다는 차원에서 그리고 나를 규정함에 있어서 영원성과의 관계성을 외면하거나 부정하고 있다는 차원에서 모두 본래적 의미의 죄, 즉 '종 교적 죄(sin)'에 해당하는 것이다.

순간instant

기독교적 진리는 '영원성'이라는 시간을 초월하는 개념에서 성립하 는 것이기에 일반적인 시간의 개념과는 다른 시간의 관념이 필요하 다. 합리주의자나 과학자들은 시간의 동질적인 특성을 고안하고 모든 이에게 동일한 시간의 동질적 특성을 부과하려는 경향이 있다. 그러 나 키르케고르는 인간실존에 있어서 특권적이고 필수적인 '순간'이 있 음을 주장하고 있다. 왜냐하면 이 순간은 진리를 깨닫는 순간이며, 영 원성과 만나는 결정적인 순간이기 때문이다. 이것이 키르케고르가 고 안한 '순간의 개념'이다. 사실 그리스적 사유에서는 순간의 개념이 존재하지 않는다. 소크라테스나 아리스토텔레스에게 있어서 진리를 발견하는 순간은 거의 중요하지 않다. 왜냐하면 진리란 이미 영원부터 존재하여 왔고 앞으로도 영원히 존재할 것이기 때문이다. 마찬가지로 헤겔식의 추상적인 노력에 있어서도 순간은 존재하지 않는다. 왜냐하면 그의 추상화된 역사적 체계 안에서는 모든 구체적, 시간적, 개별적인 경험이 배제되어 있고 그런 후 모든 것이 추상적 개념을 통해 필연적으로 존재하고 있기 때문이다. 이들에게 있어서 중요한 것은 개별적이고 우연적인 것들로부터 벗어난 필연적이고 보편적인 것만이 중요한 것이다. 반면 기독교적인 관점에서 신앙인이 진리를 발견하거나 깨닫게 되는 '순간'은 매우 중요한 의미를 갖게 된다. 왜냐하면 이 순간은 나를 다시 태어나게 하는 순간이기 때문이다. 키르케고르에게 있어서 영원한 것은 한 개인의 실존에 있어서는 이전에는 존재하지 않았던 것이며, 진리를 알게 되는 '지금 이 순간'에 존재하게 되는 특이한 일이다. 비록 진리가 영원히 존재하였던 것처럼 보여도 한 개별자에게 실제로 존재하게 되는 것은 회심(전향)을 하는 바로 '그 순간'에 일어나는 일이다. 회심하는 순간 한 개별자의 실존에는 특이한 현상이 일어난다. 그것은 영원성이 지금 이 순간에 나에게 존재하기 시작하였다는 일이다. 어떤 의미에서 시간성으로부터의 이탈을 체험하는 순간이다. 인생에서 이보다 더 중요한 사건이 있을 수 있을까? 이 시간적 세계에서 영원성이 ―관념적으로가 아닌― 실제로 존재하게 되는 것은 한 개별자의 실존이 영원성과 관계를 가지게 되는 '순간'을 통해서이다. 이는 역설적인 진리이다. '현재와 영원'이 순간이라는 시간을 통해서 만남을 이루게 된 것이다. 비록 직후에는 지난 일처럼 보이 겠지만 그럼에도 그 순간은 결정적인 순간이고 영원으로 가득 차 있 는 순간이다. 그래서 키르케고르는 이를 '시간의 충만'처럼 고려하고 있다. 이런 이유로 그는 '그리스적인 문명의 파토스(열정)는 기억(과거) 에 집중하지만, 기독교적 문명의 파토스는 순간(영원이 개입하는 현재) 에 집중한다'고 생각하고 있다.

키르케고르 연보

⚜

1813년 5월 5일	코펜하겐의 유복한 상인이었던 미카엘 페데르센 키르케고르의 7남매 중 막내로 태어남.
1830년 10월 30일	코펜히겐 대학에 입학. 신학과 철학을 배움.
1834년 4월 15일	문학사상 가장 방대하고 귀중한 일기를 쓰기 시작함. 일기의 많은 부분이 저서에 활용됨. 말년에까지 이어짐.
1837년 5월 중순	연인이자 약혼녀였던 '레기네 올센'과 처음으로 만남.
1840년 9월 10일	레기네 올센과 약혼.
1841년 7월 16일	「아이러니 개념에 관하여—지속적으로 소크라테스를 회고하며」로 문학사 학위를 받음.
11월 12일	레기네 올센과 파혼.
1842년 4월 14일	「유혹자의 일기」 탈고. (이듬해 『이것이냐 저것이냐』에 포함되어 출간.)
1843년 2월 20일	『이것이냐 저것이냐』 출간. 같은 해 10월에 『반복』과 『공포와 전율』 출간.
1844년 3월 13일	『철학적 단편』 출간. 3월 17일에 『불안의 개념』 출간.
1845년 4월 30일	『인생행로의 세 단계』 출간.
1846년	『철학적 단편에 대한 비학문적 후서』 출간.
1847년 9월 29일	『사랑의 역사役事』 출간.
1849년 5월 14일	『들의 백합과 공중의 새』 출간.
7월 13일	『죽음에 이르는 병』 출간.

1850년 9월 27일	『그리스도교의 훈련』 출간.
1854년 12월 18일	《조국》지紙에 뮌스터 주교를 비판하는 글 게재. 이후 1855년 까지 덴마크의 국교회와 논쟁을 계속함.
1855년 3월 26일	《순간》이라는 소책자 발간, 10월까지 총 10호를 발간함.
10월 2일	길에서 의식을 잃고 프레데릭 병원에 입원.
11월 11일	오후 9시에 44세의 일기로 세상을 떠남.

찾아보기

◆

죽음에 이르는 병 Sygdommen til Døden